高校思想政治理论课"四位一体"立体化实践教学

GAOXIAO SIXIANG ZHENGZHI LILUN KE "SIWEIYITI" LITIHUA SHIJIAN JIAOXUE

毛泽东思想与中国特色社会主义
MAOZEDONG SIXIANG YU ZHONGGUO TESE SHEHUIZHUYI

理论体系概论
LILUN TIXI GAILUN

马福运　主编

河南大学出版社
HENAN UNIVERSITY PRESS

·郑州·

图书在版编目(CIP)数据

高校思想政治理论课"四位一体"立体化实践教学.毛泽东思想与中国特色社会主义理论体系概论 / 马福运主编. --郑州：河南大学出版社，2022.3

（高校思政课"四位一体"立体化实践教学论丛 / 马福运，蒋占峰总主编）

ISBN 978-7-5649-5137-5

Ⅰ.①高… Ⅱ.①马… Ⅲ.①毛泽东思想–教学研究–高等学校②中国特色社会主义–社会主义建设模式–教学研究–高等学校 Ⅳ.①G641②A84③D616

中国版本图书馆 CIP 数据核字（2022）第 078342 号

责任编辑	任湘蕊
责任校对	时　娇
封面设计	翟淼淼

出版发行	河南大学出版社
地　　址	郑州市郑东新区商务外环中华大厦 2401 号
邮　　编	450046
电　　话	0371-86059701（营销部）
网　　址	hupress.henu.edu.cn
排　　版	郑州市今日文教印制有限公司
印　　刷	河南瑞之光印刷股份有限公司
版　　次	2022 年 3 月第 1 版
印　　次	2022 年 3 月第 1 次印刷
开　　本	710 mm × 1000 mm　1/16
印　　张	14.25
字　　数	238 千字
定　　价	52.00 元

版权所有·侵权必究

本书如有印装质量问题，请与河南大学出版社营销部联系调换。

推动高校思政课"四位一体"立体化实践教学走深走实(总序)

高校思想政治理论课(以下简称"思政课")实践教学是思政课教学的重要组成部分,是课堂教学的重要延伸和必要补充,是增强思政课亲和力、感染力和针对性、实效性的关键环节。2008年以来,河南师范大学根据中宣部、教育部颁布的《关于进一步加强和改进高等学校思想政治理论课的意见》,充分利用河南省红色文化资源丰富、精品多、区域特色明显等特点,依托"中国共产党革命精神与中原红色文化资源研究中心",以"寓道于业、寓教于策、寓学于做、共同成长"为理念,以"深度参与、深度体验、深度整合、深度支撑"为主旨,统筹课内课外、校内校外、网上网下四维空间,探索形成了CPBN实践教学模式,极大地推进了实践教学的课程化、规范化建设,受到学界同行和主流媒体的广泛关注。

河南师范大学通过深入实施课堂叙事式教学、平台情景式教学、基地体验式教学、网络延展式教学四者相互渗透、有机融合、功能互补的"四位一体"立体化实践教学模式,成功协调并充分利用校内外教育教学资源,形成了思政课教学的新视野和大格局。

所谓课堂叙事式教学,指充分利用省内外红色文化资源,挖掘、整合"红色故事"所蕴含的教育主题,根据"小故事大主题、语言通俗易懂、贴近学生实际"的原则,按照"抓重点、有研究、讲故事、在主流"的要求,结合教材内容和知识点,凝练出"红旗渠工程与群众自觉""南水北调精神与党的群众路线""焦裕禄精神与党的工作作风"等不同教学主题,开展以"红色故事"为载体的课堂叙事式教学,诠释红色文化的历史积淀和时代价值;聘请"全国优秀乡镇党委书记"吴金印、"中国十大女杰"刘志华、"全国劳动模范"张荣锁、"中国十大杰出青年农民"裴春亮、"全国道德模范"范海涛等8位新乡市先进群体代表人物,担任我校思想政治理论课特聘教授,走进思想政治理论课堂,开展叙事式教学活动,强化课堂教学的叙事性和说服力。

所谓平台情景式教学,指充分利用集开发、移植、整合、展演、制作于一体的多功能实践教学平台,以及微格教学系统、"口袋"博物馆、影视楼梯、理论回廊等设施,根据课程内容特点,把相关红色文化资源涉及的人物、故事、事件及调研报告、采访内容等,通过鉴赏型、活动型、研究型、模拟型、仿真型等教学形式,把教师的"教"演化在实践活动的策划之中,把学生的"学"转换在探究与体验的行动之中。结合专业特色,整合校园文化活动、社会实践活动、社团活动等校内载体,由团学工作系统和马院协商确定教学主题,教师拟定实践教学大纲,辅导员组织教学实践活动,推动大学生日常思想政治工作与思政课教学优势互补。成功组织了大学生暑假社会实践及成果展、五四主题歌会、未来学院青马班、党的创新理论宣讲、草地音乐节、社团文化展演、"思辨杯"辩论赛等实践教学活动。

所谓基地体验式教学,指先后在红旗渠干部学院、七里营刘庄、"改革先锋"吴金印所在的唐庄、"太行赤子"张荣锁所在的辉县回龙村等处,建立了10个校外实践教学基地,组织不同专业大学生代表,到红旗渠精神、大别山精神、焦裕禄精神、愚公移山精神、新乡先进群体精神等发祥地开展实践教学,通过参观考察、调研访谈或劳模授课,引导学生带着问题去感受历史,亲身了解和感悟先进事迹、了解红色历史遗存、追寻革命先辈足迹。每次活动结束后,不仅印制图文并茂的大学生实践教学论文集,而且由学生代表制作PPT进行朋辈讲授,分享实践教学的体会和收获。为了更好地开展基地体验式教学,学院每年组织教师到全国实践基地进行研修,先后出版了《红旗渠精神与大学生思想政治教育》《长征精神与大学生思想政治教育》《改革开放精神与大学生思想政治教育》等研修成果集。

所谓网络延展式教学,指依托多媒体、数据库、虚拟现实和网络通信等技术,建立共享性网络学习教学平台。一方面,通过学院网站的红色文化版块、网络精品教学资源等开展网络教学,不断提高教学内容的广度和深度;通过学院和校团委微信公众号,及时把"六个一"红色文化育人工程、《青春献礼十九大》、《以青年的名义》、爱国三行诗征集、党的十九大报告原文诵读等活动向大学生推送。另一方面,建设"中国共产党革命精神仿真实践教学"项目,让大学生通过操控计算机、手机等终端平台,就能在实时互动的虚拟环境中体验红色文化资源蕴含的中国共产党革命精神。目前,已经上线运行的"红旗渠精神""冀鲁豫边区革命斗争史"虚拟教学获得省级立项,焦裕禄精神、大别山精神等实践教学项目已经上线,并不断拓展全国红色文化教学资源。

河南师范大学"四位一体"立体化实践教学模式,实现了对机制、资源、功能等现有实践教学要素的深度整合,实现了教学主体的同频共振,推动了课堂教学与实践教学同向同行。

实现了对思政课实践教学机制的深度整合。其一,明确目标管理机制,推动实践教学规范化。由学校教务部门主导,将思政课实践教学纳入教学计划和教学大纲;由学校思政课指导委员会宏观指导、马克思主义学院具体实施,精细化目标管理。其二,完善教学运行机制,提升实践教学效果。改变思政课教师单兵作战的实践教学运行机制,把学校相关部门教师、团学干部等纳入实践教学团队,吸收校外实践教学基地和党校、干部学院的相关教师。其三,创新考核评价机制,提高实践过程占比。打破以往学生成绩的单向结果性考试,增加了对学生调研报告、心得体会、师生互动等实践教学效果的过程化考核,实现了思政课过程考核与结果考核的统一。

实现了对思政课实践教学资源的深度整合。一则,对校内资源进行归类整合,实现资源效益最大化。主要包括:校史馆、荣誉馆、自然资源馆等校内文化设施;专门建设的思政课实践教学场所;大学生社团活动、红色电影节、社会实践活动等主题鲜明的校园文化活动。一则,对校外资源进行挖掘整合,达到社会力量同向化。本课题不仅通过开展实践教学、课题合作、协同育人等,整合了校外红色文化教育基地和先进典型地区的教育资源,而且整合了先进典型单位和模范先进人物等校外人力资源。一则,对线上资源进行创新整合,促成实践教学超时空化。利用信息技术,整合网络资源,创新课堂教学方法和实践教学形式,整合了网络教学资源。

实现了对思政课实践教学功能的深度整合。首先,着力深化学生的理论认知。通过不同场域的生动讲授、亲身体验和双向交流,增强学生对教材知识体系的理解以及对马克思主义的理论认同。其次,着力增进学生的爱国情感。在全程参与体验式教学或情景式教学的过程中,大学生能够切身感受中国特色社会主义的蓬勃生机,以及人民群众不断增强的获得感和幸福感,从而在双向交互作用中产生爱国情、强国志。最后,着力锻炼学生的综合能力。在全程参与立体化实践教学的过程中,学会与不同阶层的群众打交道,学会用马克思主义的世界观和方法论观察当代中国、解读现实问题、指导社会服务,在锻炼中提升能力。

近几年来,全国各高校积极深化思政课教育教学改革,在探索中形成了一些具有学校和区域特色的实践教学模式,但是这些模式在学生参与程度、教学组织形式、效果反馈方式、长期运行机制等方面,还存在一些亟待改进的薄弱环节。而河南师范大学"四位一体"立体化实践教学模式,正是基于解决这些现实困惑而进行的有益探索。

克服了实践教学方法单一的问题。目前,由于认识和场域的限制,高校的思政课实践教学方法相对单一,往往只局限于考察、调研和参观等校外实践活动,或者与大学生的第二课堂互换概念。"四位一体"立体化实践教学模式打破了课堂、校园、社会和网络的界限,通过多样化教学方法实现了不同场域的优势互补。比如,平台情景式教学把讲台让给学生,让学生在演出、鉴赏、辩论、抢答、分享等活动中,深化对课本知识的理解和把握;基地体验式教学通过现场体验、口述史收集、参观红色遗存等形式,增强对中国共产党革命精神的体会和对中国特色社会主义的认同。

克服了大学生不能全员参与的局限。由于学生数量太多、班级规模过大,受制于安全、经费、接待等因素,大部分高校难以组织全体学生走出校门"现场体验",从而使实践教学成为"精英"活动。有些学生甚至认为,实践教学就是变相观光旅游,参加这样的活动简直是浪费时间。而在"四位一体"立体化实践教学中,深度参与和体验已经成为不可或缺的部分,每个学生都要参与其中并且有所作为。比如,平台情景式教学与课堂叙事式教学"混搭"进行,全体学生分组确定实践内容,从写剧本、做道具,到现场展示等,实现了全程参与、充分讨论、共同展示。

克服了实践教学效果难以呈现的难题。在以往一些思政课实践活动中,由于实践教学基地少、组织随意性大、不能全员参与等因素,学生不能得到持久的实践体验,部分老师为了应付这个"规定动作",只好在假期布置返乡社会调查,教学效果因此很难真实呈现。而"四位一体"立体化实践教学模式则很好地解决了这个问题。比如,通过课堂叙事式教学,学生可以在系统掌握教材知识体系的基础上,接受教师的实践教学设计和安排,教师也可以了解其他实践教学方式的效果;通过网络延展式教学中的即时答疑、话题引领、效果调查、作业检查、随堂考试等，可以现场呈现课堂教学和实践教学的实际效果。

克服了实践教学难以长效运行的弊端。"四位一体"立体化实践教学模式有效克服了因教师数量不足、学时和学分没有保证、实践教学没有抓手等造成的思政课实践教学"走过场"弊端。其一，通过健全体制机制，实现了对校内教学管理机构、宣传思想工作部门、团学工作系统的深度整合，为思政课实践教学常态化提供了组织保障。其二，立体化实践教学模式通过对校内资源、社会资源以及线上资源的深度整合，为思政课实践教学常态化提供了条件基础。其三，立体化实践教学模式实现了"课堂教学实践化"和"实践教学课堂化"，为思政课实践教学常态化提供了内在动力。

实施十几年来，"四位一体"立体化实践教学模式有效增强了学生学习的主动性、创造性和合作性，达到了"深度理解、情感接受、内化于心"的教学效果，推动思政课教学不断创新内容、形式和方法，提升了全体教师的教育教学技能，得到广泛认可和一致好评。

一是实践教学成果显著。"四位一体"立体化实践教学模式有效调动了大学生上思政课的积极性和获得感，荣获河南省高等教育教学成果特等奖；精心打造思政课实践教学案例，其中7项分别获"高校思想政治理论课实践教学优秀教学方案"一、二、三等奖；依托本研究项目获批近10项省级教改项目，发表教改论文近20篇，获得省级教学成果特等奖4项、一等奖3项；组织学生开展红旗渠精神口述史研究，已经完成110位修渠劳模的口述史采集与整理工作，发掘和保护了红旗渠精神研究的第一手资料，《太行记忆——红旗渠精神口述史》即将出版；2名教师获河南省思政课教学技能大赛一等奖、全国二等奖，1名教师获"全国思政课教学能手"，1名教师入选国家万人计划教学名师，1名教师荣获全国思政课教师奖教金二等奖，1名教师入选"全国思政课2017年度影响力标兵人物"，1名教师代表河南省思政课教师参加了习近平总书记主持召开的学校思想政治理论课教师座谈会；根据"四位一体"立体化实践教学理念申报的"全国思政课教师实践研修基地"，先后完成了对吉林大学、武汉大学等全国100多所高校近3000名教师的研修任务；依托"四位一体"立体化实践教学模式申报的"全国思政课名师工作室"、教育部哲学社会科学重大招标项目"'大思政课'的理论与实践研究"均获批立项。

二是实践教学形成品牌。2017年3月，在全省高校思想政治工作会议上,河南省委书记、省人大常委会主任谢伏瞻指出:"像河南师范大学探索形成的课堂叙事式教学、实践教学基地体验式教学、实践教学平台情景式教学三者相互渗透、有机融合、功能互补的立体化实践教学模式,就取得了很好的效果,值得学习借鉴。"近几年来,时任河南省委书记卢展工、中央编译局局长贾高建、教育部社科司司长杨光、省纪委书记任正晓、省委宣传部部长江凌、省委统战部部长孙守刚、教育厅厅长郑邦山等领导,先后莅临学院或实践教学平台指导实践教学。《人民日报》、《中国教育报》、《河南日报》、人民网、学习强国、中国网、中青在线、《东方今报》、猛犸新闻等媒体先后进行了长篇报道。郑州大学博士生导师谷佳媚教授在《湖州师范学院学报》发表论文,对河南师范大学的"四位一体"立体化实践教学模式进行了系统分析并给予充分肯定。

三是教学模式得到推广。河南师范大学"四位一体"立体化实践教学模式,得到了国内同行的一致认可。兰州大学、南京师大、海南大学、首都师大、郑州大学等30多所高校的同行先后莅临考察交流;几十位马克思主义理论学界著名专家先后莅临学院讲课或指导工作;研究成果已被全国15所高校采用。其中,郑州航空工业管理学院采用"四位一体"立体化实践教学模式开展实践教学的理论成果,在《郑州航空工业管理学院学报》发表;漯河食品职业学院按照"四位一体"立体化实践教学理念开展实践教学的情况,先后在《漯河日报》《中国教育报》《中国食品报》报道;开封大学根据"四位一体"立体化实践教学模式开展实践教学的成果,在《河南教育》杂志发表。

为了把"四位一体"立体化实践教学模式固化下来,并在教学实践中不断完善和丰富这一成果,河南师范大学马克思主义学院设立了6项实践教学重点项目,推出了这套集理论性、实践性、指导性于一体的高校思政课"四位一体"立体化实践教学论丛。论丛共由6本书组成,1本为系统阐释"四位一体"立体化实践教学模式的综合性理论成果,其余5本系5门思政课程开展"四位一体"立体化实践教学具体过程的总结。论丛由马福运和蒋占峰担任总主编,李玉杰、米庭乐、马福运、刘瑞红、闫立超、范彬分别担任6本书的主编。本论丛是河南师范大学多年来开展思政课实践教学的经验总结,其中尚有不足之处,恳请各位专家批评指正。

马福运　蒋占峰
2022年元月于河南师范大学

目 录

专题一　新民主主义革命理论 ························· 1
　一、课堂叙事式教学 ··························· 1
　　（一）新民主主义革命理论形成的原因 ················ 2
　　（二）新民主主义革命的总路线、基本纲领以及性质和前途 ······· 5
　　（三）新民主主义革命的道路和基本经验 ··············· 9
　二、平台情景式教学 ·························· 13
　　（一）主题辩论赛：历史是由英雄人物创造的，还是由人民群众
　　　　　创造的？ ·························· 13
　　（二）红色革命歌曲联唱：《十送红军》《南泥湾》等 ········· 15
　　（三）红色舞台剧表演：《永不消逝的电波》 ············· 16
　三、基地体验式教学 ·························· 18
　四、网络延展式教学 ·························· 21
　　（一）观看红色影片：《甲午风云》《开国大典》《建国大业》等 ···· 21
　　（二）网络红色板块：新民主主义革命时期大事件图片展览 ······ 23
　　（三）网络媒体链接："今天是你的生日,我的祖国" ········· 24
　　（四）虚拟仿真体验：井冈山革命博物馆 ·············· 25

专题二　社会主义改造理论 ························ 28
　一、课堂叙事式教学 ·························· 29
　　（一）党在过渡时期的总路线及其现实依据 ············· 29
　　（二）社会主义改造道路和历史经验 ················ 33
　　（三）社会主义基本制度在中国的确立 ··············· 40

二、平台情景式教学··· 41
　　　　（一）主题辩论赛：中国社会主义改造"早产论"正确吗？········ 41
　　　　（二）主题演讲会：建立社会主义制度的伟大意义················ 44
　　三、基地体验式教学··· 45
　　　　（一）参观了解国有企业·· 45
　　　　（二）参观社会主义新农村代表新乡刘庄、回龙···················· 47
　　四、网络延展式教学··· 48
　　　　（一）观看电视系列片《正道沧桑——社会主义500年》部分内容··· 48
　　　　（二）观看大型电视纪录片《新中国》第四集······················· 50
　　　　（三）观看纪录片《走向辉煌》·· 51

专题三　新时期中国特色社会主义··· 54
　　一、课堂叙事式教学··· 54
　　　　（一）邓小平理论的主要内容··· 55
　　　　（二）"三个代表"重要思想·· 62
　　　　（三）科学发展观··· 68
　　二、平台情景式教学··· 74
　　　　（一）舞台情景剧：《邓小平三个未了的心愿》······················ 75
　　　　（二）主题讨论会：如何正确认识改革开放前后两个历史时期的性
　　　　　　　质及相互关系·· 76
　　三、基地体验式教学··· 78
　　　　（一）参观红旗渠红色教育基地·· 78
　　　　（二）参观新乡先进群体教育基地——河南省辉县市张村乡裴寨村
　　　　　　　··· 79
　　四、网络延展式教学··· 80
　　　　（一）网络红色板块：伟大的变革——庆祝改革开放40周年大型展览··· 80
　　　　（二）虚拟仿真体验：九江抗洪网上体验馆························· 82
　　　　（三）观看纪录片《科学发展铸辉煌》································ 83

专题四　中国特色社会主义的总任务······································ 88
　　一、课堂叙事式教学··· 89
　　　　（一）中国梦的科学内涵与实现路径··································· 89
　　　　（二）以中国式现代化推进中华民族伟大复兴······················· 94

（三）实现社会主义现代化强国"两步走"战略的具体安排 …… 97
　二、平台情景式教学 …………………………………………… 100
　　（一）学习交流会：分享学习习近平总书记中国梦论述的体会… 100
　　（二）主题演讲会："中国梦，我的梦" ………………………… 102
　三、基地体验式教学 …………………………………………… 104
　　（一）体验脱贫攻坚伟大成就：参观卫辉市郭坡、韩窑、沙沟涧… 104
　　（二）参观"国字号"乡村振兴示范村——原阳县水牛赵村…… 106
　四、网络延展式教学 …………………………………………… 109
　　（一）网上参观国家博物馆《复兴之路》展览 ………………… 109
　　（二）观看纪录片《我们这五年》 ………………………………… 110

专题五　"五位一体"总体布局 ………………………………… 115
　一、课堂叙事式教学 …………………………………………… 115
　　（一）实现经济高质量发展 ……………………………………… 116
　　（二）发展社会主义民主政治 …………………………………… 120
　　（三）建设社会主义文化强国 …………………………………… 124
　　（四）加强以民生为重点的社会建设 …………………………… 129
　　（五）建设美丽中国 ……………………………………………… 132
　二、平台情景式教学 …………………………………………… 134
　　（一）学生讲述自己身边的民生故事 …………………………… 134
　　（二）表演话剧《塞罕长歌》 ……………………………………… 136
　三、基地体验式教学 …………………………………………… 137
　　（一）参观新乡市平原博物院 …………………………………… 137
　　（二）参观新乡市凤泉区小咚鼓群众文化艺术活动中心……… 139
　四、网络延展式教学 …………………………………………… 139
　　（一）观看节目《唐宫夜宴》 ……………………………………… 140
　　（二）观看电影《我不是药神》 …………………………………… 141

专题六　全面推进国防和军队现代化 ………………………… 143
　一、课堂叙事式教学 …………………………………………… 143
　　（一）坚持党对人民军队的绝对领导 …………………………… 143
　　（二）坚持总体国家安全观 ……………………………………… 146
　　（三）加快国防和军队现代化 …………………………………… 149

（四）推动军民融合深度发展 …………………………………… 152
二、平台情景式教学 …………………………………………………… 154
　　（一）主题演讲：富国必先强军 ………………………………… 154
　　（二）军歌嘹亮：演唱军旅歌曲《小白杨》《说句心里话》…… 155
　　（三）演绎情景剧《革命的"老寄娘"》 ………………………… 156
三、基地体验式教学 …………………………………………………… 157
　　（一）参观古田会议旧址 ………………………………………… 158
　　（二）参观中国人民革命军事博物馆 …………………………… 159
四、网络延展式教学 …………………………………………………… 161
　　（一）网上浏览参观南昌八一起义纪念馆 ……………………… 161
　　（二）观看纪录片《从胜利走向胜利》 ………………………… 163
　　（三）观看纪录片《我说国家安全》 …………………………… 165

专题七　中国特色大国外交 ……………………………………………… 168
一、课堂叙事式教学 …………………………………………………… 168
　　（一）中国始终走和平发展之路 ………………………………… 169
　　（二）构建人类命运共同体 ……………………………………… 172
　　（三）积极推进全球治理体系变革 ……………………………… 176
二、平台情景式教学 …………………………………………………… 179
　　（一）主题辩论赛："国强是否必霸" …………………………… 179
　　（二）舞台情景剧：《万隆会议与中国外交》 ………………… 181
三、基地体验式教学 …………………………………………………… 182
　　（一）考察河南太行八路军抗战纪念馆 ………………………… 182
　　（二）参观郑州部分爱国主义教育基地 ………………………… 184
四、网络延展式教学 …………………………………………………… 186
　　（一）观看政论专题片《大国外交》 …………………………… 186
　　（二）观看大型政论专题片《必由之路》第八集《共同命运》… 189

专题八　坚持和加强党的全面领导 ……………………………………… 190
一、课堂叙事式教学 …………………………………………………… 190
　　（一）中国共产党的领导是历史和人民的选择 ………………… 191
　　（二）坚持党的全面领导，坚决做到"两个维护" ……………… 193

（三）勇于自我革命，是我们党最鲜明的品格，也是我们党最大的
　　　　　优势 ·· 195
　　（四）全面从严治党开辟了百年大党自我革命的新境界 ········· 198
二、平台情景式教学 ··· 200
　　（一）舞台情景剧：《团结奋斗奔小康》 ·· 200
　　（二）主题讨论会："党大还是法大"的实质和危害 ····················· 202
三、基地体验式教学 ··· 204
　　（一）参观信阳市鄂豫皖革命纪念馆和大别山干部学院 ········· 204
　　（二）参观黄麻起义和鄂豫皖苏区纪念园 ································ 206
四、网络延展式教学 ··· 207
　　（一）虚拟仿真体验：红军长征湘江战役纪念馆 ······················· 208
　　（二）观看政论专题片《辉煌中国》《法治中国》《永远在路上》
　　　　《零容忍》 ·· 209

后记 ··· 214

专题一 新民主主义革命理论

著名党史专家金冲及说:"新民主主义革命史,就是中国人民在帝国主义和封建主义的深重压迫下,由中国共产党领导,经过长期奋斗,经历多少艰难和曲折,终于建立起一个新国家和新社会的历史。"①党的十九届六中全会通过的《中共中央关于党的百年奋斗重大成就和历史经验的决议》也指出:"新民主主义革命时期,党面临的主要任务是,反对帝国主义、封建主义、官僚资本主义,争取民族独立、人民解放,为实现中华民族伟大复兴创造根本社会条件。"由此可见,新民主主义革命在我们的百年党史中有着极为重要的地位。通过本专题的学习,学生能够理解和掌握新民主主义革命的总路线、新民主主义纲领、新民主主义革命道路、新民主主义革命的三大法宝、新民主主义革命在百年党史中的重要地位等内容。

一、课堂叙事式教学

习近平总书记指出:"办好思想政治理论课关键在教师,关键在发挥教师的积极性、主动性、创造性。"②思政课教师不仅要传播知识、传播真理,还肩负着塑造灵魂、塑造新人的时代重任,因此思政课教师政治要强、情怀要深、思维要新。这样在进行课堂叙事式教学过程中,教师就可以充分发挥自己的能动性和创造性,用学理讲政治,寓价值观引导于知识传授之中。具体来讲

---

① 金冲及:《怎样向领导干部讲新民主主义革命史》,《中国井冈山干部学院学报》2010年第4期。
② 习近平:《思政课是落实立德树人根本任务的关键课程》,《求是》2020年第17期。

就是,教师通过课堂深入讲述新民主主义革命理论,引导同学们认识新旧民主主义革命的本质区别,认识到历史和人民选择了中国共产党,没有中国共产党领导,民族独立、人民解放是不可能实现的。

(一) 新民主主义革命理论形成的原因

我们可以从近代中国国情和中国革命的时代特征、新民主主义革命理论的实践基础来把握新民主主义革命理论形成的原因。

1. 教学主题

新民主主义革命理论形成的原因。

2. 教学目标

帮助学生从近代中国的时代特征以及新民主主义革命的实践基础两个方面来理解新民主主义革命理论形成的原因。

3. 教学内容

(1) 近代中国国情和中国革命的时代特征

"始于十九世纪中叶的近代中国,在外国资本帝国主义和本国封建势力的压迫下,陷入苦难深重和极度屈辱的深渊中……清皇朝在它的末期已成为一个卖国的、极端腐败的、扼杀中国的生机因而深受人民痛恨的政权。人民生活在水深火热之中。中国人是带着八国联军侵占首都北京的民族耻辱进入二十世纪的。那时,展现在中华民族面前的仿佛只是一片濒临毁灭的悲惨黯淡的前景。"①这是近代中国最基本的国情。半殖民地半封建社会,既不同于封建社会,也有别于资本主义社会,蕴含着特殊的社会矛盾和革命要求。一方面,帝国主义的侵略虽然在一定程度上加速了封建社会自给自足的自然经济的解体,客观上为中国资本主义的发展创造了一定条件,但是地主阶级对农民的剥削依旧存在,在中国社会经济生活中占据着明显优势。又因为中国民族资本主义先天不足,尽管有了某些发展,但它没有成为中国社会经济的主要形式,而且也不可能在整个社会经济中占据主导地位。中国整个社会呈现出典型的半封建性。另一方面,帝国主义列强通过政治的、经济的和文化的侵略,使中国半殖民地化。帝国主义列强通过武装入侵和强迫清政府签订一系列不平等条约,不但操纵了中国的财政和经济命脉,而且操纵了中国

---

① 中共中央党史研究室:《中国共产党的七十年》,中共党史出版社,1991,第2页。

的政治和军事力量。中国实际上处在许多帝国主义国家的统治或半统治之下,长期处于不统一状态。整个中国实际上受制于帝国主义列强,沦为帝国主义列强的半殖民地。总而言之,1840年鸦片战争以后,中国逐步成为半殖民地半封建社会,国家蒙辱、人民蒙难、文明蒙尘,中华民族遭受了前所未有的劫难。在诸多社会矛盾中,占支配地位的主要矛盾是帝国主义和中华民族的矛盾、封建主义和人民大众的矛盾,而帝国主义和中华民族的矛盾,又是各种矛盾中最主要的矛盾,即当时中国面临的主要任务是实现民族独立、人民解放,为建设富强民主的国家、确立人民当家作主的政治制度、改善人民生活扫清障碍,创造必要的前提。

与此同时,近代中国革命具有自己鲜明的时代特征。俄国十月革命的胜利,改变了整个世界历史的方向,开辟了世界无产阶级社会主义革命的新纪元,标志着人类历史开始了由资本主义向社会主义转变的进程。十月革命不仅促进了西方资本主义国家无产阶级的觉醒,也促进了东方殖民地半殖民地国家被压迫民族和被压迫人民的觉醒。它使中国的资产阶级民主主义革命,从原来属于旧的世界资产阶级民主主义革命的一部分,转变为属于世界无产阶级社会主义革命的一部分。在俄国十月革命影响下,五四运动"为新的革命力量、革命文化、革命斗争登上历史舞台创造了条件,是中国旧民主主义革命走向新民主主义革命的转折点"①。

当然,新民主主义革命不是要建立资产阶级的共和国,造成资产阶级专政,而是要造成各革命阶级在无产阶级领导之下的联合专政,建立各革命阶级联合专政的民主共和国,为进入社会主义社会做准备。它和一般意义上的社会主义革命也不相同,它只推翻帝国主义、封建主义和官僚资本主义的反动统治,而不破坏参加反帝反封建的资本主义成分。这样的民主主义革命,不是旧范畴的民主主义革命,而是新民主主义革命。中国革命要分两步走,第一步是完成反帝反封建的新民主主义革命任务,第二步是完成社会主义革命任务,这是性质不同但又相互联系的两个革命过程。

(2)新民主主义革命理论的实践基础

新民主主义革命理论不是凭空产生的,而是在认真总结中国革命经验教训的基础上形成的。

---

① 习近平:《在纪念五四运动100周年大会上的讲话》,人民出版社,2019,第2页。

首先，旧民主主义革命的失败呼唤新的革命理论。鸦片战争以来，中华民族遭受了前所未有的劫难。为了拯救民族危亡，中国人民进行了可歌可泣的斗争。太平天国运动、戊戌变法、义和团运动、辛亥革命接连而起，各种救国方案轮番出台，但都以失败告终。近代中国社会和革命斗争的发展，迫切期待新的阶级及其政党领导新的革命，呼唤新的革命理论的产生。换言之，旧民主主义革命的失败、近代中国革命形势的发展，以及世界形势的新变化，呼唤着新的革命理论的诞生。新民主主义革命理论在近代中国革命的实践中应运而生，它的形成包含了对旧民主主义革命失败教训的深刻总结。

其次，新民主主义革命的艰辛探索奠定了革命理论形成的实践基础。在党的幼年时期，由于缺乏领导革命的实践经验，加之理论上的不成熟，党在革命的领导权、武装斗争、革命道路等问题上没有形成科学正确的认识，在革命的实践斗争中犯过一些错误，走过一些弯路。但是在经历了大革命的失败及井冈山的革命斗争后，以毛泽东为主要代表的中国共产党人总结革命的经验教训，提出了"须知政权是由枪杆子中取得的"著名论断和"工农武装割据"思想，探索出了农村包围城市、武装夺取政权的革命道路。到抗日战争时期，党历经长期的革命斗争考验，积累了丰富的革命实践经验，对中国革命的认识趋于成熟，逐步形成了系统化的适合中国国情的新民主主义革命理论。毛泽东指出："在抗日时期，我们才制定了合乎情况的党的总路线和一整套具体政策。"①这就是说，新民主主义革命理论是在总结革命斗争正反两方面实践经验的基础上形成的。

总而言之，新民主主义革命实践，是新民主主义理论得以形成的实践基础和智慧源泉。没有建立和巩固农村根据地的实践，就不可能有关于农村包围城市、武装夺取政权革命道路的理论；没有革命战争的实践，就不可能有建立人民军队和关于军事战略的理论。没有中国革命的实践，没有党对革命实践经验的概括和总结，新民主主义革命理论就无法形成和发展。

---

① 中共中央文献研究室编《毛泽东年谱(1949—1976)》第5卷，中央文献出版社，2013，第79页。

（二）新民主主义革命的总路线、基本纲领以及性质和前途

1. 教学主题
新民主主义革命的总路线、基本纲领以及性质和前途。

2. 教学目标
帮助同学们充分认识新民主主义革命总路线形成的经过、基本纲领诞生的经过以及这场革命的性质、前途。

3. 教学内容
1939 年，毛泽东在《中国革命和中国共产党》一文中第一次提出了"新民主主义革命"的科学概念。1948 年，他在《在晋绥干部会议上的讲话》中完整地表述了总路线的内容，即无产阶级领导的，人民大众的，反对帝国主义、封建主义和官僚资本主义的革命。新民主主义革命总路线反映了中国革命的基本规律，指明了中国革命的对象、动力、领导力量，是新民主主义革命的指导路线。

第一，新民主主义革命的对象。毛泽东说："谁是我们的敌人？谁是我们的朋友？这个问题是革命的首要问题。中国过去一切革命斗争成效甚少，其基本原因就是因为不能团结真正的朋友，以攻击真正的敌人。"[①] 分清敌友，这是革命的首要问题。近代中国社会的性质和主要矛盾，决定了中国革命的主要敌人就是帝国主义、封建主义和官僚资本主义。

帝国主义是中国革命的首要对象。近代中国所遭受的最大的压迫是来自帝国主义的民族压迫。帝国主义是中国社会进步和发展的最大障碍，是近代中国贫困落后和一切灾难祸害的总根源。推翻帝国主义的压迫是中国走向独立和富强的前提。

封建地主阶级是帝国主义统治中国和封建军阀实行专制统治的社会基础。地主阶级是用封建制度剥削和压迫农民的阶级，是近代在政治上、经济上、文化上阻碍中国社会前进而没有丝毫进步作用的阶级，是中国经济现代化和政治民主化的主要障碍。

官僚资本主义是依靠帝国主义、勾结封建势力、利用国家政权力量而发展起来的买办的封建的国家垄断资本主义。官僚资本主义对广大劳动人民

---

① 毛泽东：《毛泽东选集》第 1 卷，人民出版社，1991，第 3 页。

的残酷剥削和对民族工商业的巧取豪夺,严重束缚了中国社会生产力的发展,因此也是中国革命的对象。

从总体上说,中国革命的对象是帝国主义、封建主义和官僚资本主义,它们是压在中国人民头上的三座大山。

第二,新民主主义革命的动力。新民主主义革命的动力包括无产阶级、农民阶级、城市小资产阶级和民族资产阶级。

无产阶级是中国革命最基本的动力。无产阶级是中国沦为半殖民地半封建社会过程中最早出现的一个新的社会阶级。它不但是伴随着中国民族工业的产生、发展而产生的,而且是伴随着外国资本主义在中国直接经营企业而产生的。中国无产阶级是新的社会生产力的代表,是近代中国最进步的阶级,是中国革命的领导力量。

农民是中国革命的主力军,其中的贫雇农是无产阶级最可靠的同盟军,中农是无产阶级可靠的同盟军。在半殖民地半封建的中国社会,农民占全国人口的80%以上,他们深受三座大山的压迫和剥削,具有强烈的反帝反封建的革命要求。新民主主义革命实质上就是党领导下的农民革命,中国革命战争实质上就是党领导下的农民战争。工人阶级只有与农民阶级结成巩固的联盟,才能形成强大的力量,才能完成反帝反封建的革命任务。

城市小资产阶级是无产阶级的可靠同盟者。城市小资产阶级包括广大的知识分子、小商人、手工业者和自由职业者,同样受帝国主义、封建主义和官僚资本主义的压迫。因此,城市小资产阶级同样是中国革命的动力。

民族资产阶级也是中国革命的动力之一。半殖民地半封建社会的民族资产阶级是一个带有两面性的阶级。一方面,民族资产阶级同帝国主义和封建主义有矛盾,是革命的力量之一;另一方面,由于它在经济上和政治上与帝国主义和封建主义有着千丝万缕的联系,没有彻底的反帝反封建的勇气,在革命的关键时刻表现出明显的软弱性。民族资产阶级的这种两面性,决定了它在一定时期内和一定程度上能够参加反帝反封建的革命,而在另一时期,又有跟在官僚资产阶级后面反对革命的危险。中国共产党对民族资产阶级在经济上实行保护民族工商业的政策,在政治上争取,对其软弱性和妥协性进行批评和斗争,既联合又斗争,这是合乎实际的,是争取革命胜利的需要。

第三,新民主主义革命的领导力量。无产阶级的领导权是中国革命的中心问题,也是新民主主义革命理论的核心问题。区别新旧两种不同范畴的民主主义革命的根本标志是，革命的领导权是掌握在无产阶级手中还是掌握在资产阶级手中。由于中国民族资产阶级的软弱性和妥协性，他们不愿意也不能够彻底推翻帝国主义和封建势力；由于中国无产阶级的强大和革命的彻底性，领导中国革命的重任，历史地落到了中国无产阶级及其政党的肩上。新民主主义革命不能由任何别的阶级和任何别的政党充当领导者，只能也必须由无产阶级及其政党充当领导者。无产阶级及其政党——中国共产党的领导，是中国革命取得胜利的根本保证。中国无产阶级除具有与先进的生产方式相联系、没有私人占有的生产资料、富于组织纪律性等一般无产阶级的基本优点外，还具有自身的特点和优点。一是它从诞生之日起，就受外国资本主义、本国封建势力和资产阶级的三重压迫，而这些压迫的严重性和残酷性，是世界各民族中少见的，因此，中国无产阶级在革命斗争中比任何别的阶级都来得坚决和彻底；二是它分布集中，有利于无产阶级队伍的组织和团结，有利于革命思想的传播和强大革命力量的形成；三是它的成员中的大部分出身于破产农民，和农民有着天然的联系，这使得无产阶级便于和农民结成亲密的联盟，共同团结战斗。除此之外，我们还需要注意两个重要问题。一是无产阶级及其政党实现对各革命阶级的领导，必须建立以工农联盟为基础的广泛的统一战线，这是实现领导权的关键。中国的新民主主义革命实质上就是无产阶级领导下的农民革命。二是无产阶级在同资产阶级建立统一战线时，必须坚持独立自主的原则，保持党在思想上、政治上和组织上的独立性，实行既联合又斗争的方针，这是坚持领导权的基本策略。

与此同时，一个政党的纲领，是公开树立起来的一面旗帜，是表明党的性质的重要标志。1940年，毛泽东在《新民主主义论》中，阐述了新民主主义的政治、经济和文化。1945年，他在党的七大上所作的政治报告《论联合政府》，进一步把新民主主义的政治、经济和文化与党的基本纲领联系起来，进行了具体阐述。

新民主主义的政治纲领。新民主主义的政治纲领是：推翻帝国主义和封建主义的统治，建立一个无产阶级领导的、以工农联盟为基础的、各革命阶级联合专政的新民主主义的共和国。新民主主义共和国既不同于欧美式的资产阶级专政的共和国，又和苏联式的无产阶级专政的社会主义共和国相区别。

新民主主义的经济纲领。新民主主义的经济纲领是：没收封建地主阶级的土地归农民所有,没收官僚资产阶级的垄断资本归新民主主义的国家所有,保护民族工商业。没收封建地主阶级的土地归农民所有,是新民主主义革命的主要内容;没收官僚资本归新民主主义国家所有,是新民主主义革命的题中应有之义;保护民族工商业,是新民主主义经济纲领中极具特色的一项内容。

新民主主义的文化纲领。新民主主义文化,就是无产阶级领导的人民大众的反帝反封建的文化,即民族的科学的大众的文化。新民主主义文化是民族的,就其内容说是反对帝国主义压迫,主张中华民族的尊严和独立;就其形式说是具有鲜明的民族风格、民族形式和民族特色;新民主主义文化是科学的,是反对一切封建思想和迷信思想,主张实事求是、客观真理及理论和实践的一致性。对于封建时代创造的文化,要选择性地对待其糟粕和精华,同时要反对民族虚无主义,以历史唯物主义的态度对待古今中外文化。

上述新民主主义革命的总路线、基本纲领决定了这场革命的性质和前途。既然中国还是一个封建经济占明显优势的半殖民地半封建社会,而这一阶段的革命是为了终结这个半殖民地半封建社会形态;既然中国革命的对象主要是帝国主义和封建主义势力,革命的任务就是推翻这两个主要敌人;既然这个革命还有资产阶级参加,它还曾领导过这个革命,既然这个革命的经济政策不是一般地废除私有财产,而是一般地保护私有财产,具体地说就是要把封建地主土地私有制变为农民土地所有制,为民族资本主义的发展扫清道路并保护之,所以,这一阶段中国革命的性质,就不是无产阶级社会主义革命,而是资产阶级民主主义革命。这是因为:它为了推翻帝国主义、封建主义和官僚资本主义的反动统治,在政治上争取和联合民族资产阶级去反对共同的敌人,在经济上保护民族工商业,容许有利于国计民生的私人资本主义发展。它要建立的是无产阶级领导的各革命阶级的联合专政,而不是无产阶级专政。但是,中国革命已不是旧式的、一般的资产阶级民主主义的革命,而是新的民主主义革命。这是因为:革命的领导力量是中国无产阶级及其先锋队——中国共产党;革命的指导思想是马克思列宁主义;革命的前途是社会主义而不是资本主义。社会主义革命是无产阶级性质的革命,它所要实现的目标是消灭资本主义剥削制度,建立社会主义制度。新民主主义革命与社会主义革命又是互相联系、紧密衔接的,中间不容横插一个资产阶级专政。民主主义革命是社会主义革命的必要准备,社会主义革命是民主主义革命的必然趋势。

(三) 新民主主义革命的道路和基本经验

1. 教学主题

新民主主义革命的道路和基本经验。

2. 教学目标

帮助同学们充分认识为什么我们的新民主主义革命道路与俄国十月革命的道路截然不同,深刻把握这场革命胜利的基本经验。

3. 教学内容

在一个以农民为主体的半殖民地半封建的国度里进行革命,应该选择什么样的道路,这是中国共产党在领导中国革命的过程中必须面对和回答的重大问题。"以毛泽东为代表的中国马克思主义者,坚持从实际出发,善于向实践学习,向群众学习,从而在中国革命处于极端危险的紧要关头表现出可贵的革命首创精神,为中国革命探索出了农村包围城市、武装夺取政权这样一条前人没有走过的正确道路。"①中国共产党在马克思主义指导下,立足中国国情,走出了一条不同于俄国十月革命的道路,即农村包围城市、武装夺取政权的革命道路。

中国革命应该走什么样的道路,党对这一问题的认识,经过了一个逐步探索的过程。党成立初期,首先把工作重心放在城市,领导工人阶级,开展工人运动。但当时对于发动农民参加革命、建立农村革命根据地的重要性缺乏足够的认识。1927年大革命失败后,党的工作重心开始转向农村。秋收起义失败后,毛泽东率领队伍开赴井冈山,创建了井冈山革命根据地,把武装斗争的主攻方向首先指向农村。在领导农村革命根据地的斗争实践中,毛泽东相继写下了《中国的红色政权为什么能够存在?》《井冈山的斗争》《星星之火,可以燎原》等文章,提出了"工农武装割据"思想,初步形成了农村包围城市的革命道路理论。1938年11月,毛泽东在党的六届六中全会上指出:"共产党的任务,基本地不是经过长期合法斗争以进入起义和战争,也不是先占城市后取乡村,而是走相反的道路。"②从而确立了经过长期武装斗争,先占

---

① 中共中央党史研究室:《中国共产党的七十年》,中共党史出版社,1991,第100页。
② 毛泽东:《毛泽东选集》第2卷,人民出版社,1991,第542页。

乡村,后取城市,最后夺取全国胜利的革命道路。

新民主主义革命道路的形成具有必然性。中国革命必须走农村包围城市、武装夺取政权的道路,是由当时的时代特点和具体国情决定的。一方面,在半殖民地半封建的中国社会,内无民主制度而受封建主义的压迫,外无民族独立而受帝国主义的压迫。中国的无产阶级根本不可能像在资本主义国家那样,先在城市经过长期的、公开的合法斗争,然后再组织武装起义,夺取政权。中国革命的主要斗争形式只能是武装斗争,以革命的武装消灭反革命的武装。另一方面,近代中国是一个农业大国,农民占全国人口的绝大多数,是无产阶级可靠的同盟军和革命的主力军。在中国开展革命斗争,必须充分地发动农民,凝聚农民阶级的革命力量。这就要求无产阶级及其政党必须深入农村,从解决农民的土地问题入手,组织、发动和武装农民。党之所以能够深入农村积蓄力量,建设革命根据地,最终实现农村包围城市并夺取政权,是因为以下几个方面原因:第一,近代中国是多个帝国主义间接统治的经济落后的半殖民地国家,社会政治经济发展极端不平衡,四分五裂,军阀割据,存在不少的统治薄弱环节,为党在农村开展革命斗争、建设革命根据地提供了缝隙和可能。第二,近代中国的广大农村深受反动统治阶级的多重压迫和剥削,人民革命愿望强烈,加之经历过大革命的洗礼,革命的群众基础好。第三,全国革命形势的继续向前发展,为在农村建设革命根据地提供了客观条件。第四,相当力量正式红军的存在,为农村革命根据地的创立、巩固和发展提供了坚强后盾。第五,党的领导的有力量及其政策的不错误,为农村革命根据地建设和发展提供了重要的主观条件。

新民主主义革命的基本经验,也就是新民主主义革命的三大法宝。毛泽东在1939年10月的《〈共产党人〉发刊词》一文中,总结了中国革命两次胜利和两次失败的经验教训,并且指出:"十八年的经验,已使我们懂得:统一战线,武装斗争,党的建设,是中国共产党在中国革命中战胜敌人的三个法宝,三个主要的法宝。"①

统一战线问题是无产阶级政党策略思想的重要内容。建立最广泛的统一战线,是由中国半殖民地半封建社会的阶级状况所决定的,也是由中国革命的长期性、残酷性及其发展的不平衡性所决定的。作为无产阶级先锋队的

---

① 毛泽东:《毛泽东选集》第2卷,人民出版社,1991,第606页。

中国共产党所领导的革命力量，要战胜作为地主阶级和官僚资产阶级集中代表的国民党所领导的强大的反革命力量，就必须把农民、城市小资产阶级以及其他中间阶级都团结在自己的周围，结成最广泛的统一战线。在建立和巩固统一战线的过程中，我们遵循了以下几个原则：一是要建立巩固的工农联盟。二是要正确对待资产阶级，尤其是民族资产阶级，对其要实行既联合又斗争的策略。三是要采取区别对待的方针。在革命进程中，要坚持发展进步势力、争取中间势力、孤立顽固势力的策略方针。四是要坚持独立自主的原则。要保持党在政治上、组织上和思想上的独立性。2021年2月，习近平总书记在党史学习教育动员大会上的讲话中指出："当年，毛泽东同志总结革命斗争经验，把统一战线、武装斗争、党的建设概括为克敌制胜的'三大法宝'，为我们党取得新民主主义革命胜利发挥了重要作用，至今依然发挥着重要作用。"习近平总书记还在庆祝中国共产党成立100周年大会上的讲话中指出："在百年奋斗历程中，中国共产党始终把统一战线摆在重要位置，不断巩固和发展最广泛的统一战线，团结一切可以团结的力量、调动一切可以调动的积极因素，最大限度凝聚起共同奋斗的力量。"时至今日，统一战线始终是中国共产党凝聚人心、汇聚力量的重要法宝。正是由于我们始终坚持统一战线，才能够求同存异、化异为同，才能够寻求最大公约数、画出最大同心圆，才能够汇聚起实现中华民族伟大复兴的磅礴力量！

武装斗争是中国革命的特点和优点之一。在半殖民地半封建的旧中国，无产阶级和广大人民群众无议会民主可以利用，无组织工人举行罢工的合法权利。帝国主义和封建主义总是凭借着反革命暴力对革命人民实行残暴的镇压。革命人民只有武装起来，以武装的革命反对武装的反革命。事实上，毛泽东最初主张"忠告运动""呼声革命"，不主张"炸弹革命""有血革命"。但是大革命失败后，面对反目成仇、凶相毕露的国民党反动派，毛泽东及时地认识到："在中国，离开了武装斗争，就没有无产阶级的地位，就没有人民的地位，就没有共产党的地位，就没有革命的胜利。"[①]坚持武装斗争必须建立一支人民军队，没有一支人民的军队，便没有人民的一切，就不可能有人民的解放和国家的独立。故而毛泽东在八七会议上明确提出"须知政权是由枪杆子中取得的"的论断。"八七会议是一个转折点。它给正处在思想混乱和组

---

① 毛泽东：《毛泽东选集》第2卷，人民出版社，1991，第610页。

织涣散中的中国共产党指明了新的出路,为挽救党和革命作出了巨大贡献。这是由大革命失败到土地革命战争兴起的历史性转变。"①正是由于真正认识到武装斗争和武装力量的重要性,后来毛泽东在领导湘赣边界秋收起义后写下了一首荡气回肠、气势磅礴、刚健有力的诗,歌颂革命初期的工农革命武装暴动,这就是著名的《西江月·秋收起义》:"军叫工农革命,旗号镰刀斧头。匡庐一带不停留,要向潇湘直进。地主重重压迫,农民个个同仇。秋收时节暮云愁,霹雳一声暴动。"

党的建设是一项伟大工程。中国共产党要领导革命取得胜利,必须不断加强党的思想建设、组织建设和作风建设。这是因为,半殖民地半封建的中国是一个以农民为主体的国度,无产阶级人数很少,农民和其他小资产阶级占人口的大多数。各种非无产阶级思想,特别是小资产阶级思想必然反映到党内来,党内无产阶级思想和非无产阶级思想之间的矛盾成为党内思想上的主要矛盾。毛泽东对此指出:"有许多党员,在组织上入了党,思想上并没有完全入党,甚至完全没有入党。"②加之党长期在农村发展,且处于战争环境之中,如果不加强党的组织建设、作风建设,党就会组织松散,不可能成为坚强有力的战斗堡垒,不可能具备优良的作风,更不可能赢得人民群众的支持并取得革命胜利。正如1928年毛泽东在《井冈山的斗争》中指出:"红军所以艰难奋战而不溃散,'支部建在连上'是一个重要原因。"③在毛泽东将党的建设视为一项伟大工程的基础上,面临新时期改革开放和市场经济的全新环境,1994年党的十四届四中全会进而又提出党的建设新的伟大工程。党的十八大以来,以习近平同志为核心的党中央坚持党要管党和从严治党,又提出了全面从严治党的重大战略,党的建设新的伟大工程得到全方位加强和巩固。

总而言之,新民主主义革命具有重要的理论和实践意义。首先,新民主主义革命的理论,揭示了近代中国革命发展的客观规律,解决了在一个以农民为主体的、落后的半殖民地半封建的东方大国里进行革命的一系列理论问题。其次,在新民主主义革命理论的指导下,党团结带领人民找到了一条以农村包围城市、武装夺取政权的正确革命道路,经过浴血奋战,完成了新民主

---

① 中共中央党史研究室:《中国共产党的七十年》,中共党史出版社,1991,第81页。
② 毛泽东:《毛泽东选集》第3卷,人民出版社,1991,第875页。
③ 毛泽东:《毛泽东选集》第1卷,人民出版社,1991,第65-66页。

主义革命,于1949年建立了中华人民共和国。最后,中国新民主主义革命的伟大胜利,是20世纪继俄国十月革命以后改变世界面貌的伟大历史事件,有力地鼓舞和推动了世界上被压迫民族和被压迫人民反抗帝国主义、殖民主义的斗争,极大地增强了他们反对帝国主义斗争的信心,增强了世界人民争取和平的力量。

二、平台情景式教学

思政课堂要坚持主导性和主体性相统一。正如习近平总书记所要求的:"思政课教学离不开教师的主导,同时要坚持以学生为中心,加大对学生的认知规律和接受特点的研究,发挥学生主体性作用。"[1]通过主题辩论赛的形式开展平台情景式教学,既可以发挥教师的主导性作用,也可以彰显学生的主体性地位。

(一) 主题辩论赛:历史是由英雄人物创造的,还是由人民群众创造的?

在毛泽东及其思想指引下,我们党领导全国人民找到了一条新民主主义革命的正确道路,建立了中华人民共和国。自此中华民族任人宰割、饱受欺凌的时代一去不复返了,中国发展从此开启了新纪元。毫无疑问,毛泽东是伟大的马克思主义者,是伟大的无产阶级革命家、战略家和理论家。正如邓小平同志所讲,毛主席"多次从危机中把党和国家挽救过来。没有毛主席,至少我们中国人民还要在黑暗中摸索更长的时间"[2]。那么我们在讲述新民主主义革命理论章节的内容时,就面临一个重要的问题——历史是由英雄人物创造的,还是由人民群众创造的?

1. **教学主题**

主题辩论赛:历史是由英雄人物创造的,还是由人民群众创造的?

2. **教学目标**

首先,引导同学们进一步认识"人民群众是历史的创造者"这一马克思

---

[1] 习近平:《思政课是落实立德树人根本任务的关键课程》,《求是》2020年第17期。
[2] 邓小平:《邓小平文选》第2卷,人民出版社,1994,第344-345页。

主义观点,从而更加深刻体会作为新民主主义革命"三大法宝"的统一战线的重要性。其次,引导同学们正确看待人民群众和英雄人物在推动历史发展过程中的辩证关系。最后,引导同学们运用历史分析方法正确评价英雄人物,既要避免历史虚无主义,也要避免将英雄人物偶像化、神圣化的错误倾向。

3. 教学方案

(1) 实践时间:课外时间。

(2) 实践地点:教学实践平台或多媒体教室。

(3) 实践环节/具体举措:

首先,教师在课堂上提前明确辩论赛主题,介绍辩论规则及注意事项,鼓励和指导学生做参赛准备。

其次,学生以班级为单位分成正、反两队,每队选出5人组成辩论小组,另组织10—12人作为智囊团。

最后,组织辩论,评委点评。

4. 师生交流

同学甲:在这次辩论赛的过程中,我想起了课堂上讲的一段话,就是毛泽东所讲的:"谁是我们的敌人?谁是我们的朋友?这个问题是革命的首要问题。中国过去一切革命斗争成效甚少,其基本原因就是因为不能团结真正的朋友,以攻击真正的敌人。"正是由于毛泽东认识到了无产阶级是我们革命的领导力量,而一切半无产阶级、小资产阶级是我们最接近的朋友,从而发动广大工人和农民,建立起了广泛的革命统一战线,最终取得了新民主主义革命的胜利。在新民主主义革命运动中,我看到了人民群众在推动历史发展过程中所发挥的决定性作用。

同学乙:以陈独秀为代表的右倾机会主义者,只注意同国民党合作,忘记了农民;以张国焘为代表的"左"倾机会主义,只注意工人运动,同样忘记了农民。这两种机会主义都感觉自己力量不足,但是同时又不知道到何处去寻找力量、扩大同盟军。只有毛泽东正确指出,中国无产阶级的最广大和最忠实的同盟军是农民,这样就解决了新民主主义革命中的最主要的同盟军问题。正如邓小平所说:"没有毛主席,至少我们中国人民还要在黑暗中摸索更长的时间。"英雄人物确实很重要。

教师:通过这次平台情景式教学,同学们积极参与主题辩论,在这一过程中大家对新民主主义革命的相关问题有了更为深入的认知,懂得了中国共产党为什么"能"、为什么说"红色政权来之不易"、以毛泽东为主要代表的中国共产党人怎样实现了马克思主义中国化的第一次飞跃等重要问题。由此,我们也就实现了增强同学们对我们党和国家的情感认同、价值认同这一目的。同时,同学们对类似"历史者英雄之舞台也,舍英雄几无历史"这种观点的错误性有了一定的了解,因为新民主主义革命的成功证明了一个颠扑不破的真理,这就是:"人民,只有人民,才是创造世界历史的动力。"①所以我们青年学生现在就应该树立一个观念,就是要一切依靠群众,要尊重人民群众的首创精神,要在未来的岗位上自觉拜人民为师,向能者求教,向智者问策。

(二) 红色革命歌曲联唱:《十送红军》《南泥湾》等

一切伟大的事业都需要在承前启后、继往开来中推进。只有运用好红色资源、传播好红色文化,才能确保红色江山后继有人、代代相传。作为红色资源和红色文化的重要代表,红色革命歌曲集中表现了革命战争年代我们党的初心和使命,有力彰显了中国共产党人"革命理想高于天"的坚定理想信念。

1. 教学主题

咏唱《十送红军》《南泥湾》《保卫黄河》《没有共产党就没有新中国》等红色经典歌曲。

2. 教学目标

通过了解、把握、演唱红色革命歌曲,让同学们进一步深刻认识红色政权来之不易、新中国来之不易、中国特色社会主义来之不易。

3. 教学方案

(1) 实践时间:周末或节假日。

(2) 实践地点:多媒体教室或实践教学平台。

(3) 实践环节/具体举措:

分组:以班级为单位,自由组合成若干小组,每组10—15人,共同商讨选择喜欢的革命歌曲;各小组成员分工协作,收集所选歌曲的背景资料、制作PPT等。

评价:每组组长作为评委对各小组的歌曲表演进行评分。

---

① 毛泽东:《毛泽东选集》第3卷,人民出版社,1991,第1031页。

总结：活动结束后各小组分别撰写实践总结报告。

4. 师生交流

同学甲："一送红军下了山,秋风细雨缠绵绵""花篮的花儿香,听我们唱一唱,唱一呀唱,来到了南泥湾"……歌曲是时代的心声,一曲红歌就是一段鲜活的历史。通过这些动人的红色旋律,我们以歌唱的方式致敬革命先烈,在歌声中感悟信仰力量,在传唱中激发奋斗热情。

同学乙：红色歌曲是我们身边的红色资源,传唱红歌是传承红色基因的有效方式。《十送红军》曾让多少革命群众热泪盈眶,《南泥湾》曾鼓舞多少有志青年投入建设祖国的热潮……一首首红色歌曲,见证着我们党的奋斗历程,承载着中华儿女共同的价值追求,是激励我们踔厉奋发、勇敢前行的一笔笔宝贵精神财富。

同学丙：激昂的曲调在传唱中得到延续,红色精神在传承中不断焕发。今天我们重温这些耳熟能详的旋律,能够从红色经典中吸收营养、汲取力量,在新时代、新征程、新使命中,赓续红色基因,再创功业辉煌！

教师：通过红色革命歌曲联唱这种情景式教学模式,我们的思政课激发了当代青年学生对课程的浓厚兴趣,也是习近平总书记提出的"大思政课,我们要善用之"这一要求的具体体现。《十送红军》《南泥湾》《保卫黄河》《没有共产党就没有新中国》等红色革命歌曲旋律昂扬激进、气势撼人心魄,我们从中可以感受到振奋人心的力量,感受到革命先辈视死如归的巨大勇气。中国式现代化是物质文明和精神文明相协调的现代化,我们要弘扬中华优秀传统文化,用好红色资源,发展社会主义先进文化,培育和践行社会主义核心价值观,让红色文化在新征程上焕发时代光芒,从而汇聚起实现民族复兴的磅礴伟力。

（三）红色舞台剧表演：《永不消逝的电波》

曾经有这样一群人,他们虽不曾亲自在战场上出生入死,却隐藏身份潜入敌人的"心脏",用非凡的勇气和智慧,为党的事业、国家的前途和民族的解放作出了突出的贡献。他们就是革命战争时期我们党的情报人员。情报人员长期默默无闻地从事着隐蔽战线工作,展现了信念坚定、不畏牺牲、爱国奉献等伟大精神。

1. 教学主题

表演舞台剧《永不消逝的电波》,展现革命时期情报人员的不易和伟大。

2. 教学目标

通过表演舞台剧《永不消逝的电波》,同学们能够从另一个视角发现新中国的来之不易、我们的幸福生活来之不易,从而以一种时不我待、只争朝夕的精神走好新时代的长征路。

3. 教学方案

(1) 实践时间:课外时间。

(2) 实践地点:多媒体教室或实践教学平台。

(3) 实践环节/具体举措:

动员:组织同学们积极参与,并进行初步的分工安排。

准备:充分了解舞台剧《永不消逝的电波》的历史背景和相关故事。

表演:安排时间进行表演,并邀请师生进行交流。

4. 师生交流

同学甲:通过这次的积极参与,我了解了教材和平时学习中所不知道的历史英雄人物,例如李克农、钱壮飞、胡底、熊向晖、申健、陈忠经等英雄人物。他们长期深潜在国民党内部,在全民族抗战时期以及解放战争时期发挥了重要的作用。正是由于他们不计个人名利、不畏牺牲,长期奋斗在隐蔽战线上,我们的新中国才能够成立,我们才能够实现民族独立、人民解放。生活在新时代的当代青年学生应该向他们致敬,他们是最可爱的人!

同学乙:通过这次参演,我知道了很多以往不知道的历史人物、历史瞬间。例如我们党历史上的大叛徒顾顺章,以及他的变节给我们的革命事业带来的巨大危害;例如为传递情报而敲掉四颗门牙的项与年……我还知道了中央特科的存在及其巨大作用。正因为中央特科的积极作为,留守上海的李克农、打入南京国民党情报部门的钱壮飞,以及在天津的长城通讯社社长胡底,三人形成遥相呼应的"铁三角",在关键时刻发挥重要作用,才使得我们党在危难中发展壮大。从这些历史故事中我们更加懂得了"新中国来之不易"的深刻内涵。

同学丙:通过观看《永不消逝的电波》舞台剧,我们更加深刻认识到红色政权来之不易、新中国来之不易、中国特色社会主义来之不易、党的十八大以来实现的快速发展与长期稳定的局面来之不易。作为当代青年学生,我们一定要倍加珍惜来之不易的发展成果,在奋力实现民族复兴的中国梦的过程中书写自己无悔的青春!

教师:在我们党的百年发展历程中,有无数感天动地的红色故事。党的故事蕴含党的初心使命、彰显党的优良作风、展现党的奋斗精神。在中国共产党历史这本教科书中,感人的红色故事是其中的光辉篇章,是传承红色基因的生动教材。习近平总书记强调:"要讲好党的故事、革命的故事、根据地的故事、英雄和烈士的故事,加强革命传统教育、爱国主义教育、青少年思想道德教育,把红色基因传承好,确保红色江山永不变色。"①在我们党的百年发展历程中,有无数个诸如《永不消逝的电波》这样感天动地的红色故事,正是这一个个生动精彩的故事,构成了一部波澜壮阔、气壮山河的党的史诗。对于我们当代大学生来讲,学习党史、国史是一门必修课,而且必须修好。

三、基地体验式教学

共和国是红色的,不能淡化这个颜色。我们永远不能忘记自己是从哪里走来的,要发挥红色资源优势,把红色基因一代代传下去。这是因为中华民族复兴绝不是轻轻松松、敲锣打鼓就能实现的。实现伟大梦想,必须进行伟大斗争。这一斗争不仅包括物质的较量,还包括精神的角逐。在这一过程中,正如习近平总书记所讲:"青年是整个社会力量中最积极、最有生气的力量,国家的希望在青年,民族的未来在青年。"②通过组织实地参观冀鲁豫边区革命根据地旧址纪念馆、遵义会议纪念馆,同学们能够进一步坚定理想信念,同亿万人民一道,在矢志奋斗中谱写新时代的青春之歌。

1. 教学主题

参观冀鲁豫边区革命根据地旧址纪念馆、遵义会议纪念馆。

2. 教学目标

充分认识中国共产党在抗日战争中的中流砥柱作用;正确认识遵义会议在我们党的历史上的重要地位;帮助青年学生继承和弘扬伟大的长征精神,赓续中国共产党人的精神谱系。

---

① 习近平:《论中国共产党历史》,中央文献出版社,2021,第111页。
② 习近平:《在纪念五四运动100周年大会上的讲话》,人民出版社,2019,第6页。

3. 教学方案

（1）实践时间：周末或假期。

（2）实践地点：冀鲁豫边区革命根据地旧址纪念馆、遵义会议纪念馆。

（3）实践环节/具体举措：

准备：引导同学们提前了解相关党史知识。

参观：利用节假日、周末时间有序前往；和场地讲解员交流，了解更为翔实的历史故事。

汇报：同学们在课堂上分享学习所得，并形成一定的文字材料。

4. 场地简介

（1）冀鲁豫边区革命根据地旧址纪念馆

冀鲁豫边区革命根据地旧址纪念馆坐落在河南省濮阳市清丰县的单拐村。抗日战争后期，这里曾驻扎着中共中央北方局、中共中央冀鲁豫（平原）分局、八路军冀鲁豫军区司令部等首脑机关。老一辈无产阶级革命家邓小平、黄敬、宋任穷等在这里领导指挥了边区的抗日斗争。这里曾是全国敌后抗日根据地的心脏，被称为"边区中枢""平原首府"。河南省史学界也曾给予其"南有鄂豫皖（土地革命时期——新县），北有冀鲁豫（抗日战争时期——清丰）"之赞誉。这里还是一代伟人邓小平在河南省工作时间最长的一个村庄，因为在这里出色的工作成果，他虽然未能参加中共第七次全国代表大会，但仍被选为中央委员。这里首开人民军队造炮先河，诞生了我军兵工史上第一门大炮——"盖亮号"九二式七十毫米步兵炮，受到朱德总司令的通令表彰，其中一门被中国人民革命军事博物馆收藏。经过多年的精心维护和建设，纪念馆先后获得"全国重点文物保护单位""全国爱国主义教育示范基地""全国红色旅游经典景区""国家级抗战纪念设施遗址"等荣誉称号，是对青年学生进行爱国主义教育、理想信念教育的重要基地。

（2）遵义会议纪念馆

遵义会议前夕，经过湘江战役，中央红军主力由长征开始时的 8 万多人锐减到 3 万多人，前有重兵堵截、后有大军围追，陷入被动挨打、濒于全军覆没的危机。在此紧急关头，1935 年 1 月中共中央在贵州遵义召开政治局扩大会议。会议结束了"左"倾教条主义在中央的统治，"确立了毛泽东同志在红军和党中央的领导地位，开始确立了以毛泽东同志为主要代表的马克思主义正确路线在党中央的领导地位，开始形成以毛泽东同志为核心的党的第一代中央领导集体,这是我们党和革命事业转危为安、不断打开新局面最重要的保证"①。遵义会议在极端危急的关头,挽救了党,挽救了红军,挽救了中国革命,是党历史上一个生死攸关的转折点,它标志着中国共产党在政治上开始走向成熟。

遵义会议纪念馆位于贵州省遵义市子尹路96号,是新中国成立后建立的第一批革命纪念馆。遵义会议精神是长征精神的重要组成部分,内涵主要是坚定信念、坚持真理、独立自主、团结统一。遵义会议纪念馆是进行爱国主义教育、理想信念教育的重要基地,遵义会议精神是中国共产党精神谱系的重要组成部分,是对当代青年学生进行红色文化教育的宝贵资源。正如习近平总书记所要求的,"我们要运用好遵义会议历史经验,让遵义会议精神永放光芒"②。

5. 师生交流

同学甲:通过实地参观学习冀鲁豫边区革命根据地旧址纪念馆,我对那些浴血奋战、百折不挠从而为实现民族独立、人民解放作出巨大贡献的勇士有了更加深入的了解。正是由于他们的付出和牺牲,中华民族任人宰割、饱受欺凌的时代一去不复返了,中国发展从此开启了新纪元。进入新时代,我们要无比珍惜发展的成果以及和平的大环境,聚精会神搞建设、一心一意谋发展,通过发展来解决前进道路上的一切问题。忆往昔峥嵘岁月,我们当代青年学生一定会从党史、新中国史、改革开放史、社会主义发展史中汲取主动精神,踔厉前行、奋发有为,更好地在实现中华民族伟大复兴的征程中作出应有的贡献。

同学乙:长征途中,英雄的红军血战湘江、四渡赤水、巧渡金沙江、强渡大渡河、飞夺泸定桥、转战乌蒙山,击退上百万穷凶极恶的追兵阻敌,穿越渺无人烟的沼泽草地,纵横十余省,长驱二万五千里。长征途中,党中央召开的遵义会议,是我们党历史上一个生死攸关的转折点。长征的胜利、遵义会议的召开,使我们青年学生更深刻地认识到,只有把马克思主义基本原理同中国革命具体实际结合起来,独立自主解决中国革命的重大问题,才能把革命事业引向胜利。

---

① 习近平:《在纪念红军长征胜利80周年大会上的讲话》,人民出版社,2016,第5页。
② 习近平:《论中国共产党历史》,中央文献出版社,2021,第102页。

四、网络延展式教学

互联网是我们这个时代最具发展活力的领域,网信事业代表着新的生产力和新的发展方向。当今世界第四次科技革命蓬勃发展,以互联网为代表的信息技术日新月异,引领了社会生产新变革,创造了人类生活新空间。正是基于这一客观情况,习近平总书记指出:"做好网上舆论工作是一项长期任务,要创新改进网上宣传,运用网络传播规律,弘扬主旋律,激发正能量。"[①]因此,网络延展式教学是我们实现思政课立德树人根本任务的重要路径之一。

(一) 观看红色影片:《甲午风云》《开国大典》《建国大业》等

文艺事业是党和人民的重要事业,文艺战线是党和人民的重要战线。"没有先进文化的积极引领,没有人民精神世界的极大丰富,没有民族精神力量的不断增强,一个国家、一个民族不可能屹立于世界民族之林。"[②]优秀的文艺作品能够为青年大学生的健康成长提供强大的价值引导力、文化凝聚力、精神推动力。

1. 教学主题

观看电影《甲午风云》《开国大典》《建国大业》等。

2. 教学目标

通过观看这几部影片,同学们能够对新民主主义革命的历史背景、伟大意义,红色政权来之不易、新中国来之不易、中国特色社会主义来之不易有更为深入的理解。

3. 教学方案

(1) 实践时间:课外时间。

(2) 实践环节/具体举措:

第一,帮助学生了解相关历史背景。

第二,学生课后观影,撰写观后感。

[①] 中共中央党史和文献研究院编《习近平关于网络强国论述摘编》,中央文献出版社,2021,第63页。

[②] 习近平:《在文艺工作座谈会上的讲话》,人民出版社,2015,第5页。

第三,在课堂上引导同学们交流观影感受。

4. 教师总结

我们这次通过观看影片《甲午风云》,了解了近代中国的基本情况,这种场景正如《中国共产党的七十年》中所讲的:"那时,展现在中华民族面前的仿佛只是一片濒临毁灭的悲惨黯淡的前景。"①同时我们还应该认识到,正所谓"风雨如晦,鸡鸣不已",近代中国在遭受屈辱战乱的同时也是英雄辈出,正是这些英雄人物构筑起了中华民族的脊梁。所以在观看这部影片的过程中,我就想起了鲁迅先生在《中国人失掉自信力了吗》这篇文章所讲的:"我们从古以来,就有埋头苦干的人,有拼命硬干的人,有为民请命的人,有舍身求法的人,……虽是等于为帝王将相作家谱的所谓'正史',也往往掩不住他们的光耀,这就是中国的脊梁。"正是由于他们的存在,灾难深重的中华民族几经奋斗、几经挫折,终于找到了马克思主义,诞生了中国共产党,从此,东方大国走向了"山河日月新"的康庄大道。正如习近平总书记所讲的,一个有希望的民族不能没有英雄,一个有前途的国家不能没有先锋。

《开国大典》这部影片主要呈现了1948年9月三大战役开始到1949年10月在北京举行开国大典这一段历史进程。辽沈、淮海、平津三大战役,无论战争规模还是取得的战果,在中国战争史上都是空前的,在世界战争史上也十分罕见。这三大战役使国民党赖以维持其反动统治的主要军事力量基本上被摧毁,为中国革命在全国的胜利奠定了基础;党领导人民浴血奋战、百折不挠,成立中华人民共和国,实现民族独立、人民解放,中国人民从此站起来了,中华民族任人宰割、饱受欺凌的时代一去不复返了。所以,这部影片给了我们很多重要的启示。其中之一就是,中国共产党的领导是党和国家的根本所在、命脉所在,是全国各族人民的利益所系、命运所系。在未来的征途上,我们要坚决拥护党的领导,"这是我们过去成功的密码,也是我们今后继续成功的关键"②。

重庆谈判,是抗日战争胜利之际,中国共产党和中国国民党两党就中国未来的发展前途、建设大计在重庆进行的一次历史性会谈。从1945年8月29日至10月10日,经过43天谈判,国共双方签订了《政府与中共代表会谈

---

① 中共中央党史研究室:《中国共产党的七十年》,中共党史出版社,1991,第2页。
② 宣言:《我们怎样才能继续成功》,《人民日报》2021年9月28日第1-2版。

纪要》,即《双十协定》。虽然国民党统治集团违背全国人民迫切要求休养生息、和平建国的意愿,在1946年6月底全面撕毁《双十协定》,但其历史意义和启示仍是非常重大的,这就是:重庆谈判的举行和《双十协定》的签订,表明国民党方面承认了中共的地位,承认了党派会议,从而推动了全国和平民主运动的发展;重庆谈判把国共两党的合作推进到了一个崭新的高度,在某种意义上决定了战后中国的政治走向和政治格局。总而言之,"重庆谈判的结果,是人民力量的一个胜利","这次会谈和达成的协议,还有力地推动了国民党统治区的民主运动"。①

在《建国大业》这部影片里,还有一个重要的内容,就是中国人民政治协商会议第一届全体会议的召开。人民政协是共产党领导的以工农联盟为基础的人民民主统一战线的组织形式,在新中国成立的过程中发挥了凝聚人心、汇聚力量的重要作用。事实上,"坚持统一战线"是我们党能够取得百年成就的重要经验之一。当今世界百年未有之大变局加速演进,统一战线在维护国家主权、安全、发展利益上的作用更加重要;全面建设社会主义现代化国家、实现中华民族伟大复兴,统一战线在围绕中心、服务大局上的作用更加重要;我国社会结构发生深刻变化,统一战线在增强党的阶级基础、扩大党的群众基础上的作用更加重要。总而言之,统一战线仍然是一个重要法宝,不是可以削弱,而是应该加强;不是可以缩小,而且应该扩大。

(二) 网络红色板块:新民主主义革命时期大事件图片展览

中国共产党一经诞生,就把为中国人民谋幸福、为中华民族谋复兴确立为自己的初心使命。一百多年来,中国共产党团结带领中国人民进行的一切奋斗、一切牺牲、一切创造,归结起来就是一个主题:实现中华民族伟大复兴。在我们党百年奋斗的征程上,新民主主义革命占据着特殊而重要的历史地位,它推翻了帝国主义、封建主义、官僚资本主义三重压迫,建立了新中国,开启了中华民族的新纪元。在这一过程中,我们历经北伐战争、土地革命战争、抗日战争、解放战争,出现了大量的革命英雄人物,发生了很多可歌可泣的革命故事。因此,我们可以通过红色文化图片展览的方式带领同学们回顾峥嵘岁月。

---

① 中共中央党史研究室:《中国共产党的七十年》,中共党史出版社,1991,第216页。

1. 教学主题

通过网络图片展现新民主主义革命时期重大历史事件的现场，这些事件包括井冈山时期的斗争、湘江战役、遵义会议、四渡赤水、重庆谈判、开国大典等。

2. 教学目标

红色是中国共产党、中华人民共和国最鲜亮的底色。这一点在新民主主义革命时期表现得尤为明显。通过图片展览的方式来呈现这一时期的重大事件，帮助同学们进一步认识建党精神的深刻内涵，更加直接生动地呈现重要党史时刻的历史现场，从而激发同学们的爱国主义热情，帮助同学们在内心深处坚定"四个自信"。

3. 教学方案

（1）实践时间：课外时间。

（2）实践地点：实践教学平台。

（3）实践环节/具体举措：

第一，分组：以班级为单位，每组收集30张左右新民主主义革命时期的图片，并挑选其中的3张图片做详细解读。

第二，交流：由各小组的组长作为评委对小组展览和讲解情况进行评分。

第三，汇报：展演结束后，小组组长撰写实践总结报告。

4. 教师总结

新民主主义革命时期，重大的历史事件包括中国共产党成立、南昌起义、八七会议、中央红军长征、遵义会议等。这些重大的历史事件是一部红色文化生成、发展、凝练的历史。每一个历史事件、每一位革命英雄、每一种革命精神、每一件革命文物、每一张珍贵的历史图片，都代表着我们党走过的光辉历程、取得的重大成就，展现了我们党的梦想和追求、情怀和担当、牺牲和奉献，汇聚成我们党的红色血脉。正是这些历史图片所承载的精神熔铸成了中国共产党人的根与魂，成为激励一代又一代青年大学生踔厉奋发的信仰之基、精神之钙、思想之舵。

（三）网络媒体链接："今天是你的生日，我的祖国"

习近平总书记指出："要建立和规范一些礼仪制度，组织开展形式多样的纪念庆典活动,传播主流价值,增强人们的认同感和归属感。"①庆祝、纪念仪式是一个重要的历史文化现象,在人类发展、社会进步过程中发挥了重要的价值引导和行为规范作用。在思政课教学过程中,我们可以充分运用国庆庆祝活动的相关视频资料来强化青年学生的政治认同,增强大学生的"四个自信",为实现民族复兴汇聚起磅礴力量。

1. 教学目标

通过网络链接"今天是你的生日,我的祖国",让同学们浏览历次国庆纪念活动的视频,以此增强对国家的政治认同和情感认同。

2. 教学方案

（1）实践时间:课外时间。
（2）教学地点:实践教学平台。
（3）实践环节/具体举措:
第一,以班级为单位,在实践教学平台观看每年国庆纪念活动视频。
第二,在课堂上交流观看心得。

3. 教师总结

国庆活动作为一种重要的纪念仪式,能够穿越时空唤醒人们的历史记忆,强化身份认同;能够借助符号彰显象征意义,激发青年学生的情感认同。因此,同学们通过回看以往的国庆纪念活动,能够有效地抵制历史虚无主义的影响。思政课要旗帜鲜明地反对历史虚无主义。对此,马克思指出:"人创造环境,同样,环境也创造人。"②这就科学指出了人与环境共生的辩证关系。这就启示我们,国家举行的庆祝活动和纪念仪式营造了一种环境氛围,在对个体形成正确历史认知的过程中发挥了重要的浸润和熏陶作用。因此,这次的学习内容有助于我们加强思想引导和理论辨析,避免对党史上一些重大历史问题的模糊认识和片面理解,更好帮助青年学生做到正本清源、固本培元。

（四）虚拟仿真体验:井冈山革命博物馆

作为虚拟现实和系统仿真技术的结合,虚拟仿真技术在教学中的应用是必要且可行的。它可以克服教学条件的局限性,让学习者在虚拟仿真环境中

---

① 习近平:《习近平谈治国理政》第 1 卷,外文出版社,2018,第 165 页。
② 中共中央马克思恩格斯列宁斯大林著作编译局编译《马克思恩格斯文集》第 1 卷,人民出版社,2009,第 545 页。

与实体进行互动,建立互动机制,提高学生感知和理解教学内容的能力。

1. 教学主题

线上云游井冈山革命博物馆。

2. 教学目标

通过线上云游井冈山革命博物馆,进一步引导同学们学习党史尤其是我们党在井冈山时期的光荣革命史,实现学史明理、学史增信、学史崇德、学史力行的目标。

3. 教学方案

(1) 实践时间:课外时间。

(2) 实践地点:虚拟仿真实验教学中心。

(3) 实践环节/具体举措:

第一,引导同学们了解大革命时期以及井冈山斗争时期的历史背景。

第二,安排学生线上云游井冈山革命博物馆。

4. 教师总结

我们知道,"大革命失败后,集中体现中国革命正确方向的是毛泽东、朱德领导的井冈山革命根据地的斗争"[1]。"在全国处于革命低潮的时刻,井冈山革命根据地在建立革命武装、深入土地革命、加强政权建设等方面取得的显著成绩,不仅为中国共产党领导的各地起义武装树立了榜样,提供了比较完整的经验,并且在广大革命者中燃起了新的希望。"[2]井冈山光辉的斗争实践,生动诠释了我们的"红色政权来之不易",其所开辟的井冈山道路、所孕育的井冈山精神,指引着中国革命一步步迈向成功,为我们党积累了宝贵的精神财富。

虚拟仿真情景式教学能够创设具有临场感、沉浸感和交互性的教学情境,让学生在直观、生动、逼真的三维场景中通过插入交互任务的方式体验我党在井冈山斗争时期的历史场景。通过这种生动的历史再现,我们能够更加深刻把握以下几点:一是人民是真正的英雄,群众的力量是无穷的。老区和老区人民,为我们党领导的中国革命作出了重大牺牲和贡献。正是井冈山的红米饭,滋养了革命的星星之火;正是人民的手推车,推出了淮海战役的胜

---

[1] 中共中央党史研究室:《中国共产党的七十年》,中共党史出版社,1991,第88页。

[2] 中共中央党史研究室:《中国共产党的七十年》,中共党史出版社,1991,第94页。

利。二是要永远铭记、世代传承,让井冈山精神放射出新的时代光芒。井冈山精神是中国共产党人精神谱系的重要组成部分,是我们奋进新征程的重要精神保障。这是因为,人无精神则不立,国无精神则不强。唯有精神上站得住、站得稳,一个民族才能在历史洪流中屹立不倒、挺立潮头。同困难作斗争,是物质的角力,也是精神的对垒。进入新时代,我们要对以井冈山精神为代表的红色文化进行守正创新,从而为青年学生的成长、成才提供丰富的道德滋养和文化熏陶。

专题二　社会主义改造理论

为有牺牲多壮志，敢教日月换新天。经过28年的浴血奋战和顽强奋斗，中华人民共和国成立了，中华民族进入发展进步的新纪元。山河重整，百废待兴，接下来该怎么走？如何尽快实现国家工业化？社会主义改造理论就是对这一系列崭新课题的创造性回答。中国人民革命胜利的前夜，毛泽东同志在中共七届二中全会上确定了社会主义的发展方向："在革命胜利以后，迅速地恢复和发展生产，对付国外的帝国主义，使中国稳步地由农业国转变为工业国，把中国建设成一个伟大的社会主义国家。"①新中国刚成立，毛泽东就指出，我们过了战争和土改的"关"，还要过"社会主义的一关，在全国范围内实行社会主义改造的那一关"②。

到1956年底，我国基本上完成了对农业、手工业和资本主义工商业的社会主义改造，标志着中国历史上长达数千年的阶级剥削制度的结束，社会主义基本制度在我国初步确立。这种历史性变革正如党的十九届六中全会通过的《中共中央关于党的百年奋斗重大成就和历史经验的决议》指出的："从新中国成立到改革开放前夕，党领导人民完成社会主义革命，消灭一切剥削制度，实现了中华民族有史以来最为广泛而深刻的社会变革，实现了一穷二白、人口众多的东方大国大步迈进社会主义社会的伟大飞跃，在探索过程中，虽然经历了严重曲折，但党在社会主义革命和建设中取得的独创性理论成果和巨大成就，为在新的历史时期开创中国特色社会主义提供了宝贵经验、理

---

① 毛泽东：《毛泽东选集》第4卷，人民出版社，1991，第1437页。
② 中共中央文献研究室编《毛泽东文集》第6卷，人民出版社，1999，第80页。

论准备、物质基础。"

一、课堂叙事式教学

在过渡时期,我们党创造性地开辟了一条适合中国具体国情的社会主义改造的道路。通过课堂叙事式教学,可以帮助同学们深入理解我们党在过渡时期的总路线及其现实依据、社会主义改造的历史经验、社会主义制度建立的伟大意义。

(一) 党在过渡时期的总路线及其现实依据

党在过渡时期的总路线包括两方面内容:一是逐步实现社会主义工业化,这是总路线的主体;二是逐步实现对农业、手工业和资本主义工商业的社会主义改造。也就是我们所讲的"一化三改"。我们在这一时期之所以能够进行社会主义改造,主要依据在于:我国已经有了相对强大和迅速发展的社会主义国营经济,这已经成为整个国民经济的社会主义改造的重要开端和重要依靠力量;我们已经积累了利用和限制私营工商业的许多经验,这实际上成为对资本主义经济的社会主义改造的最初步骤;我们已经积累了在土改完成后的农村中开展农业互助合作的许多经验,这实际上也成为对个体农业进行社会主义改造的最初步骤。

1. 教学主题

党在过渡时期的总路线及其现实依据。

2. 教学目的

充分认识过渡时期的总路线的正确性。

3. 教学内容

新中国成立初期,毛泽东在谈到我国工业的情况时说:"现在我们能造什么?能造桌子椅子,能造茶碗茶壶,能种粮食,还能磨成面粉,还能造纸,但是,一辆汽车、一架飞机、一辆坦克、一辆拖拉机都不能造。"[1]不改变这种落后状况,我国就不能摆脱被动挨打的命运。从历史上看,实现工业化有两条道路:一条是资本主义工业化道路,一条是社会主义工业化道路。毛泽东指

---

[1] 中共中央文献研究室编《毛泽东文集》第6卷,人民出版社,1999,第329页。

出:"资本主义道路,也可增产,但时间要长,而且是痛苦的道路。我们不搞资本主义,这是定了的,如果又不搞社会主义,那就要两头落空。"①近代以来的历史证明,中国社会经济状况不允许走资本主义道路,如果搞资本主义只能成为帝国主义的附庸。而当时的时代条件和国际环境的新特点又促使中国人民选择走社会主义道路,中国革命的领导力量也决定了中国必然走社会主义道路。因此,在20世纪50年代中期实现国家工业化道路的选择上,中国不可能选择资本主义道路,而只能是选择社会主义道路。为了实现社会主义工业化,必须在充分利用原有工业潜力和进行新的工业建设的同时,对个体经济和私营资本主义工商业进行社会主义改造。但对于何时过渡、怎样过渡的问题,毛泽东和党的其他领导人的认识经历了一个逐步发展变化的过程。

1949年党的七届二中全会提出了使中国"稳步地由农业国转变为工业国,由新民主主义国家转变为社会主义国家",即"两个转变"同时并举的思想。此前,毛泽东提出了在新民主主义革命取得全国胜利以后,大约还需要经过10年、15年或20年再向社会主义过渡的设想。1951年前后,党内大体形成了先用三个五年计划的时间搞工业化建设,再向社会主义过渡的共识。即在过渡的时间上,认为需要一个相当长的新民主主义建设阶段,一般估计为15年到20年时间;在转变条件上,认为只有实现了国家工业化,才能实现私营工业国有化和农业集体化;在过渡的步骤和方式上,认为当工业发展了、国营经济壮大了的时候,就可以进一步实行资本主义工商业的国有化和个体农业的集体化。从1949年至1952年,党领导人民集中力量恢复国民经济,继续完成民主革命遗留的任务。与此同时,没收官僚资本,建立社会主义性质的国营经济;在完成土地改革之后的农村,及时开展互助合作运动;在调整工商业过程中,采取对私营工商业加工订货、经销代销等方式,广泛发展初级形式的国家资本主义等,为全面向社会主义过渡奠定了基础。

经过3年的努力,到1952年我国国民经济得以恢复,民主革命遗留任务已经完成,经济、政治及社会面貌发生巨大变化。这时,毛泽东等党的领导人对原先的想法有了新的认识,认为中国面临着新的发展状况,逐步在农村和城市进行社会主义改造是必要和可能的,向社会主义过渡的时机已经到来,

---

① 中共中央文献研究室编《毛泽东文集》第6卷,人民出版社,1999,第299页。

因此他们重新考虑了向社会主义过渡的时间和步骤。1952年9月,毛泽东提出,我们现在就要开始用10年到15年时间基本上完成向社会主义过渡,而不是10年以后才开始过渡。这是酝酿提出过渡时期总路线的开始。

党在过渡时期的总路线的主要内容被概括为"一化三改"。"一化"即社会主义工业化,"三改",即对农业、手工业和资本主义工商业的社会主义改造。它们之间相互联系,不可分离,可以比喻为鸟的"主体"和"两翼"。其中,"一化"是"主体","三改"是"两翼",两者相辅相成、相互促进。这是一条社会主义建设和社会主义改造同时并举的路线。"化"和"改",都规定必须经过一个相当长的时间,并且规定必须逐步进行和逐步实现。这是考虑到我国原来的生产力发展水平很低,改造亿万的个体农民和手工业者,必须做艰苦细致的工作,只有经过长期的努力才可能实现。当时估计,需要三个五年计划即15年时间,加上3年恢复时期,共18年。这是较为稳妥的估计。同原先所设想的先进行15年或20年新民主主义建设,然后一步实行和完成社会主义改造,具体步骤和方法有了变化,而预计要用的时间仍大体相同。过渡时期总路线提出以后,在全党和全国人民中进行了广泛深入的宣传和教育工作,在党内迅速统一了认识,也得到全国人民的拥护,成为团结和动员全国人民共同为建设一个伟大的社会主义新中国而奋斗的新纲领。

首先是过渡时期总路线的理论依据。过渡时期总路线的提出和践行是中国共产党将马克思列宁主义关于过渡时期的理论运用于中国实际而得出的结果。早在创立科学社会主义理论时,马克思、恩格斯便明确提出了社会性质的过渡问题。在他们看来,"工人革命的第一步就是使无产阶级上升为统治阶级,争得民主",即无产阶级革命首先夺取政权,然后利用政治统治权力,"一步一步地夺取资产阶级的全部资本,把一切生产工具集中在国家即组织成为统治阶级的无产阶级手里"[1]。这说明,在资本主义社会和社会主义社会之间,存在着一个过渡时期,无产阶级需要对资本主义生产关系进行彻底改造,这是一切致力于实现共产主义的民族不可规避的发展阶段,而且"资产阶级革命只能是无产阶级革命的直接序幕"[2],必须尽快将其发展为社会

---

[1] 中共中央马克思恩格斯列宁斯大林著作编译局编译《马克思恩格斯选集》第1卷,2012,第421页。

[2] 中共中央马克思恩格斯列宁斯大林著作编译局编译《马克思恩格斯选集》第1卷,2012,第435页。

主义革命。列宁继承了马克思、恩格斯的这一思想。在他看来,对于经济文化落后民族而言,一旦条件成熟,便"可以不经过资本主义发展阶段而过渡到苏维埃制度,然后经过一定的发展阶段过渡到共产主义"①。

新中国成立后,得益于马列主义关于过渡时期理论的根本指导,我党根据实际情况,开始思考何时过渡、怎样过渡的问题,提出了党在过渡时期的总路线。1953年,在宣传总路线的过程中,中宣部曾指出我国必须有一个相当长的时间进行过渡,这是因为当时我国经济文化较为落后,需要一个相当长的时期来创造为保证社会主义完全胜利所必要的经济上和文化上的前提。对此,毛泽东特地进一步强调了社会主义改造的必要性,即"只有完成了由生产资料的私人所有制到社会主义所有制的过渡,才利于社会生产力的迅速向前发展,才利于在技术上起一个革命"②,才能改变我国原有大部分经济活动中,人民使用简单落后的工具农具去工作的情况,并保证这些简单落后的工具农具最终能被各类先进的机器所取代,从而大规模产出各类工农业产品,满足人民日益增长的需要,提高他们的生活水平。此外,这还有利于进一步实现增强我国的国防力量、巩固人民政权、反对侵略、防止反革命复辟等目标。

其次是过渡时期总路线的现实依据。我们党制定过渡时期总路线的现实依据主要包括以下四个方面:

第一,因为我国已经有了相对强大和迅速发展的社会主义国营经济,这已经成为整个国民经济的社会主义改造的重要开端和重要依靠力量。新中国的社会主义国营经济代表和保障人民和社会的利益,受到群众的欢迎和信任,当时明显地表现出对于其他经济成分的优越性,是一支欣欣向荣、蒸蒸日上的新生力量。

第二,因为我们已经积累了利用和限制私营工商业的许多经验,这实际上成为对资本主义经济的社会主义改造的最初步骤。党从总结经验中肯定各种形式的国家资本主义的继续扩大和提高,就是对资本主义工商业逐步进行社会主义改造的具体途径,改变了过去只把将来某一天宣布实行国有化,一举消灭资本主义私有制,当作社会主义改造措施的原有观念。

---

① 中共中央马克思恩格斯列宁斯大林著作编译局编译《列宁全集》第39卷,人民出版社,1986,第233页。

② 中共中央文献研究室编《毛泽东文集》第6卷,人民出版社,1999,第316页。

第三，因为我们已经积累了在土改完成后的农村中开展农业互助合作的许多经验，这实际上也成为对个体农业进行社会主义改造的最初步骤。

第四，从国际环境看，当时帝国主义对我国军事上侵略威胁，经济上严密封锁。资本主义国家本身很不景气，社会主义国家正充满向上发展的活力，显示出对于资本主义的优越性。在恢复经济和第一个五年计划建设中，只有苏联援助中国。尽管我们在制定具体的经济政策和工作方法的时候是从中国的具体情况出发的，苏联的社会主义建设经验和经济制度仍然对我国具有重大的榜样作用。这也是促使党认为应当开始向社会主义逐步过渡的一个因素。①

（二）社会主义改造道路和历史经验

在进行社会主义改造、向社会主义过渡的进程中，我们找到了一条适合中国特点的改造之路，并且积累了丰富的历史经验。

1. 教学主题

社会主义改造道路和历史经验。

2. 教学目的

结合教材，通过课堂叙事式教学案例，全面理解我国社会主义改造道路和历史经验。

3. 教学内容

（1）农业、手工业的社会主义改造

中国的一个特点是农民占人口的绝大多数。如何将几亿农民的个体所有制改造成集体所有制，是一个历史性的难题。以毛泽东为主要代表的中国共产党人根据马克思列宁主义关于农业社会主义改造的基本原理，从我国农村实际出发，制定并实行了一整套适合中国特点的对农业进行社会主义改造的方针、政策和办法，开辟了一条适合我国情况的农业社会主义改造道路。

第一，积极引导农民组织起来，走互助合作道路。土地改革完成后，我国广大农民的生产积极性大大提高。这种积极性表现在两个方面：一是个体经济的积极性，二是互助合作的积极性。党中央正确分析了农民这两方面的积极性，提出一方面不能挫伤个体经济的积极性，另一方面要提倡组织起来，发

---

① 中共中央党史研究室：《中国共产党的七十年》，中共党史出版社，1991，第298—301页。

展互助合作的积极性。在土地改革完成后,党不失时机地引导农民走互助合作道路,受到农民的拥护和支持。

第二,遵循自愿互利、典型示范和国家帮助的原则,以互助合作的优越性吸引农民走互助合作道路。农民既是私有者又是劳动者,对农民不能采取剥夺的办法,只能引导、说服和教育,使其自愿地走合作化的道路。

第三,正确分析农村的阶级和阶层状况,制定正确的阶级政策。土地改革后,贫农、雇农由于分得了土地等生产资料,有半数人迅速上升为中农。根据中农在生产中的地位、生活状况和对社会主义的态度,毛泽东把中农分为上中农和下中农。贫农和下中农一起,占农村人口的60%到70%,是党在农村的依靠力量,从而解决了在农村依靠农民大多数和建立无产阶级优势的问题。在此基础上,党制定并贯彻执行了依靠贫下中农,发展互助合作,由逐步限制到最后消灭富农剥削的农村阶级政策。这使农业合作化有了坚实的阶级基础和群众基础。

第四,坚持积极领导、稳步前进的方针,采取循序渐进的步骤。农业社会主义改造大体上经历了互助组、初级社和高级社三个发展阶段。第一阶段主要是发展互助组,同时试办初级社。互助组由几户或十几户农民自愿组成,土地耕畜和其他生产资料仍归农民个人所有,但在生产方面组织起来、互帮互助,具有社会主义萌芽性质。第二阶段主要是建立初级农业生产合作社。初级社以土地入股和统一经营为特点,实行集体劳动,产品分配采取按劳分配和土地入股分红相结合,提供耕畜和大农具也付给一定的报酬,具有半社会主义性质。第三阶段是发展高级社。高级社实行生产资料农民集体所有、按劳付酬,取消土地分红,具有完全的社会主义性质。到1956年底,农业社会主义改造基本完成。

对手工业的社会主义改造,党和政府采取了积极领导、稳步前进的方针。在方法步骤上,从供销合作入手,逐步发展到走生产合作的道路。具体来说,手工业的社会主义改造经历了由小到大、由低级到高级的三个步骤。第一步是办手工业供销小组。供销小组由国营商业或供销合作社供给原料和包销产品。它虽然没有改变生产资料的私有制,但已经把个体手工业者组织起来,使之开始脱离资本主义工商业的供销轨道,因而具有社会主义萌芽性质。第二步是办手工业供销合作社。它是由供销小组合并起来的,开始是统一供销业务,分别核算,生产活动仍由各户分散独立完成;后来部分生产资料是公有的,合作社对各户的生产也有一定的干预,因而具有半社会主义性质。第三步是建立手工业生产合作社。手工业者的生产资料全部归集体所有,统一经营,入社人员参加集体劳动,实行按劳分配。它是社会主义性质的集体经济组织。在手工业的社会主义改造过程中,党和政府采取说服教育、示范和国家帮助的方法,使手工业者自愿参加到手工业合作社中来,从而把手工业者的私有制改变为社会主义的集体所有制。到1956年底,对手工业的社会主义改造基本完成。

(2) 资本主义工商业的社会主义改造

在推进农业合作化运动的同时,党和政府有计划、有步骤地开展了对资本主义工商业的社会主义改造,创造性地开辟了一条适合中国情况的对资本主义工商业进行社会主义改造的道路。

第一,用和平赎买的方法改造资本主义工商业。无产阶级掌握国家政权后,"剥夺剥夺者",使被资本家占有的生产资料变成人民的财产,这是社会主义革命的一个基本原则。中国共产党根据马克思、恩格斯和列宁关于采用和平方式变革所有制的设想,结合中国的具体情况,提出了对资本主义工商业实行和平赎买的方针。所谓赎买,就是国家有偿地将私营企业改变为国营企业,将资本主义私有制改变为社会主义公有制。赎买的具体方式不是由国家支付一笔巨额补偿资金,而是让资本家在一定年限内从企业经营所得中获取一部分利润。

对资本主义工商业实行和平赎买,有利于发挥私营工商业在国计民生方面的积极作用,促进国民经济发展;有利于争取和团结民族资产阶级,有利于团结各民主党派和各界爱国民主人士,巩固和发展统一战线;有利于发挥民族资产阶级中大多数人的才能、技术和管理专长,也有利于争取和团结那些原来同资产阶级相联系的知识分子为社会主义建设服务。

我国之所以能够采取赎买的方式对资本主义工商业进行和平改造,原因是多方面的。首先,民族资产阶级具有两面性。在社会主义革命时期,民族资产阶级既有剥削工人取得利润的一面,又有拥护宪法、愿意接受社会主义改造的一面。我国工人阶级和民族资产阶级之间存在着的剥削和被剥削的对抗性矛盾,"如果处理得当,可以转变为非对抗性的矛盾,可以用和平的方法解决这个矛盾"①。其次，中国共产党与民族资产阶级长期保持着统一战线的关系，这就为将工人阶级和民族资产阶级之间存在着的对抗性矛盾转化为非对抗性矛盾并按照人民内部矛盾来处理提供了前提。最后，我国已经有了以工人阶级为领导、工农联盟为基础的人民民主专政的国家政权，建立了强大的社会主义国营经济并掌握了国家的经济命脉，这就造成了私人资本主义在政治上、经济上对社会主义的依赖。再加上当时国家对粮食和工业原料的统购统销，以及资本主义企业中工人群众对资本家的监督等因素，就使私人资本主义企业只能接受社会主义改造。

第二，采取从低级到高级的国家资本主义的过渡形式。所谓国家资本主义，就是在国家直接控制和支配下的资本主义经济。我国社会主义改造中出现的国家资本主义经济，"其绝大部分是在人民政府管理之下的，用各种形式和国营社会主义经济联系着的，并受工人监督的资本主义经济。这种资本主义经济已经不是普通的资本主义经济，而是一种特殊的资本主义经济，即新式的国家资本主义经济。它主要地不是为了资本家的利润而存在，而是为了供应人民和国家的需要而存在"。"因此，这种新式国家资本主义经济是带着很大的社会主义性质的，是对工人和国家有利的。"②国家资本主义有初级形式和高级形式之分。初级形式的国家资本主义是国家对私营工商业实行委托加工、计划订货、统购包销、经销代销等，高级形式的国家资本主义是公私合营，包括个别企业的公私合营和全行业的公私合营。

对资本主义工商业的社会主义改造经历了三个步骤。第一步主要实行初级形式的国家资本主义。国家在私营工业中实行委托加工、计划订货、统购包销，在私营商业中采取委托经销、代销等形式，既帮助私营企业克服困难，也使其生产和经营开始纳入国家计划的轨道。这些企业的利润，按国家所得税、企业公积金、工人福利费、资方红利这四个方面进行分配，即当时所说的"四马分肥"。资方红利大体占四分之一，资本主义的剥削受到限制，工人在企业中的地位也发生了变化。这就使企业具有了社会主义的因素。第二步主要实行个别企业的公私合营。国家向私营企业投资入股，企业的生产资料由国家和资本家共同所有；企业利润的分配仍为"四马分肥"；国家派干

---

① 中共中央文献研究室编《毛泽东文集》第7卷，人民出版社，1999，第206页。
② 中共中央文献研究室编《毛泽东文集》第6卷，人民出版社，1999，第282页。

部(即公方代表)进入企业内部,根据国家建设需要,同工人、资本家(私方代表)共同管理和改造企业,公方代表居领导地位。资本家的剥削进一步受到限制。企业的经营管理以发展生产、满足人民需要和完成国家计划为目标,因而已经属于半社会主义性质的企业。第三步是实行全行业的公私合营。1956年,全行业公私合营进入高潮。年底,全国私营工业户数的99%和私营商业户数的82%,分别纳入了公私合营或合作社的轨道。这标志着国家对资本主义工商业的社会主义改造已基本完成。全行业公私合营后,国家对合营企业进行清产核资、定股定息,委派人员负责企业的生产经营管理,统一调配企业的人、财、物,生产资料为国家所有。全行业公私合营后,企业的生产关系已经发生了根本的变化,基本上成为社会主义国营性质的企业。

第三,把资本主义工商业者改造成为自食其力的社会主义劳动者。在资本主义工商业的社会主义改造中,国家对资方在职人员和资方代理人采取"包下来"的政策,以企业为基地,根据"量才使用,适当照顾"的原则,对他们在政治上适当安排、工作上发挥作用、生活上妥善照顾,通过改造阶级成分的方式达到从整体上消灭资产阶级的目的。对企业的改造和对人的改造相结合,改造资本家个人与消灭他们所属的资产阶级相结合,既避免了激烈的阶级对抗,减少了改造的阻力,又推动了生产力的发展和社会的进步。

(3)社会主义改造的历史经验

中国共产党在进行社会主义改造、向社会主义过渡的进程中,积累了丰富的历史经验。

第一,坚持社会主义工业化建设与社会主义改造同时并举。毛泽东指出:"我们现在不但正在进行关于社会制度方面的由私有制到公有制的革命,而且正在进行技术方面的由手工业生产到大规模现代化机器生产的革命,而这两种革命是结合在一起的。"①社会主义革命的目的是解放生产力。社会主义改造就是变革不适应工业化发展要求的生产关系,是围绕着社会主义工业化建设这个中心任务进行的;引导个体农民、个体手工业者走集体化的道路,改造私人资本主义工商业,都是为了适应社会主义工业化建设的要求,更好地发展生产力。因此,在改造过程中,党和政府所采取的实际步骤,总是力求使之与促进工业化进程和经济发展的要求相适应,而不允许对生产力造成

---

① 中共中央文献研究室编《毛泽东文集》第6卷,人民出版社,1999,第432页。

破坏。我国的社会主义改造全面推开是从1953年开始的,与此同时,我国的社会主义工业化建设也全面展开。经过全党和全国人民的努力奋斗,到1956年我国社会主义改造基本完成时,"一五"计划的主要指标已提前完成,到1957年,各项指标均超额完成。经过"一五"期间的大规模建设,我国以重工业为重点的社会主义工业化基础已初步建立。实践证明,党坚持社会主义改造与社会主义工业化同时并举的方针,对于在深刻的社会变革中保持社会稳定,促进生产力发展,逐步改善人民生活,推动社会进步,都具有十分重要的意义。

第二,采取积极引导、逐步过渡的方式。我国对农业、手工业和资本主义工商业的改造,都采取了区别对象、积极引导、逐步过渡的方式。在农业社会主义改造方面,创造出互助组、初级社、高级社等过渡形式。这种从实际出发引导农民逐步走向社会主义的渐进的改造方式,可以使农民亲身体会到组织起来力量大,可以增加生产,有利于克服困难,抵抗灾害,防止出现两极分化,从而逐步地提高农民的觉悟,逐步地改变他们的生活方式,并且能够避免出现一些农民破坏生产资料的情况。实践证明,这种逐步过渡的办法符合农民的特点和生产力状况。在手工业改造方面的逐步过渡,不仅保护和促进了手工业生产的发展,而且为手工业逐步进行技术改造创造了条件。在资本主义工商业的改造中,创造出从初级到高级的各种国家资本主义的过渡形式,实现了对资产阶级的和平赎买,避免了在改造期间可能发生的剧烈的社会震荡和经济衰退。中国这场巨大而深刻的社会变革,不仅没有对生产力的发展造成破坏,而且促进了生产力的发展。

第三,用和平方法进行改造。无论是资本主义工商业,还是农民和手工业者的个体所有制,都具有私有制的性质。对其进行改造,属于社会主义革命性质。毛泽东认为:"我们进行社会主义革命所用的方法是和平的方法。"①"在我国的条件下,用和平的方法,即用说服教育的方法,不但可以改变个体的所有制为社会主义的集体所有制,而且可以改变资本主义所有制为社会主义所有制。"②坚持用和平的办法,不仅保证了我国社会主义改造的顺利进行,而且维护了社会的稳定,极大地促进了社会主义事业的发展。事实

---

① 中共中央文献研究室编《毛泽东文集》第7卷,人民出版社,1999,第1页。
② 中共中央文献研究室编《毛泽东文集》第7卷,人民出版社,1999,第2页。

证明,和平改造解决了诸如社会变革与经济发展、和平过渡与消灭剥削制度这类通常难以解决的矛盾。

我国的社会主义改造取得了历史性的胜利,也出现了一些失误和偏差。这主要是在1955年夏季以后,农业合作化以及对手工业和个体商业的改造要求过急,工作过粗,改变过快,形式也过于简单划一,以致遗留了一些问题。1956年资本主义工商业改造基本完成以后,对于一部分原工商业者的使用和处理也不很适当。出现这些问题,有指导思想上急于求成、不够谨慎以及工作方法上过于简单等因素,也有受当时历史条件限制而产生的认识上的一些问题,主要是:在社会主义经济模式的选择和理解上过于单一,追求纯粹的单一的社会主义经济成分;在公有制实现形式的选择和理解上过于简单化,只注意到集体所有制和全民所有制这两种基本形式,而对社会主义改造基本完成以后公有制经济可以和非公有制经济共同发展缺乏认识。党在实际工作过程中曾对这些问题有所觉察,对某些失误和偏差也做过纠正,但毕竟认识不深。更重要的是,当时党对我国社会主义发展阶段问题还没有形成科学的理论,对什么是社会主义还没有完全搞清楚,导致一些遗留问题长期没有得到解决。

但是,不能因为出现这些失误和偏差而否定社会主义改造的伟大意义。评价历史事件和历史人物都应该遵循历史分析方法。正如列宁所讲:"判断历史的功绩,不是根据历史活动家没有提供现代所要求的东西,而是根据他们比他们的前辈提供了新的东西。"[1]在我国社会主义改造的历史上,有两个事实是世界历史上各种革命大变动中罕见的:一是在一个几亿人口的大国中比较顺利地实现了如此复杂、困难和深刻的社会变革,不仅没有造成生产力的破坏,反而促进了工农业和整个国民经济的发展;二是这样的变革没有引起巨大的社会动荡,反而极大地加强了人民的团结,并且是在人民普遍拥护的情况下完成的。这些情况说明,我国社会主义改造的基本完成的确是一个伟大的历史性胜利,是中国共产党紧紧依靠人民所做出的伟大创造。对此,邓小平给出了恰当的评价:"我们的社会主义改造是搞得成功的,很了不起。这是毛泽东同志对马克思列宁主义的一个重大贡献。"[2]

---

[1] 中共中央马克思恩格斯列宁斯大林著作编译局编译《列宁全集》第2卷,人民出版社,1984,第154页。

[2] 邓小平:《邓小平文选》第2卷,人民出版社,1994,第302页。

（三）社会主义基本制度在中国的确立

1956年底，我国对农业、手工业和资本主义工商业的社会主义改造的基本完成，使我国的社会经济结构发生了根本变化，社会主义经济成分已经占据绝对优势，标志着中国历史上长达数千年的阶级剥削制度的结束以及社会主义基本制度在我国初步确立。虽然建设社会主义还将是一个漫长的历史过程，但"这无论如何是一个伟大的胜利，是中华人民共和国成立之后我们国家的历史和党的历史的一个重要的里程碑"①。

1. 教学主题

社会主义基本制度在中国的确立。

2. 教学目的

全面把握社会主义基本制度在中国确立的重大意义。

3. 教学内容

社会主义基本制度的确立是中国历史上最深刻最伟大的社会变革，为当代中国一切发展进步奠定了制度基础，也为中国特色社会主义制度的创新和发展提供了重要前提。

第一，社会主义基本制度的确立，极大地提高了工人阶级和广大劳动人民的积极性、创造性，极大地促进了我国社会生产力的发展。社会主义基本制度以其与社会化大生产的一致性和能够在经济落后条件下尽可能地集中力量办大事的优势，为发展社会生产力开辟了广阔的道路。1956年，全国居民的消费水平比1952年提高了21.3%，其中，农民提高了14.6%，非农业居民提高了28.6%。我国社会生产力的发展，初步显示了社会主义的优越性。我国工业化、现代化建设取得的辉煌成就，离不开选择了社会主义道路这个根本的前提条件。

第二，中国社会主义基本制度的确立，使人口占世界人口四分之一的东方大国进入了社会主义社会，这是世界社会主义发展史上又一个历史性的伟大胜利。它进一步改变了世界政治经济格局，增强了社会主义的力量，对维护世界和平产生了积极影响。

第三，社会主义基本制度的确立，是以毛泽东为主要代表的中国共产党

---

① 中共中央党史研究室：《中国共产党的七十年》，中共党史出版社，1991，第334页。

人对一个脱胎于半殖民地半封建社会的东方大国如何进行社会主义革命问题的系统回答和正确解决,是马克思列宁主义关于社会主义革命理论在中国的正确运用和创造性发展的结果。它不仅再次证明了马克思列宁主义的真理性,而且以其独创性的理论原则和经验总结丰富和发展了科学社会主义理论。

总而言之,社会主义基本制度的确立是中华民族有史以来最为广泛而深刻的社会变革。这是中国几千年来阶级关系的最根本变革,极大地巩固和扩大了工人阶级领导的、以工农联盟为基础的人民民主专政国家政权的阶级基础和经济基础,"为当代中国一切发展进步奠定了根本政治前提和制度基础,实现了中华民族由近代不断衰落到根本扭转命运、持续走向繁荣富强的伟大飞跃"①。

二、平台情景式教学

这一部分的平台情景式教学主要通过主题辩论赛和演讲来完成。通过主题辩论赛,同学们能够进一步了解社会主义改造道路及其历史经验,从中理解社会主义改造必要性和重要性;通过"建立社会主义制度的伟大意义"主题演讲,巩固同学们在党史、新中国史等方面的相关知识,增强青年学生的制度认同、道路认同,从而提升他们的道路自信、理论自信、制度自信和文化自信,增强当代青年学生做中国人的志气、骨气和底气。

(一) 主题辩论赛:中国社会主义改造"早产论"正确吗?

1. 教学主题

如何看待中国社会主义改造"早产论"。

2. 教学目的

通过主题辩论,引导同学们正确认识社会主义改造"早产论"的错误及其理论根源、现实危害。

3. 教学环节

首先,帮助同学们了解国内外理论界社会主义改造"早产论"的主要内

---

① 习近平:《决胜全面建成小康社会 夺取新时代中国特色社会主义伟大胜利——在中国共产党第十九次全国代表大会上的报告》,人民出版社,2017,第14页。

容和观点。

其次,引导同学们搜集相关材料,并进行归纳整理。

最后,利用周末时间在实践教学平台进行主题辩论。

4. 教师总结

改革开放以来,国内思想文化领域在评价中国社会主义改造的问题上,出现了一种认为中国在1953年开始的社会主义改造"改早了"的错误观点,这种观点试图否定中国的社会主义改造和社会主义制度,片面地认为新中国刚刚脱胎于半殖民地半封建社会,经济文化十分落后,不具备进行社会主义改造、建立社会主义制度的生产力条件;这种观点武断地将中国在1953年开始的社会主义改造视为在社会生产力水平还不足以实行社会主义的情况下进行的"揠苗助长"和"人工催熟";这种论断错误地指责社会主义改造脱离了中国社会生产力落后的现实国情,违背了人类社会发展的客观规律,超越了中国社会生产力的发展阶段,过早地否定了私人资本主义经济的作用,过早地终结了新民主主义社会。

事实上,新中国成立后,毛泽东和中共中央对经由新民主主义向社会主义过渡的时间、方式等问题进行了重新思考,改变了"经过10年到15年的新民主主义经济建设,工业发展了,国营经济壮大了",再采取"严重"的社会主义步骤,将私人资本主义工商业收归国有,"实行工业国有化和农业集体化",从而使中国一举进入社会主义社会的思想认识;转而强调"我们现在就要开始用十年到十五年的时间基本上完成到社会主义的过渡,而不是十年或者以后才开始过渡"①。客观来讲,毛泽东和中共中央的这种思想变化,并不是导致社会主义改造"改早了"的"左"倾错误,而是体现了中国共产党实事求是、与时俱进和创造性地运用马克思主义探索中国自己走向社会主义的理论自觉。这是因为,随着1952年底国民经济恢复任务的总体完成和国家财政经济状况的基本好转,毛泽东逐渐认识到进行社会主义革命的时机基本成熟了,之前的思想认识已经落后于新中国迅速变化的客观形势,如若再坚持并实行下去,势必会在客观上阻碍社会主义因素在新民主主义社会的发展壮大,就会有利于资本主义而不利于社会主义。正是基于这种判断,毛泽东批

---

① 中共中央文献研究室编《毛泽东年谱(1979—1976)》第1卷,中央文献出版社,2013,第603页。

评了党内存在的"确立新民主主义社会秩序"的观点,指出"有人在民主革命成功以后,仍然停留在原来的地方,他们没有懂得革命性质的转变,还在继续搞他们的'新民主主义',不去搞社会主义改造。这就要犯右倾的错误",强调"确立新民主主义社会秩序"的提法是有害的。①

这里应当注意的是,尽管毛泽东主张在新民主主义社会就要逐步采取社会主义改造的措施,但他仍然尊重新民主主义社会向社会主义社会过渡所具有的长期性特征,认为改造和消灭资本主义因素要经过一个相当长的历史时期,不可能一蹴而就。他强调,提前进行的社会主义改造必须是有计划的和循序渐进的,而不是说立即要消灭私人资本主义经济和个体经济,在全国范围内马上终结新民主主义历史阶段。实际上,毛泽东只是希望在比较长的新民主主义时期内,通过逐步采取社会主义革命的措施,来一步步地改造资本主义经济、壮大社会主义力量。关于这一点,毛泽东早在1945年的《论联合政府》一文中讲得非常清楚:"拿资本主义的某种发展去代替外国帝国主义和本国封建主义的压迫,不但是一个进步,而且是一个不可避免的过程。它不但有利于资产阶级,同时也有利于无产阶级,或者说更有利于无产阶级……一定要让私人资本主义经济在不能操纵国民生计的范围内获得发展的便利,才能有益于社会的向前发展。"②

基于上述内容,同学们就会发现,理论界长期盛行的社会主义革命"早产论"实际上是一种彻头彻尾的历史虚无主义。恩格斯曾指出:"人们自己创造自己的历史,但他们是在既定的、制约着他们的环境中,是在现有的现实关系的基础上进行创造的……"③中国的社会主义改造是当时国内外各种因素综合作用、时代形势客观推动的结果,体现了以毛泽东同志为主要代表的中国共产党人立足于中国具体实际,创造性地运用马克思主义理论探索走向社会主义道路的理论和实践自觉。那种认为中国的社会主义改造"改早了",违背了马克思主义基本原理,并将中国共产党在改革开放后允许个体和私营经济长期存在和发展视为"退回到新民主主义"的观点是典型的历史虚无主

---

① 中共中央文献研究室编《毛泽东年谱(1949—1976)》第2卷,中央文献出版社,2013,第116页。
② 毛泽东:《毛泽东选集》第3卷,人民出版社,1991,第1060-1061页。
③ 中共中央马克思恩格斯列宁斯大林著作编译局编译《马克思恩格斯选集》第4卷,2012,第649页。

义。正如习近平总书记在党史学习教育动员大会上所强调的:"要旗帜鲜明反对历史虚无主义,加强思想引导和理论辨析,澄清对党史上一些重大历史问题的模糊认识和片面理解,更好正本清源、固本培元。"①

(二) 主题演讲会:建立社会主义制度的伟大意义

1. 教学主题

进一步认识建立社会主义制度的伟大意义。

2. 教学目的

在丰富理论知识、提升思辨能力的过程中,引导同学们从"大历史观"的角度来理解建立社会主义基本制度在百年党史中的重大意义,继而提升当代青年学生对中国特色社会主义制度的政治认同。

3. 实践方案

(1) 教学时间:课外时间。

(2) 教学地点:多媒体教室或实践教学平台。

(3) 教学环节/具体举措:

第一,分组:以班级为单位,自由组合成若干小组,共同撰写演讲稿。

第二,分享:每个小组推选出一人为代表进行演讲。

4. 教师总结

首先,我们青年学生要从历史长河、时代大潮中深刻认识社会主义制度建立的伟大意义。习近平总书记在中国文联十一大、中国作协十大开幕式上的讲话中指出:"要树立大历史观、大时代观,眼纳千江水、胸起百万兵,把握历史进程和时代大势,反映中华民族的千年巨变,揭示百年中国的人间正道……"用大历史观考察历史,可以看成败、鉴得失、知兴替;坚持大历史观,能够为分析历史演变机理、探究历史发展规律提供方法论指导。运用大历史观深刻把握社会主义制度建立的伟大意义是我们青年学生的必修课。

其次,"走自己的路"是党的全部理论和实践立足点,更是党百年奋斗得出的历史结论,我们要一以贯之坚持和发展中国特色社会主义。正如恩格斯指出的,所谓"社会主义社会"不是一种一成不变的东西,而应当和任何其他社会制度一样,把它看成是经常变化和改革的社会。这就告诉我们,"世界上

---

① 习近平:《在党史学习教育动员大会上的讲话》,人民出版社,2021,第25页。

没有放之四海而皆准的发展道路和发展模式,也没有一成不变的发展道路和发展模式"①。坚持马克思主义,坚持社会主义,一定要有发展的观点。正是基于此,我们成功开辟了中国特色社会主义道路。历史已经证明并将继续证明,中国特色社会主义是实现中华民族伟大复兴的唯一正确道路,而这一道路的基础正是毛泽东领导的社会主义改造所奠定的。

总而言之,"道路决定命运,找到一条正确道路是多么不容易。中国特色社会主义不是从天上掉下来的,是党和人民历尽千辛万苦、付出各种代价取得的根本成就"②。历史和现实都告诉我们,只有社会主义才能救中国,只有中国特色社会主义才能发展中国,这是历史的结论、人民的选择。

三、基地体验式教学

带领学生近距离参观了解国有企业,考察社会主义新农村代表新乡刘庄、回龙,在实地参观学习过程中帮助同学们进一步认识到:中国人民不但善于破坏一个旧世界,而且善于建设一个新世界;只有社会主义才能救中国,只有社会主义才能发展中国。而这些都和我们的社会主义改造有着紧密的关联。

(一) 参观了解国有企业

习近平总书记指出,国有企业是中国特色社会主义的重要物质基础和政治基础,是我们党执政兴国的重要支柱和依靠力量。尤其是党的十八大以来,国有企业对国民经济恢复、实现跨越式发展、完整工业体系构建、民生服务和保障、危机应对等方面作出了重要贡献。深入了解考察国有企业的性质、结构以及运作模式,可以帮助我们更好理解社会主义改造、社会主义制度建立的伟大意义。

1. 教学主题

参观了解国有企业。

---

① 习近平:《关于坚持和发展中国特色社会主义的几个问题》,《求是》2019年第7期。
② 习近平:《在纪念毛泽东同志诞辰120周年座谈会上的讲话》,人民出版社,2013,第14页。

2. 教学目的

首先,通过学习考察,进一步引导同学们认识国有企业保证着社会主义制度属性,掌握着国民经济命脉,在关键领域和关键行业中发挥着控制力和影响力作用。其次,通过了解国有企业的运作方式和基本架构,帮助同学们更加深入了解社会主义改造在中华民族发展史上的伟大意义。最后,在前述的基础上,引导同学们认识到新时代继续坚持"两个毫不动摇"("毫不动摇巩固和发展公有制经济,毫不动摇鼓励、支持、引导非公有制经济发展")的必要性和重要性。

3. 教学方案

(1) 实践时间:周末、节假日。

(2) 实践地点:企业所在地。

(3) 实践环节/具体举措:

第一,准备:将学生分为若干小组,并介绍所参观企业的基本状况。

第二,出发:组织学生乘坐交通工具前往参观企业。

第三,参观:参观学习国有企业,深入了解相关情况。

4. 教师总结

通过我们之前学习的有关社会主义改造的理论内容以及这次的实地参观,我们应当完整准确理解"两个毫不动摇"。首先,毫不动摇巩固和发展公有制经济。社会主义改造完成以来,我国公有制经济在国家建设、国防安全、改善人民生活等方面作出了突出贡献。坚持公有制主体地位不能动摇,坚持国有经济主导作用不能动摇,这是保证我国各族人民共享发展成果的制度性保证,也是巩固党的执政地位、坚持我国社会主义制度的重要保证。习近平总书记指出:"国有企业是中国特色社会主义的重要物质基础和政治基础,是党执政兴国的重要支柱和依靠力量,必须做强做优做大。"[①]与此同时,要毫不动摇地鼓励、支持、引导非公有制经济发展。这是因为,非公有制经济中的民营经济是我国经济制度的内在要素,是社会主义市场经济发展的重要成果,是推动社会主义市场经济发展的重要力量,是推进供给侧结构性改革、推动高质量发展、建设现代化经济体系的重要主体。

---

① 习近平:《论把握新发展阶段、贯彻新发展理念、构建新发展格局》,中央文献出版社,2021,第345页。

(二) 参观社会主义新农村代表新乡刘庄、回龙

1. 教学主题

参观新乡刘庄、回龙。

2. 教学目的

通过学习参观社会主义新农村代表新乡刘庄、回龙,同学们能够对农业社会主义改造、新农村建设、乡村振兴等有进一步的了解和认识。

3. 教学方案

(1) 教学时间:周末。

(2) 教学地点:新乡刘庄、回龙。

(3) 教学环节/具体举措:

第一,准备:组织动员,引导同学们了解刘庄、回龙的发展历史。

第二,调研:前往刘庄、回龙,和当地村民深入交流,走访当地企业。

第三,总结:梳理调研资料并形成文字报告。

4. 教师总结

农业社会主义改造即农业合作化运动,是社会主义改造的重要内容。通过合作化道路,把小农经济逐步改造成为社会主义集体经济,是中国共产党在过渡时期总路线的一个重要组成部分。新乡刘庄的辉煌成绩表明,集体经济是社会主义经济的重要形式和重要内容。对于我们的启示之一,就是农业的社会主义改造及其迅速发展是我们推进工业化、实现现代化的强大根基。也正是基于此,党的十八大以来,我们坚持把解决好"三农"问题作为全党工作的重中之重。我们认为,全面推进乡村振兴是新时代建设农业强国的重要任务,农村现代化是建设农业强国的内在要求和必要条件。而这些是和农业社会主义改造有着密切关联的。

回龙村位于河南省新乡市辉县上八里镇太行深山区,与山西省陵川县接壤。昔日的回龙村山高沟深,自然条件恶劣,分为崖上和崖下17个自然村,有5个自然村380人居住在深山绝壁之上。由于道路不通,很少能有人下山,村里很穷,"运输靠人背,吃面靠石碾,照明靠油灯"。在当地党委和政府的强有力领导下,经过当地广大人民群众的长期艰苦奋斗,一个几乎与世隔绝的回龙村已经成为社会主义新农村的新样板,已是闻名遐迩的中州新村和全国文明村,成为太行山区的一颗璀璨明珠。

通过实地参观学习回龙村,同学们能够对于社会主义制度的建立在中华民族发展史上的伟大意义有更加深入的感受和认知,对于社会主义的本质,对于我们的制度优势有更生动的体验。习近平总书记指出,共同富裕是社会主义的本质要求,是中国式现代化的重要特征。我们坚持和发展中国特色社会主义,推动物质文明、政治文明、精神文明、社会文明、生态文明协调发展,创造了中国式现代化新道路,创造了人类文明新形态。中国式现代化以全体人民共同富裕的鲜明价值取向,开辟了人类文明发展的新道路和新方向。在中国式现代化新道路上实现的共同富裕,是全体人民的富裕,是人民群众物质生活和精神生活都富裕,是人人参与、人人尽力、人人享有的富裕,要靠全体人民共同奋斗。新乡回龙的发展历程鲜明地体现了这一特征和我们社会主义制度的优势。

四、网络延展式教学

组织同学们集体观看电视系列片《正道沧桑——社会主义500年》部分内容、电视纪录片《新中国》第四集以及纪录片《走向辉煌》,了解社会主义500年的大致发展历史,重温我们党在社会主义改造时期的总路线和总任务,从全新的视角来理解社会主义制度确立的伟大意义,从而提升同学们对坚持中国共产党领导、中国特色社会主义制度的政治认同。

(一)观看电视系列片《正道沧桑——社会主义500年》部分内容

该系列视频深入阐释了中国特色社会主义的真谛要义,全面反映了中国特色社会主义的生动实践,充分展示了中国特色社会主义的发展前景,有助于当代青年学生更加坚定"四个自信"。

1. 教学主题

观看电视系列片《正道沧桑——社会主义500年》部分内容。

2. 教学目的

了解社会主义的起源和发展脉络,了解社会主义制度在中国建立的历史进程,进一步理解为什么说"中国特色社会主义要一以贯之"。

3. 教学方案

(1)教学时间:课外时间。

(2) 教学环节/具体举措：

第一，学生自主观看或集体前往教学实践平台观看视频。

第二，学生撰写观后感，并在课堂上交流心得体会。

4. 教学内容

第一集　乌托邦岛

《乌托邦》是托马斯·莫尔的代表作，发表于 1516 年。书中揭露和抨击英国由于圈地运动而导致"羊吃人"的不合理社会现象，通过介绍乌托邦岛上的情况，描绘了一个没有私有制、没有商品货币关系、人人参加劳动、社会拥有丰富产品、实行按需分配的理想社会。《乌托邦》的基本思想对后来社会主义思想的发展产生了深远的影响。

第二集　太阳之城

康帕内拉和莫尔一样，致力于建立一个财产公有、按需分配，没有剥削和压迫的新社会。他的主要贡献在于，提出了彻底消灭一切阶级差别，反对等级贵贱的主张，尤其是在社会主义史上第一次提出了劳动光荣和劳动有益于人的身心健康的思想。

第三集　叛逆贵族

法国著名的哲学家、空想主义者克劳德·昂利·圣西门出身贵族，正是这出身给了他高傲、不甘平庸甚至叛逆的性格。18 世纪中晚期，工业革命正在全世界兴起，圣西门参加了美国独立战争以帮助寻求独立解放的人，也积极投身法国大革命，主动要求废除特权。这场浩荡的大革命并没有达到圣西门的理想，他从此走上了上层社会的对立面，站到了无产阶级这一面。

…………

第二十九集　春天脚步

1949 年 10 月到 1952 年底，新中国的经济得到全面恢复，土地制度改革和其他民主改革顺利完成。毛泽东的"过渡时期总路线"明确地向全国人民提出了建设社会主义的伟大任务，三大改造正式兴起。1956 年底，三个五年计划在三年内就全部完成。中国共产党通过国家资本主义的途径对民族资本主义工商业采取和平赎买，开辟了从新民主主义到社会主义的道路。

第三十集　激情岁月

1953 年 1 月 1 日国家进入大规模建设，第一个国家经济建设五年计划开始实施，鞍钢的建设是"一五"计划的中心，全国企业全力支持钢铁建设，除了钢铁工业、飞机、重型机器、无缝钢管、无线电等项目如雨后春笋般建设起来,全国人民掀起了工业化生产的浪潮。

....

第四十八集 复兴之梦

对于一个曾经为世界文明和人类发展做出过贡献的伟大民族来说,还有什么比家国沦丧、文明衰败更让人觉得屈辱和心碎的呢,因此实现中华民族伟大复兴成为近代中华民族的最大梦想。从新中国"站起来"到改革开放"富起来",再到新世纪"强起来",实现中华民族伟大复兴的曙光已经清晰地展现在我们面前。

第四十九集 实干兴邦

2012年12月,习近平来到中国改革开放的前沿阵地——深圳。这次富有深意的视察,表明了新一届中央领导集体奋力推进改革开放和现代化建设取得新进展、实现新突破、迈上新台阶的决心。新一届中央领导集体在继续为中国梦而努力奋斗的征程中紧紧依靠着人民。

第五十集 必由之路

2012年1月25日,来自全球100多个国家和地区的2600余名精英齐聚瑞士达沃斯坐而论道,而论坛首个公开辩论的议题就是"20世纪的资本主义是否适合21世纪"。此时,世界经济正处于二战之后最大的危机之中,而在这个世界经济的寒冬中,中国已经在全球经济体中率先企稳回升。西方开始把目光投向中国,开始探讨"中国模式",而实际上,所谓"中国模式"就是中国特色社会主义道路。

(二)观看大型电视纪录片《新中国》第四集

大型电视纪录片《新中国》是为迎接国庆50周年而拍摄的,其中第四集主要反映了我国实行第一个五年计划以及进行社会主义改造的历史。

1. 教学主题

观看大型电视纪录片《新中国》第四集。

2. 教学目的

帮助学生全面理解我国社会主义改造的历史背景、基本形式和伟大意义,进一步增强走中国特色社会主义道路的自觉性和坚定性。

3. 教学方案

(1) 实践时间:课外时间。

(2) 实践环节/具体举措:

第一,安排学生观看。

第二,引导学生撰写 1000 字左右的观后感。

第三,鼓励学生在课堂上进行交流互动。

4. 教学内容

1949 年,北京街头的汽车没有一辆是中国产的,全国的原油产量也只有 12 万吨。面对中国当时的工业现状,毛泽东感慨地说:"现在我们能造什么? 能造桌子椅子,能造茶碗茶壶,能种粮食,还能磨成面粉,还能造纸,但是,一辆汽车、一架飞机、一辆坦克、一辆拖拉机都不能造。"在 20 世纪,没有现代工业的国家是永远强大不起来的。建立起自己的工业体系,成为中国人寻求一个世纪的梦想。这时候,在远离城市的乡村,虽然对工业化的感受还相当陌生,但他们也正在自己的土地上,创造着一种新的生产方式,从互助组、初级社到高级社,循序渐进、逐步发展。另外,农业合作化运动的高潮,也推动了对手工业和资本主义工商业的社会主义改造,按当时的习惯说法,它们被并称为"三大改造"。从 1953 年开始,资本主义工商业首先进入单个企业改造的阶段。三大改造的完成,标志着社会主义经济制度在中国的确立,公有制经济在国民经济中占据了主导地位。

(三) 观看纪录片《走向辉煌》

十集大型历史文献纪录片《走向辉煌》是一部反映从党的一大到党的十八大前夕伟大道路的文献专题片,展现了一代代中国共产党人为了中华民族的独立、解放、富强所走过的道路,讴歌中国共产党为中华民族伟大复兴所缔造的丰功伟业。

1. 教学主题

观看纪录片《走向辉煌》。

2. 教学目的

通过本次教学,同学们能够更好理解一代代中国共产党人为了实现"站起来""富起来""强起来"走过的艰难历程,在这一过程中深刻认识中国共产党为什么能、马克思主义为什么行、中国特色社会主义为什么好等重大问题。

由此,同学们既能够看到我们党曾经经历的"苦难",也能够切实感受到我们取得的"辉煌",能够在现实的生活中深化对于我们党和社会主义制度的政治认同、情感认同和价值认同,从而能够将具体而微的个人梦转化为宏大叙事的中国梦。

3. 教学方案

(1)教学时间:课外时间。

(2)教学环节/具体举措:

第一,组织学生通过网络观看相关视频。

第二,引导学生在课堂上交流心得体会。

4. 教学内容

第一集　开天辟地

1921年7月,中国共产党的成立成为中国历史上开天辟地的大事。本集叙述中国共产党成立的历史背景和重大意义。

第二集　艰辛开国

1927年,大革命失败后,中国共产党走上农村包围城市、武装夺取政权的道路。本集主要叙述大革命失败后,中国共产党领导工农群众,推翻三座大山,创建新中国的历程。

第三集　奠基创业

1949年10月1日,中华人民共和国成立,古老的中国以崭新的面貌屹立于世界东方。本集主要叙述从新中国成立到社会主义三大改造完成的历史。

第四集　曲折探索

1956年,三大改造完成后,全国人民在中国共产党的带领下,开始转入大规模的社会主义建设。

第五集　伟大转折

1978年12月,党的十一届三中全会胜利召开。以邓小平同志为核心的党的第二代领导集体,把全党的工作重点转移到社会主义现代化建设上来,中国进入改革开放的新时期。

第六集　春天故事

改革开放以来,以邓小平同志为核心的党的第二代中央领导集体,带领全党全国各族人民,确立了社会主义初级阶段理论和党的"一个中心、两个基本点"的基本路线。

第七集　与时俱进

1992年,党的十四大确立社会主义市场经济体制的改革目标,以江泽民同志为核心的党的第三代中央领导集体,高举邓小平理论伟大旗帜,坚持改革开放、与时俱进,开创全面开放新局面,推进了党的建设的新的伟大工程。

第八集　跨越世纪

1997年,党的十五大召开,确立了中国跨世纪的发展战略。在世纪之交,以江泽民同志为核心的党的第三代中央领导集体,带领全党全国各族人民战胜在政治、经济领域和自然界出现的困难和风险,创立"三个代表"重要思想,取得改革开放和现代化建设新的重大成就,把改革开放伟大事业成功推向21世纪。

第九集　科学发展

2002年,中国的发展进入新世纪新阶段,这一年党的十六大胜利召开。以胡锦涛同志为总书记的党中央,带领全党全国各族人民继往开来,开创中国特色社会主义事业新局面。

第十集　伟大复兴

2007年,党的十七大召开,以胡锦涛同志为总书记的党中央,深入贯彻落实科学发展观,科学回答了党在改革发展关键阶段举什么旗、走什么路、以什么样的精神状态、朝着什么样的发展目标继续前进等重大问题。在中国共产党的领导下,全国各族人民为了中华民族的伟大复兴而共同奋斗。

专题三 新时期中国特色社会主义

党的十一届三中全会以后,以邓小平同志为主要代表的中国共产党人,作出把党和国家工作中心转移到经济建设上来、实行改革开放的历史性决策,深刻揭示社会主义本质,成功开创了中国特色社会主义。党的十三届四中全会以后,以江泽民同志为主要代表的中国共产党人形成了"三个代表"重要思想,在国内外形势十分复杂、世界社会主义出现严重曲折的严峻考验面前捍卫了中国特色社会主义,成功把中国特色社会主义推向 21 世纪。党的十六大以后,以胡锦涛同志为主要代表的中国共产党人,深刻认识和回答了新形势下实现什么样的发展、怎样发展等重大问题,形成了科学发展观,聚精会神搞建设,一心一意谋发展,成功在新形势下坚持和发展了中国特色社会主义。总体来讲,在中国特色社会主义新时期,我们"实现了从高度集中的计划经济体制到充满活力的社会主义市场经济体制、从封闭半封闭到全方位开放的历史性转变,实现了从生产力相对落后的状况到经济总量跃居世界第二的历史性突破,实现了人民生活从温饱不足到总体小康、奔向全面小康的历史性跨越,为实现中华民族伟大复兴提供了充满新的活力的体制保证和快速发展的物质条件"[①]。

一、课堂叙事式教学

通过本次课堂叙事式教学,同学们可以更加清晰地把握以下重要内容:

---

① 习近平:《在庆祝中国共产党成立 100 周年大会上的讲话》,人民出版社,2021,第 6 页。

邓小平理论、"三个代表"重要思想以及科学发展观的形成、主要内容和历史地位。在此基础上,进一步把握改革开放和社会主义现代化建设新时期中国特色社会主义理论体系的相关内容。

(一) 邓小平理论的主要内容

习近平总书记在纪念邓小平同志诞辰110周年讲话中指出:"邓小平同志留给我们的最重要的思想和政治遗产,就是他带领党和人民开创的中国特色社会主义,就是他创立的邓小平理论。"①

1. 教学主题

邓小平理论的主要内容。

2. 教学目标

正确、全面把握邓小平理论产生的时代背景、主要内容以及历史地位。

3. 教学内容

(1) 解放思想、实事求是的思想路线

1977年2月,"两个凡是"被提出;同年5月,邓小平指出,"两个凡是"不符合马克思主义,应当用准确的完整的毛泽东思想来指导我们全党。在真理标准问题讨论展开后,初步恢复工作的邓小平连续发表讲话表示积极支持。显然,关于真理标准问题的讨论,不只是单纯的哲学理论问题,更重要的是涉及党和国家的政治路线和发展战略。邓小平指出:"只有解决好思想路线问题,才能提出新的正确政策,首先是工作重点的转移,还有农村政策、对外关系政策,以及相应的一整套建设社会主义的政策。"②紧接着,1978年邓小平在《解放思想,实事求是,团结一致向前看》中指出:"一个党,一个国家,一个民族,如果一切从本本出发,思想僵化,迷信盛行,那它就不能前进,它的生机就停止了,就要亡党亡国。"③

在邓小平同志的指导下,党的十一届三中全会重新确立了解放思想、实事求是的思想路线,停止使用"以阶级斗争为纲"的错误提法,确定把全党工作的着重点转移到社会主义现代化建设上来,作出实行改革开放的重大决

---

① 习近平:《在纪念邓小平同志诞辰110周年座谈会上的讲话》,人民出版社,2014,第21页。
② 邓小平:《邓小平文选》第3卷,人民出版社,1993,第10页。
③ 邓小平:《邓小平文选》第2卷,人民出版社,1994,第143页。

策,实现了党的历史上具有深远意义的伟大转折。正是在这种思想路线的指引下,一条以经济建设为中心、以解放和发展社会生产力为根本目的的政治路线呼之欲出:"我们是社会主义国家,社会主义制度优越性的根本表现,就是能够允许社会生产力以旧社会所没有的速度迅速发展,使人民不断增长的物质文化生活需要能够逐步得到满足……我们一定要根据现在的有利条件加速发展生产力,使人民的物质生活好一些,使人民的文化生活、精神面貌好一些。"①

(2)社会主义初级阶段理论

在著名党史专家石仲泉教授看来,社会主义初级阶段理论"是关系我国改革开放40年能够创造伟业的一个带有全局性的问题,也是邓小平开创我国改革开放伟业最为关键的一条"②。

1981年邓小平主持制定的《关于建国以来党的若干历史问题的决议》,在党的文件中第一次写上"我们的社会主义制度还是处于初级的阶段"③。党的十三大召开前,邓小平会见外宾时讲道:"我们党的十三大要阐述中国社会主义是处在一个什么阶段,就是处在初级阶段,是初级阶段的社会主义……社会主义的初级阶段,就是不发达的阶段。一切都要从这个实际出发,根据这个实际来制订规划。"④在这些论述的基础上,党的十三大报告对社会主义初级阶段的重要特征作了概括:一是逐步摆脱不发达状态,基本实现社会主义现代化的历史阶段;二是由农业人口占多数的手工劳动为基础的农业国逐步变为非农业人口占多数的现代化的工业国的阶段;三是由自然经济半自然经济占很大比重,变为商品经济高度发达的阶段;四是通过改革和探索,建立和发展充满活力的社会主义经济、政治、文化体制的阶段;五是全民奋起,艰苦创业,实现中华民族伟大复兴的阶段。

总而言之,基于当时中国的具体国情,我们"不要离开现实和超越阶段采取一些'左'的办法,这样是搞不成社会主义的"⑤。邓小平的社会主义初级

---

① 邓小平:《邓小平文选》第2卷,人民出版社,1994,第128页。
② 石仲泉:《邓小平开创改革开放伟业的十大贡献——纪念改革开放40周年》,《毛泽东思想研究》2018年第5期。
③ 中共中央文献研究室编《三中全会以来重要文献选编》下,人民出版社,1982,第838页。
④ 邓小平:《邓小平文选》第3卷,人民出版社,1993,第252页。
⑤ 邓小平:《邓小平文选》第2卷,人民出版社,1994,第312页。

阶段理论使我们对社会主义建设的长期性、复杂性、艰巨性有了更加清醒的认识。

(3) 社会主义的根本任务

生产力是社会发展的最根本的决定性因素,社会主义的根本任务是发展生产力。邓小平明确指出"贫穷不是社会主义",社会主义的根本任务是发展生产力。这是对社会主义本质的深刻洞察。邓小平认为,我们太穷了,太落后了,老实说对不起人民。我们现在必须发展生产力,改善人民生活条件。因此他反复强调,社会主义阶段的最根本任务就是发展生产力,社会主义的优越性归根到底要体现在它的生产力比资本主义发展得更快一些、更高一些,并且在发展生产力的基础上不断改善人民的物质文化生活。"我们要发达的、生产力发展的、使国家富强的社会主义。"①

基于上述理念,邓小平提出了基本实现现代化的战略步骤和目标。党的十三大报告根据邓小平对国情问题的新思考,明确了比较定型的"三步走"发展战略。这就是:第一步,从1981年到1990年实现国民生产总值比1980年翻一番,解决人民的温饱问题;第二步,从1991年到20世纪末,实现国民生产总值再翻一番,人民生活达到小康水平;第三步,到21世纪中叶,国民生产总值达到中等发达国家水平,基本实现现代化。这就告诉进入新时代的我们,发展才是硬道理,发展是解决所有问题的关键;反对霸权主义,离不开发展;实现百年目标,离不开发展;凸显制度优势,离不开发展;保持长治久安,离不开发展;实现和平统一,离不开发展。

(4) 改革开放理论

建立中国共产党、成立中华人民共和国、推进改革开放,是五四运动以来的三大历史性事件。新时期最鲜明的特点是改革开放。正如党的十九届六中全会指出的:"改革开放是决定当代中国前途命运的关键一招,中国特色社会主义道路是指引中国发展繁荣的正确道路,中国大踏步赶上了时代。"改革开放是坚持和发展中国特色社会主义的必由之路,"是基于对社会主义革命和建设实践的深刻总结,是基于对时代潮流的深刻洞察,是基于对人民群众期盼和需要的深刻体悟"②。

---

① 邓小平:《邓小平文选》第2卷,人民出版社,1994,第231页。
② 习近平:《论中国共产党历史》,中央文献出版社,2021,第214页。

邓小平明确指出:"改革是中国的第二次革命。"中国共产党领导的第一次革命,把一个半殖民地半封建的旧中国变成了一个社会主义新中国;中国共产党领导的第二次革命,将把一个经济文化比较落后的社会主义中国变成一个现代化的社会主义国家。他认为,"要发展生产力,经济体制改革是必由之路"①。邓小平在强调坚持社会主义基本制度的同时,指出还要通过改革从根本上改变束缚生产力发展的经济体制,促进生产力的发展。改革的目的,是建立充满生机和活力的社会主义新经济体制和政治体制;改革的原则,是胆子要大、步子要稳,不能因循守旧、不能急于求成;改革的目标,是"三个有利于",即是否有利于发展社会主义社会的生产力,是否有利于增强社会主义国家的综合国力,是否有利于提高人民的生活水平。

开放也是改革,对外开放是建设中国特色社会主义的一项基本国策。邓小平明确指出:"对外开放具有重要意义,任何一个国家要发展,孤立起来,闭关自守是不可能的,不加强国际交往,不引进发达国家的先进经验、先进科学技术和资金,是不可能的。"②历史经验一再告诉我们,关起门来搞建设是不行的,把自己孤立于世界之外是不利的。在坚持对外开放的过程中,我们需要注意,一是要正确对待资本主义社会创造的现代文明成果。资本主义社会经过几百年发展,特别是一些发达国家,在经济、科技、教育、文化和社会管理等方面,积累了丰富经验,取得了许多历史性的文明成果。社会主义作为后起的崭新的社会制度,必须大胆借鉴、吸收人类社会包括资本主义社会创造出来的全部文明成果,结合新的实践进行新的创造,为我所用,才能加快发展,赢得同资本主义相比较的优势。二是要坚持独立自主。"坚持独立自主"是我们党百年历史取得重大成就的重要原因之一。邓小平指出:"中国的事情要按照中国的情况来办,要依靠中国人自己的力量来办。独立自主,自力更生,无论过去、现在和将来,都是我们的立足点。"③

(5) 社会主义市场经济理论

正如党史专家石仲泉教授指出的,改革开放以来最大的理论成就,"就是

---

① 邓小平:《邓小平文选》第 3 卷,人民出版社,1993,第 138 页。
② 邓小平:《邓小平文选》第 3 卷,人民出版社,1993,第 117 页。
③ 邓小平:《邓小平文选》第 3 卷,人民出版社,1993,第 3 页。

挑战了社会主义搞市场经济的不可能,创造性地发展了马克思主义"①。改革开放以来,我们国家从经济发展总量相当落后的窘迫状况一跃而成为世界第二大经济体,得益于发展了社会主义市场经济。长期以来,社会主义被认为只能实行计划经济。马克思主义是这么讲的,苏联社会主义是这么做的。新中国成立后也坚持社会主义只能实行计划经济的理论和实践。直至邓小平1992年发表南方谈话以前,人们一直认为社会主义搞市场经济,就是修正主义、资产阶级自由化、走资本主义道路。

邓小平明确指出:"社会主义也可以搞市场经济。"②在南方谈话中邓小平指出:"计划经济不等于社会主义,资本主义也有计划;市场经济不等于资本主义,社会主义也有市场";社会主义要"吸收和借鉴当今世界各国包括资本主义发达国家的一切反映现代社会化生产规律的先进经营方式、管理方法"。③ 建立社会主义市场经济体制是我们党的一个伟大创举,是我国经济体制改革在实践和理论上的重大突破。社会主义市场经济理论的要点有:一是计划经济和市场经济不是划分社会制度的标志,计划经济不等于社会主义,市场经济也不等于资本主义;二是计划和市场都是经济手段,对经济活动的调节各有优势和长处,社会主义实行市场经济要把二者结合起来;三是市场经济作为资源配置的一种方式本身不具有制度属性,可以和不同的社会制度结合,从而表现出不同的性质。

(6)"两手抓,两手都要硬"

历史唯物主义强调生产力发展、物质财富积累在社会发展、人类进步中的重大作用。历史发展的过程中"归根到底是经济运动作为必然的东西"④在发挥着决定性的作用。但是,马克思主义并不是经济决定论者,并没有将经济看作是社会发展过程中唯一起作用的因素,并没有否认政治、思想、理论等精神文化因素在社会发展过程中的作用。正如恩格斯指出的:"根据唯物史观,历史过程中的决定性因素归根到底是现实生活的生产和再生产。无论

---

① 石仲泉:《邓小平开创改革开放伟业的十大贡献——纪念改革开放40周年》,《毛泽东思想研究》2018年第5期。
② 邓小平:《邓小平文选》第2卷,人民出版社,1994,第236页。
③ 邓小平:《邓小平文选》第3卷,人民出版社,1993,第373页。
④ 中共中央马克思恩格斯列宁斯大林著作编译局编译《马克思恩格斯选集》第4卷,人民出版社,2012,第604页。

马克思或我都从来没有肯定过比这更多的东西。如果有人在这里加以歪曲,说经济因素是唯一决定性的因素,那么他就是把这个命题变成毫无内容的、抽象的、荒诞无稽的空话。"①这就告诉我们,历史发展是由包括经济因素在内的各种因素合力作用的结果。

正是基于马克思主义的上述观点,在社会主义建设过程中,邓小平强调,一手抓物质文明,一手抓精神文明,"两手抓,两手都要硬"。他指出,"不加强精神文明的建设,物质文明的建设也要受破坏,走弯路"②,"风气如果坏下去,经济搞成功又有什么意义?会在另一方面变质,反过来影响整个经济变质,发展下去会形成贪污、盗窃、贿赂横行的世界"③。邓小平认为:"过去我们党无论怎样弱小,无论遇到什么困难,一直有强大的战斗力,因为我们有马克思主义和共产主义的信念。有了共同的理想,也就有了铁的纪律。无论过去、现在和将来,这都是我们的真正优势。"④越是集中力量发展经济,越是加快改革开放的步伐,就越需要社会主义精神文明提供强大的精神动力和智力支持,以保证物质文明建设的顺利进行。这是因为人类社会是物质文明和精神文明的统一体。

在上述理论观点的基础上,习近平总书记指出,中国式现代化是物质文明和精神文明相协调的现代化,是促进物的全面丰富和人的全面发展的现代化。只有这样,我们才能在推动物质文明和精神文明相协调的发展中,紧紧抓住"人的根本就是人自身"这一重要的马克思主义观点。习近平总书记还站在民族复兴的高度来看待精神文明的重要性,他指出:"一个民族的复兴需要强大的物质力量,也需要强大的精神力量。"⑤实现中华民族伟大复兴是物质文明和精神文明均衡发展、相互促进的结果。人无精神则不立,国无精神则不强。精神是一个民族赖以长久生存的灵魂,唯有精神上达到一定的高度,这个民族才能在历史的洪流中屹立不倒、奋勇向前。总而言之,人民有信仰,民族才有希望,国家才有力量。

---

① 中共中央马克思恩格斯列宁斯大林著作编译局编译《马克思恩格斯选集》第4卷,人民出版社,2012,第604页。
② 邓小平:《邓小平文选》第3卷,人民出版社,1993,第144页。
③ 邓小平:《邓小平文选》第3卷,人民出版社,1993,第154页。
④ 邓小平:《邓小平文选》第3卷,人民出版社,1993,第144页。
⑤ 习近平:《在文艺工作座谈会上的讲话》,人民出版社,2015,第5页。

（7）"一国两制"

统一是中国历史发展的必然要求；反对分裂，坚持统一，是中华民族自古以来就有的传统。完成祖国统一大业，是中华民族的根本利益所在，是全中国人民包括台湾同胞、港澳同胞和海外侨胞的共同愿望。中国共产党人始终把国家的统一作为自己奋斗的一个重要目标。邓小平指出："怎么解决这个问题，我看只有实行'一个国家，两种制度'。"① "一国两制"是从中国的实际出发，解决台湾问题、香港问题和澳门问题，实现祖国和平统一的伟大构想。"一国两制"伟大构想的提出是从台湾问题开始的，在实践中首先运用于解决香港问题、澳门问题。

实行"一国两制"，在中国的主体坚定不移地实行社会主义的前提下，在小范围内容许资本主义存在，局势可以长期稳定，有利于我们一心一意搞建设。同时，也有利于香港、澳门、台湾的长期稳定、繁荣和发展。"一国两制"是面对现实、解决问题的好办法，顺应历史潮流，有功于民族，有益于人民。"一国两制"的构想是邓小平运用辩证唯物主义和历史唯物主义，坚持实事求是，把和平共处的原则用于解决一个国家的统一问题，既体现了坚持祖国统一、维护国家主权的原则性，又体现了照顾历史实际和现实可能的灵活性，是对马克思主义国家学说的创造性发展。

习近平总书记指出，"一国两制"是中国特色社会主义的伟大创举，是香港、澳门回归后保持长期繁荣稳定的最佳制度安排，必须长期坚持。解决台湾问题、实现祖国完全统一，是党矢志不渝的历史任务，是全体中华儿女的共同愿望，是实现中华民族伟大复兴的必然要求。关于台湾问题，习近平总书记强调，解决台湾问题是中国人自己的事，要由中国人来决定；我们坚持以最大诚意、尽最大努力争取和平统一的前景，但决不承诺放弃使用武力，保留采取一切必要措施的选项，这针对的是外部势力干涉和极少数"台独"分裂分子及其分裂活动，绝非针对广大台湾同胞。在"一国两制"方针的指引下，国家统一、民族复兴的历史车轮滚滚向前，祖国完全统一一定要实现，也一定能够实现！

总而言之，邓小平是我国改革开放和社会主义现代化建设的总设计师，邓小平理论是中国特色社会主义理论体系的开篇之作。邓小平作为中国特

---

① 邓小平：《邓小平文选》第3卷，人民出版社，1993，第59页。

色社会主义理论的创立者,紧紧抓住"什么是社会主义、怎样建设社会主义"这个基本问题,响亮提出"走自己的道路,建设有中国特色的社会主义"的伟大号召,从此中国特色社会主义成为我们党全部理论和实践一以贯之的主题。正如习近平总书记指出的:"坚持和发展中国特色社会主义是一篇大文章,邓小平同志为它确定了基本思路和基本原则。"①

(二)"三个代表"重要思想

江泽民 2000 年在广东考察时,首次对"三个代表"重要思想进行了比较全面的阐述:中国共产党始终代表中国先进生产力的发展要求,始终代表中国先进文化的前进方向,始终代表中国最广大人民的根本利益。2002 年党的十六大将"三个代表"重要思想同马克思列宁主义、毛泽东思想和邓小平理论一道确立为党必须长期坚持的指导思想,并写入党章。"三个代表"重要思想是对马克思列宁主义、毛泽东思想和邓小平理论的继承和发展,是中国特色社会主义理论体系的重要组成部分。始终做到"三个代表",是我们党的立党之本、执政之基、力量之源。

1. 教学主题

"三个代表"重要思想。

2. 教学目标

充分把握"三个代表"重要思想形成的历史背景、主要内容、历史地位。

3. 教学内容

20 世纪 80 年代末 90 年代初,国内发生严重政治风波,国际上东欧剧变、苏联解体,世界社会主义出现严重曲折,我国社会主义事业的发展面临空前巨大的困难和压力。以江泽民为主要代表的中国共产党人,科学判断形势,全面把握大局,加深了对什么是社会主义、怎样建设社会主义和建设什么样的党、怎样建设党的认识,形成了"三个代表"重要思想,开创了中国特色社会主义事业新局面,成功把中国特色社会主义推向 21 世纪。

(1)"三个代表"重要思想产生的时代背景

首先,"三个代表"重要思想是在对冷战结束后国际局势科学判断的基础上形成的。在千年更迭、世纪交替之际,我们党所处的国际国内环境已经

---

① 习近平:《习近平谈治国理政》第 1 卷,外文出版社,2018,第 23 页。

发生并还在经历着前所未有的巨大变化,这是"三个代表"重要思想产生的最重要的时代背景。在政治上,20世纪80年代末90年代初,发生了东欧剧变、苏联解体等重大事件,国际共产主义运动遭受了重大挫折。苏联解体以后,美国作为唯一的超级大国,极力使世界向单极化方向发展,谋求建立以其为领导的世界秩序。在这种形势下,中国作为世界上最大的社会主义国家,实际上处于两种社会制度对立、斗争的最前沿。中国共产党面临长期的国际压力,渗透与反渗透、遏制与反遏制、分裂与反分裂、颠覆与反颠覆的斗争将长期存在,并且异常尖锐、复杂。西方社会某些国家散布所谓的"历史终结论""社会主义失败论""中国崩溃论",对我国的和平发展造成了巨大的干扰。但和平与发展仍然是时代的主题,世界多极化仍然在曲折中获得了发展,这也为我国的社会主义建设带来了一个难得的相对稳定的和平的外部环境。无论是在发达国家,还是发展中国家,人们对通过科技进步振兴经济、提高综合国力的认识从来没有这样一致和深刻,各国之间的科技竞争也因此空前激烈。对此,作为发展中国家的我国,如何才能迎头赶上时代潮流,在日益激烈的国际竞争中始终立于不败之地?这是中国共产党这样一个领导着十几亿人口的社会主义大国的执政党所必须正确回应和解决的重大问题。

其次,"三个代表"重要思想是在科学判断党的历史方位和总结历史经验的基础上提出来的。一方面,党所处的地位和环境、党所肩负的历史任务、党的自身状况,都发生了新的重大变化。这一时期,正值我们党的队伍进入整体性交接的关键时刻,一大批年轻干部走上了各级领导岗位。尽管党的干部队伍总体是好的,但在一些党员和干部中,还存在着不同程度的思想僵化、信念动摇、道德滑坡、组织涣散和腐败现象。在党员领导干部中违法乱纪、腐化堕落案件时有发生。进一步提高党的领导水平和执政水平、提高拒腐防变和抵御风险的能力,是我们党必须解决好的两大历史性课题。这就要求我们党坚持从新的实际出发,以改革的精神加强和改进党的建设,在建设中国特色社会主义的历史进程中始终成为坚强的领导核心。另一方面,总结我们党的历史,可以得出一个重要的结论:我们党所以赢得人民的拥护,是因为我们党作为中国工人阶级的先锋队和中国人民、中华民族的先锋队,在革命、建设、改革的各个历史时期,总是代表中国先进生产力的发展要求,代表中国先进文化的前进方向,代表中国最广大人民的根本利益,并通过制定正确的路线方针政策,为实现国家和人民的根本利益而不懈奋斗。在历史发展过程中,党也有过失误,但党依照"三个代表"要求自己、衡量自己,不断获得新的生机和活力。从正反两方面可以说明,"三个代表"重要思想正是立足于党的历史、总结党的历史经验得出的重要结论。正如著名学者张静如先生所指出的:"在革命斗争中,由于在大多数情况下中国共产党坚持了'三个代表'才取得了新民主主义革命的胜利,使中国共产党成为领导人民掌握全国政权的党。在长期执政过程中,由于在大多数情况下中国共产党都坚持了'三个代表',使'三个代表'成为执政的基础,才取得了今天社会主义现代化建设的辉煌成就。总之,中国共产党历史发展的全过程证明,一切力量来源于坚持'三个代表'。"①

最后,"三个代表"重要思想是在建设中国特色社会主义伟大实践的基础上形成的。伴随着改革开放和发展社会主义市场经济的进程,我国社会生活发生了广泛而深刻的变化,社会经济成分、组织形式、利益分配和就业方式等的多样化进一步发展,这给国家的政治经济文化和社会生活的各个方面带来深刻影响。随着我国社会就业方式、分配方式的多样化,出现了更为复杂的利益关系,原有的社会阶层发生了极大变化,除工人、农民、知识分子、干部等社会阶层外,还出现了一些新的社会阶层。在这种历史情况下,"党的领导如何更加切实有效地覆盖社会和市场发展的广泛领域,是一个我们必须认真研究解决的重大问题"②,"党如何更好地代表全体人民的根本利益和不同社会群体的具体利益,如何按照效率优先、兼顾公平的原则处理好效率和公平的关系,也是一个关系到党的领导能否有效实施的重大问题"③。"三个代表"重要思想就是在应对中国社会经济发展中出现的各种实际问题过程中形成和发展起来的。

（2）"三个代表"重要思想的核心观点和主要内容

"三个代表"重要思想将新时期党的建设的目标、任务和要求,提到了一个新的高度,从根本上回答了在新世纪要把我们党建设成为一个什么样的党和怎样建设党这样一个重大历史性问题,具有鲜明的核心观点以及丰富的时代内容。

---

① 张静如:《"三个代表"重要思想与高校人文社会科学学科建设》,《新视野》2003年第2期。

② 江泽民:《江泽民文选》第3卷,人民出版社,2006,第16页。

③ 江泽民:《江泽民文选》第3卷,人民出版社,2006,第17页。

"三个代表"重要思想的核心观点主要包括：

第一，始终代表中国先进生产力的发展要求。社会主义的根本任务是发展社会生产力，马克思主义执政党必须高度重视解放和发展生产力。始终代表中国先进生产力的发展要求，大力促进先进生产力的发展，是我们党站在时代前列，保持先进性的根本体现和根本要求。科学技术是第一生产力，是先进生产力的集中体现和主要标志。科技进步和创新是发展生产力的决定因素。江泽民高度重视科学技术在推动社会生产力发展中的重要作用。他指出："振兴经济首先要振兴科技"[1]，"我们要牢记一条道理，这就是没有强大的科技实力，就没有社会主义现代化"[2]。

第二，始终代表中国先进文化的前进方向。江泽民指出，社会主义精神文明，是我们进行改革开放和现代化建设的重要目标，也是搞好改革开放和现代化建设的重要保证。精神文明建设搞好了，人心凝聚，精神振奋，经济建设和其他各项事业就会全面兴盛。精神文明建设搞不好，人心涣散，精神颓废，经济建设和其他各项事业也难以搞好。加强文化建设，必须"以科学的理论武装人，以正确的舆论引导人，以高尚的精神塑造人，以优秀的作品鼓舞人"[3]。要大力倡导一切有利于改革开放和现代化建设的思想和精神，大力倡导一切有利于民族团结、社会进步、人民幸福的思想和精神，大力倡导一切用诚实劳动争取美好生活的思想和精神。

第三，始终代表中国最广大人民的根本利益。我们党作为执政党，面临的最根本的课题，是能不能始终代表最广大人民的根本利益，始终全心全意为人民服务。江泽民在总结国内外正反两方面的历史经验基础上深刻指出："人心向背，是决定一个政党、一个政权兴亡的根本性因素。"[4]我们党作为执政党，必须高度关注人心向背问题。从根本上说，政治问题主要是对人民群众的态度问题、同人民群众的关系问题。一切为了群众，一切相信群众，一切依靠群众，我们党就能获得取之不尽的力量源泉。

与此同时，"三个代表"重要思想的主要内容包括：

第一，发展是党执政兴国的第一要务。马克思、恩格斯指出："'思想'一

---

[1] 江泽民：《江泽民文选》第1卷，人民出版社，2006，第232页。
[2] 江泽民：《论科学技术》，中央文献出版社，2001，第64页。
[3] 江泽民：《江泽民文选》第3卷，人民出版社，2006，第85页。
[4] 江泽民：《江泽民文选》第3卷，人民出版社，2006，第185页。

旦离开'利益',就一定会使自己出丑。"①这就告诉我们,一个政党治国理政的路线、方针、政策必须能够推动社会发展,给人民带来实实在在的利益,否则其就会丧失凝聚力和说服力。我们党要承担起推动中国社会进步的历史责任,必须始终紧紧抓住发展这个执政兴国的第一要务。社会主义要强大,体现优越性,关键在发展。江泽民反复强调:"发展是硬道理,这是我们必须始终坚持的一个战略思想。"②特别是我国这样一个发展中大国,能不能解决好发展问题,直接关系人心向背、事业兴衰。离开发展,坚持党的先进性、发挥社会主义制度的优越性和实现民富国强都无从谈起。

第二,建立社会主义市场经济体制。在社会主义条件下发展市场经济,实现了改革开放新的历史性突破,打开了我国经济、政治和文化发展的崭新局面,是前无古人的伟大创举,是中国共产党人对马克思主义发展作出的历史性贡献。正如习近平总书记指出的:"在社会主义条件下发展市场经济,是我们党的一个伟大创举。我国经济发展获得巨大成功的一个关键因素,就是我们既发挥了市场经济的长处,又发挥了社会主义制度的优越性。"③江泽民根据邓小平南方谈话精神,明确提出使用"社会主义市场经济体制"这个提法。党的十四大正式把建立社会主义市场经济体制确立为我国经济体制改革的目标。十四届三中全会通过的《关于建立社会主义市场经济体制若干问题的决定》,勾画了建立社会主义市场经济体制的蓝图和基本框架。建立社会主义市场经济体制,必须坚持和完善公有制为主体、多种所有制经济共同发展的社会主义基本经济制度;进一步探索公有制特别是国有制的多种有效实现形式,建立符合市场经济规律和我国国情的企业领导体制和管理制度;充分发挥市场机制的作用和国家宏观调控;理顺分配关系,调整和规范国家、企业和个人的分配关系;建立和完善社会保障体系。正是在这个意义上,江泽民指出:"我们搞的是社会主义市场经济,'社会主义'这几个字是不能没有的,这并非多余,并非画蛇添足,而恰恰相反,这是画龙点睛。所谓'点

---

① 中共中央马克思恩格斯列宁斯大林著作编译局编译《马克思恩格斯文集》第1卷,人民出版社,2009,第286页。
② 江泽民:《江泽民文选》第3卷,人民出版社,2006,第118页。
③ 习近平:《论把握新发展阶段、贯彻新发展理念、构建新发展格局》,人民出版社,2021,第64页。

睛',就是点明我们的市场经济的性质。"①

第三,全面建设小康社会。江泽民提出21世纪头二十年是全面建设小康社会的阶段,形成了"两个一百年"的奋斗目标,深化了邓小平关于分阶段、有步骤地实现现代化的战略思想,丰富了我们党关于社会主义初级阶段的理论。到20世纪末,人民生活总体上达到小康水平。但是,这个小康还是低水平的、不全面的、不平衡的:偏重于满足物质消费、生存性消费,而精神消费或文化消费,特别是发展性消费还得不到有效满足;不同省市之间、地区之间、城乡之间的非协调发展,使得不同省市、东中西部和城乡的小康实现程度极不平衡;巩固和提高达到的小康水平,还需要进行长时期的艰苦奋斗。江泽民在党的十五大报告中初步勾画了实现第三步战略目标的蓝图:21世纪第一个十年实现国民生产总值比2000年翻一番,使人民的小康生活更加宽裕,形成比较完善的社会主义市场经济体制;再经过十年的努力,到建党一百年时,使国民经济更加发展,各项制度更加完善;到21世纪中叶新中国成立一百年时,基本实现现代化,建成富强民主文明的社会主义国家。十五届五中全会进一步提出,从新世纪开始,我国将进入全面建设小康社会、加快推进社会主义现代化的新的发展阶段。

第四,建设社会主义政治文明。发展社会主义民主政治,建设社会主义政治文明,是社会主义现代化建设的重要目标。在党的十六大报告中,江泽民把社会主义物质文明、政治文明、精神文明一起确立为社会主义现代化全面发展的三大基本目标,从而使中国特色社会主义的理论和实践进一步走向成熟和完善。建设社会主义政治文明涉及政治思想、政治制度、行政管理、法制建设等方面,是一个系统工程。建设社会主义政治文明,最根本的就是要坚持党的领导、人民当家作主和依法治国的有机统一。这是我们推进政治文明建设必须遵循的基本方针,也是我国社会主义政治文明区别于资本主义政治文明的本质特征。党的领导是人民当家作主和依法治国的根本保证,人民当家作主是社会主义民主政治的本质要求,依法治国是党领导人民治理国家的基本方略。发展社会主义民主政治,建设社会主义政治文明,是全面建设小康社会的重要目标。必须在坚持四项基本原则的前提下,继续积极稳妥地推进政治体制改革,扩大社会主义民主,健全社会主义法制,建设社会主义法

---

① 江泽民:《论社会主义市场经济》,中央文献出版社,2006,第203页。

治国家,巩固和发展民主团结、生动活泼、安定和谐的政治局面。

第五,推进党的建设新的伟大工程。党在领导新民主主义革命的过程中,把党的建设作为一项伟大的工程,逐步形成了理论联系实际、密切联系群众、批评与自我批评相结合的三大优良作风。面对改革开放和市场经济的全新环境,江泽民强调推进党的建设新的伟大工程,重点是加强党的执政能力建设,不断提高科学判断形势的能力、驾驭市场经济的能力、应对复杂局面的能力、依法执政的能力、总揽全局的能力。因此领导干部一定要讲学习、讲政治、讲正气。讲学习是前提,要坚持学习、学习、再学习,实践、实践、再实践;讲政治是核心,要坚持坚定正确的政治方向、政治立场和政治观点,严守政治纪律,提高政治敏锐性和政治鉴别力;讲正气就是要坚持和发扬共产党人的政治本色与革命气节。

总而言之,"三个代表"重要思想坚持把人民的根本利益作为出发点和归宿,提出"最大多数人的利益是最紧要和最具有决定性的因素"①,为我们党在代表中国最广大人民的根本利益,加强同人民群众的血肉联系方面指明了方向,丰富了马克思主义唯物史观。与之一脉相承,习近平总书记《在庆祝中国共产党成立100周年大会上的讲话》中指出:"中国共产党根基在人民、血脉在人民、力量在人民。中国共产党始终代表最广大人民根本利益,与人民休戚与共、生死相依,没有任何自己特殊的利益,从来不代表任何利益集团、任何权势团体、任何特权阶层的利益。"坚持人民至上,筑牢了中国共产党的坚实根基,铸就了中国共产党的百年辉煌,是我们党立于不败之地的根本所在。

(三) 科学发展观

习近平总书记指出:"党的十六大至党的十八大这10年间,以胡锦涛同志为总书记的党中央团结带领全党全国各族人民,高举中国特色社会主义伟大旗帜……紧紧抓住和用好我国发展的重要战略机遇期,不断深化改革开放、加快发展步伐,在前进道路上战胜一系列重大挑战,取得一系列新的历史性成就,为全面建成小康社会打下坚实基础,把中国特色社会主义推进到新

---

① 江泽民:《江泽民文选》第3卷,人民出版社,2006,第280页。

的发展阶段。"①进入新世纪,胡锦涛同志在全面建设小康社会进程中,坚持以人为本、全面协调可持续发展,形成了科学发展观,在新的起点上坚持和发展了中国特色社会主义。

1. 教学主题

科学发展观。

2. 教学目标

科学发展观产生的时代背景、主要内容、历史地位。

3. 教学内容

(1) 科学发展观的形成条件

科学发展观是在准确把握世界发展趋势、认真总结我国发展经验、深入分析我国发展阶段性特征的基础上提出来的。

首先,科学发展观是在深刻把握我国基本国情和新的阶段性特征的基础上形成和发展的。进入新世纪新阶段,在邓小平理论的指导下,我国的改革和发展取得了巨大的成就。但与此同时,我国进入发展关键期、改革攻坚期和矛盾凸显期,经济社会发展呈现一系列新的阶段性特征:自主创新能力还不强;改革攻坚面临深层次矛盾和问题;收入分配差距拉大趋势还未根本扭转;农业基础薄弱、农村发展滞后的局面尚未改变;政治体制改革需要继续深化;人民对发展社会主义先进文化提出了更高要求;社会建设和管理面临诸多新课题;统筹国内发展和对外开放要求更高。解决好上述新形势、新矛盾和新问题,必须深刻回答"实现什么样的发展、怎样发展"这一重大问题。

其次,科学发展观是在深入总结改革开放以来特别是党的十六大以来实践经验的基础上形成和发展的。党的十一届三中全会后,我们党形成了以"一个中心、两个基本点"为主要内容的基本路线。党的十四大以后,我们党围绕建立社会主义市场经济体制的目标,抓住机遇、加快发展,实现了改革开放的新突破,促进经济快速发展和社会全面进步。党的十六大以来,我们党以邓小平理论和"三个代表"重要思想为指导,总结我国发展的历史经验,根据新的形势和任务不断深化改革,扩大开放,推动我国经济社会发展取得了新的成就。党带领人民战胜各种风险挑战、坚持和发展中国特色社会主义的成功探索,是科学发展观形成的实践基础。

---

① 习近平:《在学习〈胡锦涛文选〉报告会上的讲话》,人民出版社,2016,第1页。

最后,科学发展观是在深刻分析国际形势、顺应世界发展趋势、借鉴国外发展经验的基础上形成和发展的。进入新世纪,世界处在大发展大变革大调整之中。国际环境中不稳定不确定因素增多,我国发展的外部条件复杂多变。经过改革开放以来的发展,国际环境发展变化对我国发展的作用和影响也不断增大。这就要求我们科学审视中国和世界的发展问题,思考和制定中国的发展战略,善于从国际国内因素的发展变化和相互影响中把握发展全局。还要看到,长期以来人类创造了前所未有的经济增长成就,但由于单纯追求经济增长,或者照搬别国发展模式,一些国家发展遇到了这样那样的问题,有的经济结构失衡、社会发展滞后、能源资源紧张、生态环境恶化,有的出现了两极分化、失业增加、社会腐败、政治动荡等问题。我们面临的是一个总体上有利于我国发展但不利因素也可能增多的环境。

(2)科学发展观的科学内涵

科学发展观,第一要义是发展,核心立场是以人为本,基本要求是全面协调可持续,根本方法是统筹兼顾。这是对科学发展观的集中概括。

首先,推动经济社会发展是科学发展观的第一要义。发展是人类文明进步的基础,也是马克思主义最基本的范畴之一。科学发展观是用来指导发展的理论,中国特色社会主义是靠发展来不断巩固和前进的。胡锦涛指出:"发展是解决中国一切问题的总钥匙,发展对于全面建设小康社会、加快推进社会主义现代化,对于开创中国特色社会主义事业新局面、实现中华民族伟大复兴,具有决定性意义。"①在当代中国,坚持发展是硬道理的本质要求就是坚持科学发展。坚持科学发展,必须加快转变经济发展方式。要坚持把经济结构战略性调整作为主攻方向,坚持把科技进步和创新作为重要支撑,坚持把保障和改善民生作为根本出发点和落脚点,坚持把建设资源节约型、环境友好型社会作为重要着力点;要正确认识和处理发展"好"与"快"的辩证关系,抓紧解决我国发展面临的突出矛盾和问题,由主要依靠增加物质资源消耗向主要依靠科技进步、劳动者素质提高、管理创新转变,不断提高发展的全面性、协调性、可持续性。

其次,以人为本是科学发展观的核心立场。以人为本是科学发展观的核心立场,体现了我们党全心全意为人民服务的根本宗旨和推动经济社会发展

---

① 胡锦涛:《胡锦涛文选》第3卷,人民出版社,2016,第95页。

的根本目的。以人为本就是以最广大人民的根本利益为本。以人为本的"人",是指人民群众,包括社会各阶层人民在内的中国最广大人民;"本",就是根本,就是出发点和落脚点。胡锦涛指出:"我们提出以人为本的根本含义,就是坚持全心全意为人民服务,立党为公、执政为民,始终把最广大人民根本利益作为党和国家工作的根本出发点和落脚点,坚持尊重社会发展规律和尊重人民历史主体地位的一致性,坚持为崇高理想奋斗和为最广大人民谋利益的一致性,坚持完成党的各项工作和实现人民利益的一致性,坚持发展为了人民、发展依靠人民、发展成果由人民共享。"①

再次,全面协调可持续是科学发展观的基本要求。我们之所以把全面协调可持续作为科学发展观的基本要求来强调,这是因为:一方面,经过长期发展,我们积累了较为雄厚的物质技术条件,可以在推进全面协调可持续发展上有更大作为;另一方面,城乡区域发展不平衡、经济社会发展不协调、经济发展与人口资源环境不适应等问题更加突出地摆在了我们面前。坚持协调发展,就是保证中国特色社会主义各个领域协调推进。要协调好消费与投资、供给与需求等经济发展的重大问题,促进发展的均衡性。胡锦涛指出:"实施可持续发展战略,促进人与自然的和谐,实现经济发展和人口、资源、环境相协调,坚持走生产发展、生活富裕、生态良好的文明发展道路,既是全面建设小康社会的必然要求,也是贯彻落实科学发展观的重要实践。"②

最后,统筹兼顾是科学发展观的根本方法。统筹兼顾是科学发展观的根本方法,深刻揭示了实现科学发展、促进社会和谐的基本途径,是正确处理经济社会发展中重大关系的方针原则。我们要推动科学发展、促进社会和谐,必须更加自觉地运用统筹兼顾的根本方法,正确反映和兼顾不同方面的利益。胡锦涛强调,要善于在推进经济发展的同时兼顾各个方面的发展要求,把经济建设、政治建设、文化建设、社会建设及其各个环节统筹好、协调好,使之相互促进、相互支撑,实现良性互动。坚持统筹兼顾,必须正确认识和妥善处理中国特色社会主义事业中的重大关系。统筹城乡发展,就是增强农村发展活力,逐步缩小城乡差距,促进城乡共同繁荣,推动城乡发展一体化。统筹区域发展,就是要继续实施区域发展总体战略,充分发挥各地区比较优势,逐

---

① 胡锦涛:《胡锦涛文选》第3卷,人民出版社,2016,第4页。
② 胡锦涛:《胡锦涛文选》第2卷,人民出版社,2016,第183页。

步形成东中西部相互促进、优势互补、共同发展的新格局。统筹经济社会发展,就是要加快科技、教育、就业、文化、卫生、体育、社会保障、社会管理等社会事业发展,实现经济发展与社会进步的有机统一。

(3) 科学发展观的主要内容

科学发展观着眼于党和人民事业发展的全局,紧紧围绕建设中国特色社会主义这个主题,认真研究和回答我国社会主义经济建设、政治建设、文化建设、社会建设、生态文明建设和党的建设面临的一系列重大问题,丰富和发展了中国特色社会主义理论体系。

第一,加快转变经济发展方式。推动经济持续健康发展,必须坚持以科学发展为主题,以加快转变经济发展方式为主线。科学发展观强调,全面深化经济体制改革是加快转变经济发展方式的关键;实施创新驱动发展战略,是转变经济发展方式的重大战略决策;推动经济结构战略性调整,是提升国民经济整体素质、赢得国际经济竞争主动权的根本途径,是加快转变经济发展方式的主攻方向;促进区域协调发展是我国现代化建设中的一个重大战略;积极稳妥推进城镇化是优化城乡经济结构、促进国民经济良性循环和社会协调发展的重要措施;推动城乡发展一体化,是解决"三农"问题的根本途径;实现工业化、信息化、城镇化、农业现代化,是我国社会主义现代化建设的战略任务,也是加快形成新的经济发展方式、促进经济持续健康发展的重要动力。

第二,发展社会主义民主政治。人民民主是社会主义的生命,是我们党始终高扬的光辉旗帜。社会主义愈发展,民主也愈发展。胡锦涛指出:"我们要始终牢记,发展社会主义民主政治是党始终不渝的奋斗目标,必须更高举起人民民主旗帜。"①科学发展观强调,社会主义民主政治的本质和核心是人民当家作主。发展社会主义民主政治,必须坚定不移地走中国特色社会主义政治发展道路,坚持党的领导、人民当家作主、依法治国的有机统一。发展社会主义民主政治,最重要的就是要坚持好、发展好适合我国国情的社会主义政治制度。我们党领导人民在长期革命、建设、改革实践中,经过反复探索、不断总结,逐步建立起一套适合中国国情的社会主义政治制度,形成了人民代表大会制度的根本政治制度,中国共产党领导的多党合作和政治协商制

---

① 胡锦涛:《胡锦涛文选》第 3 卷,人民出版社,2016,第 72 页。

度、民族区域自治制度以及基层群众自治制度等基本政治制度。

第三,推进社会主义文化强国建设。当今时代,文化越来越成为民族凝聚力和创造力的重要源泉、越来越成为综合国力竞争的重要因素、越来越成为经济社会发展的重要支撑,丰富精神文化生活越来越成为我国人民的热切愿望。国家富强、民族振兴、人民生活幸福安康,需要强大的经济力量,也需要强大的文化力量。物质贫乏不是社会主义,精神空虚也不是社会主义。没有社会主义文化繁荣发展,就没有社会主义现代化。科学发展观强调,要树立高度的文化自觉和文化自信,兴起社会主义文化建设新高潮,提高国家文化软实力,加快建设与我国深厚文化底蕴和丰富文化资源相匹配、与中国特色社会主义事业总体布局相适应、与建设富强民主文明和谐的社会主义现代化国家的目标相承接的社会主义文化强国。

第四,构建社会主义和谐社会。党的十六大以来,我们党从中国特色社会主义事业总体布局和全面建设小康社会全局出发,提出构建社会主义和谐社会的重大战略任务。胡锦涛明确指出:"社会和谐是中国特色社会主义的本质属性。"[①]这个重大判断,深刻总结了国内外社会主义建设的历史经验,深化了对社会主义本质的认识。民主法治、公平正义、诚信友爱、充满活力、安定有序、人与自然和谐相处,是构建社会主义和谐社会的总要求。民主法治,就是社会主义民主得到充分发扬,依法治国基本方略得到切实落实,各方面积极因素得到广泛调动;公平正义,就是社会各方面的利益关系得到妥善协调,人民内部矛盾和其他社会矛盾得到正确处理,社会公平和正义得到切实维护和实现;诚信友爱,就是全社会互帮互助、诚实守信,全体人民平等友爱、融洽相处;充满活力,就是能够使一切有利于社会进步的创造愿望得到尊重,创造活动得到支持,创造才能得到发挥,创造成果得到肯定;安定有序,就是社会组织机制健全,社会管理完善,社会秩序良好,人民群众安居乐业,社会保持安定团结;人与自然和谐相处,就是生产发展,生活富裕,生态良好。

第五,推进生态文明建设。建设生态文明,是关系人民福祉、关乎民族未来的长远大计。胡锦涛指出:"自然界是包括人类在内的一切生物的摇篮,是人类赖以生存和发展的基本条件。保护自然就是保护人类,建设自然就是造

---

① 胡锦涛:《胡锦涛文选》第2卷,人民出版社,2016,第625页。

福人类。"①科学发展观强调,建设生态文明,实质上就是要建设以资源环境承载力为基础、以自然规律为准则、以可持续发展为目标的资源节约型、环境友好型社会。

要加强生态文明宣传教育,增强全民节约意识、环保意识、生态意识,形成合理消费的社会风尚,营造爱护生态环境的良好风气,努力走向社会主义生态文明新时代。

第六,全面提高党的建设科学化水平。胡锦涛指出:"新形势下,党面临的执政考验、改革开放考验、市场经济考验、外部环境考验是长期的、复杂的、严峻的,精神懈怠危险、能力不足危险、脱离群众危险、消极腐败危险更加尖锐地摆在全党面前。"②提高党的执政能力、巩固党的执政地位,是我们党执政以后的一项根本任务,也是我们党将长期面对并必须始终解决好的一个历史性课题。要认真总结和运用党执政的成功经验,不断提高驾驭社会主义市场经济的能力、发展社会主义民主政治的能力、建设社会主义先进文化的能力、构建社会主义和谐社会的能力、推进社会主义生态文明建设的能力、应对国际局势和处理国际事务的能力。

总而言之,科学发展观着眼于丰富发展内涵、创新发展观念、开拓发展思路、破解发展难题,在发展道路、发展模式、发展战略、发展动力、发展目的和发展要求等方面提出了一系列新的思想观点,初步形成了马克思主义关于社会主义发展的系统理论,进一步丰富和深化了马克思主义对发展问题的认识。

二、平台情景式教学

在平台情景式教学这一环节,同学们参与舞台情景剧《邓小平三个未了的心愿》、主题讨论会"如何正确认识改革开放前后两个历史时期的性质及相互关系",在参与和讨论的过程中进一步认识邓小平的伟大历史贡献尤其是改革开放的决定性意义。

---

① 胡锦涛:《胡锦涛文选》第2卷,人民出版社,2016,第171页。
② 胡锦涛:《胡锦涛文选》第3卷,人民出版社,2016,第653页。

(一) 舞台情景剧:《邓小平三个未了的心愿》

邓小平是中国特色社会主义理论的开创者,是中国改革开放和现代化建设的总设计师,他改变了20世纪的中国,也影响了世界。"邓小平同志对党和人民的贡献,是历史性的,也是世界性的。正是由于有邓小平同志的卓越领导,正是由于有邓小平同志大力倡导和全力推进的改革开放,中国特色社会主义才能欣欣向荣,中国人民才能过上小康生活,中华民族和中华人民共和国才能以新的姿态屹立于世界东方。"① 与此同时,邓小平还有一些未了心愿,如继续深化政治体制改革、实现共同富裕、加大海南开发、亲眼看到香港回归、中国足球崛起等。

1. 教学主题
舞台情景剧《邓小平三个未了的心愿》。

2. 实践目标
通过参与舞台情景剧,同学们从中感受邓小平对共产主义远大理想和中国特色社会主义信念无比坚定的崇高品格,从中学习邓小平对人民无比热爱的伟大情怀。

3. 教学方案
(1) 教学时间:课外时间。
(2) 教学地点:教学实践平台或多媒体教室。
(3) 教学环节/具体举措:
第一,引导同学们大致了解邓小平光辉的一生。
第二,重点引导同学们熟悉香港问题的来龙去脉、政治体制改革等问题。
第三,组织同学们利用周末时间进行表演,并在课堂上进行交流。

4. 参考资料
处于进行时的政治体制改革:1980年,邓小平在题为《党和国家领导制度的改革》的文章中讲道:"斯大林严重破坏社会主义法制,毛泽东同志就说过,这样的事件在英、法、美这样的西方国家不可能发生。他虽然认识到这一点,但是由于没有在实际上解决领导制度问题以及其他一些原因,仍然导致

---

① 习近平:《论中国共产党历史》,中央文献出版社,2021,第77页。

了'文化大革命'的十年浩劫。这个教训是极其深刻的。"①1986年中国的改革重点由农村开始转向城市。邓小平讲:"城市改革是全面改革,不仅涉及经济领域,也涉及文化、科技、教育领域,更重要的是还涉及政治体制改革。"对于改革的长期性和艰巨性,邓小平无疑有充分的认识。他在一次讲话中谈到,进行政治体制改革是一项长期的任务,为了完成这一任务,我们这一代要搞,年轻一点的同志要搞,我们的娃娃将来也要搞。1997年2月邓小平逝世,政治体制改革的未竟事业成了他一大遗愿。

从"先富"到"共富":基于平均主义和计划经济的弊端,邓小平主张允许一部分地区、一部分企业、一部分工人农民由于辛勤努力而收入先多一些,生活先好起来。但是与此同时,邓小平强调:"中国发展到一定的程度后,一定要研究分配问题","如果仅仅是少数人富有,那就会落到资本主义去了"。实际上,邓小平对于如何解决两极分化,曾有过初步的设想。例如他在1992年的南方谈话中说:"解决的办法之一,就是先富起来的地区多交点利税,支持贫困地区的发展。"

"到香港自己的土地上走一走,看一看":1982年1月邓小平同志首次提出"一国两制"的概念。"一国两制"最初是为了解决台湾问题,但是最先在香港问题上得到落实。"一国两制"是中国特色社会主义的伟大创举,是香港、澳门回归后保持长期繁荣稳定的最佳制度安排。邓小平曾讲道:"我自己是争取活到1997年……我活到1997年,就是要在中国收回香港之后,到香港自己的土地上走一走,看一看。"没有到回归后的香港去走一走、看一看,无疑是邓小平的遗憾。

(二)主题讨论会:如何正确认识改革开放前后两个历史时期的性质及相互关系

一段时间以来,学术界以及境内外多家媒体,围绕对中国改革开放前后两个历史时期的评价,争论不已。通过集体讨论如何正确认识改革开放前后两个历史时期的性质及相互关系,同学们能够运用历史分析方法正确认识我们党在改革开放前后两个时期的历史。

---

① 邓小平:《邓小平文选》第2卷,人民出版社,1994,第333页。

1. 教学主题

如何正确认识改革开放前后两个历史时期的性质及相互关系。

2. 教学目的

运用历史分析方法正确认识社会主义革命和建设时期的得失,正确评价改革开放新时期的历史性成就,正确看待这前后两个不同时期的辩证关系。

3. 教学方案

(1) 教学时间:周末或节假日。

(2) 教学地点:教室或者思政课教学平台。

(3) 教学环节:

首先,帮助同学们了解这一问题的主要内容。

其次,引导同学们分析这一问题产生的原因。

最后,运用历史分析方法进行辨析。

4. 教师总结

我们党领导人民进行社会主义建设,有改革开放前和改革开放后两个历史时期。这是两个相互联系又有重大区别的时期,但实质上都是我们党领导人民进行社会主义建设的实践探索。中国特色社会主义是在改革开放历史新时期开创的,但也是在新中国已经建立起社会主义基本制度并进行了20多年建设的基础上开创的。如果没有1978年我们党果断决定实行改革开放,并坚定不移推进改革开放,坚定不移把握改革开放的正确方向,社会主义中国就不可能有今天这样的大好局面,就可能面临严重危机,就可能遇到像苏联、东欧国家那样的亡党亡国危机。同时,如果没有1949年建立新中国并进行社会主义革命和建设,积累了重要的思想、物质、制度条件,积累了正反两方面经验,改革开放也很难顺利推进。

我们党在前一个历史时期所犯的错误特别是"文革"的重大错误,给党和人民造成了重大损失,也给新中国的历史发展造成严重挫折。对此,正如习近平总书记指出的:"要坚持用唯物史观来认识历史,坚持实事求是的思想路线,分清主流和支流,坚持真理,修正错误,发扬经验,吸取教训。"极少数人将改革开放的前后两个时期割裂开来、对立起来,是一种历史虚无主义的表现,其根本政治目的在于达到其否定中国共产党的领导、否定社会主义制度的目的。我们回顾人类社会主义发展史,就会思考一个重要问题:苏联为什么解体?苏共为什么垮台?一个重要原因就是意识形态领域的斗争十分激烈,全面否定苏联历史、苏共历史,否定列宁,否定斯大林,搞历史虚无主义。因此,对于上述历史虚无主义的言论观点,我们当代青年学生一定要敢于亮剑、敢于斗争。

三、基地体验式教学

河南师范大学背靠太行山、横跨卫河水,学校的新乡先进群体教育基地是中组部确定的全国党员教育培训示范基地,同时也是河南省委组织部确认的"三学院三基地"之一。与此同时,学校的马克思主义学院还与红旗渠干部学院、愚公移山干部学院、焦裕禄干部学院等建立了良好的合作培养关系,为基地体验式教学提供了便捷。

(一) 参观红旗渠红色教育基地

"三个代表"重要思想的内涵之一,就是中国共产党始终代表先进文化的前进方向。红旗渠精神是中国特色社会主义先进文化的重要代表,是中国共产党精神谱系的重要组成部分。通过实地参观红旗渠红色教育基地,同学们能够对我们党的性质和宗旨有更为直观的感受。

1. 教学主题

参观红旗渠红色教育基地。

2. 实践目标

在实地参观中深切体会我们党是如何始终代表中国先进文化的前进方向的。

3. 教学方案

(1) 教学时间:周末。

(2) 教学地点:林州市红旗渠纪念馆和青年洞。

(3) 教学方案:

首先,引领同学们了解红旗渠修建的原因、经过。

其次,在实地参观过程中,带领同学们详细了解红旗渠发挥的巨大功效。

最后,返程途中引导同学们进行交流互动。

4. 教师总结

习近平总书记讲道:"红旗渠精神是我们党的性质和宗旨的集中体现,历久弥新,永远不会过时。"中华民族的伟大复兴绝不是轻轻松松敲锣打鼓就能够实现的,实现伟大梦想必须进行伟大斗争。同时,我们不仅要敢于斗争,还要善于斗争。在迈向美好生活的征途上,我们要充分发扬红旗渠精神所蕴含的斗争精神,展现"敢教日月换新天"的拼搏精神,进一步巩固脱贫攻坚成果、助力乡村振兴。国无精神不强,人无精神不立。实现伟大梦想不仅是物质的较量,同时也是精神的角逐。作为中国共产党精神谱系的重要组成部分,红旗渠精神生生不息、历久弥新,在实现百年奋斗目标的征途上必将继续发挥凝聚人心、汇聚力量的时代价值。

(二) 参观新乡先进群体教育基地——河南省辉县市张村乡裴寨村

过去的裴寨村土壤贫瘠、干旱缺水,自然条件和经济状况非常落后。但是从2005年开始,在党的坚强带领下,经过数年如一日的艰苦奋斗,如今的裴寨村被确立为河南省第二批社会主义核心价值观建设示范点,被中组部确定为新乡先进群体教育培训示范基地现场教学点之一。通过实地参观太行山脚下的裴寨村,我们能够对中国共产党始终代表中国先进生产力的发展要求、始终代表中国先进文化的前进方向、始终代表中国最广大人民的根本利益有更加深刻的认识。

1. 教学主题

实地参观辉县市张村乡裴寨村。

2. 教学目标

通过实地参观裴寨村,同学们能够深刻感受在党的领导下我们国家的巨大发展尤其是新时代农村的"山乡巨变"。

3. 教学方案

首先,引导同学们了解裴寨村的发展变迁。

其次,邀请裴寨村党支部书记裴春亮为同学们作报告。

最后,返程路上引导同学们进行心得交流。

4. 教师总结

"蒲柳之姿,望秋而落;松柏之质,经霜弥茂。"裴春亮骨子里有一种不服输的奋斗精神,即使遭遇一时的困难和挫折,他也会将其化为前进的动力。正是在这种与困难的搏击中淬炼了他的品质和能力,他也日益发挥出自己的能动性和创造性。

习近平总书记要求我们要重视家庭教育,要扣好人生的第一粒扣子。裴春亮极有可能在青少年时期就听说过裴氏家族的光辉历史,而这也是激励他奋发有为的历史因素之一。所以新时代培育和践行社会主义核心价值观、培育良好的家风对于孩子的健康成长是非常重要的。这是社会主义先进文化的重要内容之一。

裴春亮内心深处有一种浓郁的人民情结,这就使得他在自己"先富"之后能够毅然决然地带动乡亲们共同致富。这种胸怀和格局既是伟大建党精神的时代体现,也是新时代党员的初心使命的集中展现。

可以说,正是在以裴春亮为代表的新时代共产党员践行初心、担当使命、对党忠诚、不负人民的强大信念的引领之下,裴寨人民充分发挥自己的能动性和创造性,一次次描绘了新时代豫北大地上的感人画卷。这是我们党的性质和宗旨的集中体现。

四、网络延展式教学

引导同学们通过网络等多种方式观看"伟大的变革——庆祝改革开放40周年大型展览"、九江抗洪网上体验馆、纪录片《科学发展铸辉煌》,让同学们从重大的历史事件中感受改革开放新时期我们党带领人民取得的成就,在此过程中加深对邓小平理论、"三个代表"重要思想以及科学发展观的认知。

(一) 网络红色板块:伟大的变革——庆祝改革开放40周年大型展览

"伟大的变革——庆祝改革开放40周年大型展览"由中共中央宣传部、中央改革办、中央党史和文献研究院、国家发展和改革委员会、商务部、中央军委政治工作部、新华社和北京市联合主办,以"坚持和发展中国特色社会主义"为主题,紧扣"改革开放40年光辉历程"的主线,设置6个主题展区,展出各类要素超过10000项。展览专门建设了数字化网上展馆,全要素呈现展览内容,全景式还原现场体验,全方位集纳新闻宣传报道,不能到现场参观的观众也能够通过网络全景观看这次展览。

1. 教学主题

通过网络参观"伟大的变革——庆祝改革开放40周年大型展览"。

2. 教学目的

通过观看这次展览,同学们能够通过有形的、可触的变化进一步认识到改革开放是决定当代中国前途命运的关键一招,中国特色社会主义道路是指引中国发展繁荣的正确道路。

3. 教学方案

首先,通过改革开放前后的鲜明对比,引导同学们进一步认识为什么说"改革开放是中华民族的一次伟大觉醒"。

其次,引导同学们回顾从小学到大学期间自己家乡的变化,通过这个侧面来感受改革开放以来的历史成就。

最后,安排同学们通过网络观看改革开放成就展,并在课堂上进行发言交流。

4. 师生交流

同学甲:"震撼"是我观看"伟大的变革——庆祝改革开放40周年大型展览"的最直观感受。改革开放的成就是巨大的、全方位的。全球第二大经济体、第一制造大国、第一大货物贸易国、第一大外汇储备国……这些成就表明,改革开放40余年,中国不仅书写了自身的发展奇迹,也重构了世界经济版图。与此同时,同西方社会的"西方之乱"形成鲜明对比,我们在经济快速发展的同时实现了"中国之治"。可以说,在党的正确理论指引下,我们实现了经济快速发展与社会长期稳定的"两大奇迹"。

同学乙:在网络展厅内,我看到了党中央在重大历史关头的关键抉择,经济社会发展的历史跨越,人民生活翻天覆地的巨大变化,迈向世界引领未来的大国气象……一张张历史图片、一件件文献实物、一个个沙盘模型,多角度、全景式铺展开一幅改革开放40年波澜壮阔的历史画卷。从中我感受到的是党的性质和宗旨、党的初心和使命,感受到了当代青年大学生的使命与责任!

教师:1978年12月18日,在中华民族历史上,在中国共产党历史上,在中华人民共和国历史上,都必将是载入史册的重要日子。这一天,我们党召开十一届三中全会,开启了改革开放和社会主义现代化的伟大征程。党的十一届三中全会是在党和国家面临何去何从的重大历史关头召开的。"文化大革命"10 年内乱导致我国经济濒临崩溃,人民温饱都成问题,国家建设百业待兴。邓小平同志指出:"如果现在再不实行改革,我们的现代化事业和社会主义事业就会被葬送。"党的十一届三中全会冲破长期"左"的错误的严重束缚,批评"两个凡是"的错误方针,高度评价关于真理标准问题的讨论,果断结束"以阶级斗争为纲",从此,我国改革开放拉开了大幕。改革开放是党和人民大踏步赶上时代的重要法宝,是坚持和发展中国特色社会主义的必由之路,是决定当代中国命运的关键一招。当今世界单边主义、保护主义抬头,经济全球化遭遇逆流。但是,"把困扰世界的问题简单归咎于经济全球化,既不符合事实,也无助于问题解决"①,中国开放的大门只会越来越大。

(二) 虚拟仿真体验:九江抗洪网上体验馆

"泥巴裹满裤腿,汗水湿透衣背,我不知道你是谁,我却知道你为了谁……"这首家喻户晓的歌曲《为了谁》,赞颂的正是在 1998 年特大洪水中奋不顾身的人民子弟兵。1998 年长江发生了自 1954 年以来的又一次全流域性大洪水。全国共有 29 个省(区、市)遭受了不同程度的洪涝灾害,受灾面积 3.18 亿亩,成灾面积 1.96 亿亩,受灾人口 2.23 亿人。在这场抗洪抢险斗争中形成的"万众一心、众志成城,不怕困难、顽强拼搏,坚韧不拔、敢于胜利"的伟大抗洪精神,成为中国人民弥足珍贵的精神财富。通过虚拟仿真技术,同学们可以身临其境地体验 1998 年九江抗洪的场景和经过。在这些令人心潮澎湃的历史场景中,同学们能够进一步感受到"三个代表"重要思想的深刻内涵。

1. 教学主题

通过虚拟仿真技术参观九江抗洪纪念馆。

2. 教学目标

让同学们进一步认识伟大抗洪精神的深刻内涵,深刻理解中国共产党是始终代表中国最广大人民根本利益的政党;只要一切为了群众,一切相信群众,一切依靠群众,我们党就能获得取之不尽的力量。

---

① 习近平:《习近平主席在出席世界经济论坛 2017 年年会和访问联合国日内瓦总部时的演讲》,人民出版社,2017,第 3 页。

3. 教学方案

首先,带领同学们了解1998年特大洪水的情况,尤其是九江段的灾情。

其次,通过虚拟仿真技术网上参观九江抗洪纪念馆。

最后,互动交流观看心得。

4. 九江抗洪纪念馆的基本情况

九江抗洪纪念馆位于江西省九江市九江抗洪纪念碑广场。纪念馆内以影像资料、图文记载、历史文物、模拟情景等形式再现九江人民的抗洪斗争史,尤其是1998年军民史诗般的抗洪斗争。纪念馆共分为四个单元:第一单元,九江·一座枕水而居的城市。讲述枕水而居的九江城。第二单元,长缨在手降洪魔。讲述九江从古至今历代发生大水的情况及救治情况。第三单元,世纪大水·1998。讲述1998年九江城大水灾从降雨、洪峰来临、决口、抢险、欢送人民子弟兵等情况。第四单元,长江大保护。讲述九江人民保护大长江、呵护母亲河的故事。

(三)观看纪录片《科学发展铸辉煌》

大型文献纪录片《科学发展铸辉煌》全面回顾、生动展示了党的十六大至党的十八大10年间我国取得的辉煌成就。

1. 教学主题

网络观看《科学发展铸辉煌》。

2. 教学目标

引导同学们进一步感受在科学发展观指引下我们党取得的历史性成就。

3. 教学方案

(1)教学时间:周末。

(2)教学地点:教室或实践教学平台。

(3)教学环节/具体举措:

首先,帮助同学们了解在提出科学发展观这一理念之前,我们党在发展过程中面临的一些突出问题。

其次,组织同学们集体观看纪录片。

最后,引导同学们互动交流观看心得。

4. 剧情简介

第一集　科学理论指导

2012年7月23日,省部级主要领导干部专题研讨班开班式在北京举行,中共中央总书记胡锦涛发表重要讲话,科学分析了当前我国面临的新形势新任务,深刻阐述了事关党和国家全局的若干重大问题,深刻回答了党和国家未来发展的一系列理论和实践问题。

第二集 又好又快发展

从河北唐山市向南行驶80公里,就是被誉为"渤海明珠"的曹妃甸新区,10年前,这里还只是一个16平方公里荒无人烟的小岛,今天的曹妃甸,已经成为210平方公里的新兴工业化基地,首钢、中石化、中海油等大型企业都在这片热土上辛勤耕耘,一座现代滨海生态城正在拔地而起,科学发展示范区,正在从目标变成现实。10年变化不寻常,正是在科学发展观的引领下,我们党牢牢把握发展这个党执政兴国的第一要务,坚持聚精会神搞建设,一心一意谋发展,以经济社会的又好又快发展,彰显着我国的经济实力和强大活力,为全面建成小康社会奠定了坚实的基础。

第三集 扩大人民民主

2011年11月8日,北京市区和乡镇人大代表换届选举投票日,作为北京市西城区的一名普通选民,胡锦涛当天上午来到中南海怀仁堂投票站郑重投下了自己的一票。这次全国范围的地方人大代表换届选举,从2011年上半年启动一直持续到2012年年底,产生县乡两级人大代表200多万人,参加县级人大代表选举的选民达9亿多人,堪称世界上最大规模的民主选举。这次选举,可谓亮点频频,首次实行城乡按相同人口比例选举人大代表,积极组织代表候选人与选民见面,保证2亿流动人口的选举权和被选举权……点点滴滴的民主细节,生动记录着社会主义民主政治不断前进的脚步,稳步推进的民主实践凸显着党对人民民主的不懈追求。

第四集 促进文化繁荣

2010年国庆之夜,上海世博园火树银花,流光溢彩,中国国家馆日文艺晚会在世博中心大会堂隆重上演,色彩斑斓的世界风情歌舞,赏心悦目的中国民族舞蹈,这是中国东方演艺集团为人们献上的一道丰盛艺术大餐。2009年中国东方演艺集团成立,在中央直属文艺院团中,率先转企改制,一年后,经营收入同比增长100%,实现了社会效益、经济效益双丰收,自身实力、产业规模两增长,"试验田"已变成"百花园",以中国东方演艺集团为代表的一批国有文艺院团改制后,展现出的强劲发展势头,生动反映了党的十六大以来,我国文化建设以改革促发展、促繁荣的崭新局面。

第五集　坚持民生为重

在中华民族传统文化中,"和"意味万事万物相互依存、共同发展的最佳状态,"和谐"一词饱含着人们对美好生活的无尽期望,建设幸福家园,实现社会和谐,始终是人类孜孜以求的伟大理想,也是中国共产党人的使命与追求。社会建设与人民幸福安康息息相关,增进民生福祉,促进社会和谐是我们党不懈奋斗的目标。

第六集　强军合作共赢

中国人民从遭受战乱和分裂的惨痛历史中,深感和平之珍贵、发展之迫切,无比珍视和平与统一,始终坚定地维护国家主权、安全、领土完整,坚定地维护世界和平。面对纷繁复杂的国内外形势,紧紧抓住重要战略机遇期,继续推进现代化建设,完成祖国统一、维护世界和平、促进共同发展三大历史任务,建设富强民主文明和谐的社会主义现代化国家,是当代中国共产党人的光荣使命。

第七集　推进伟大工程

2002年12月5日,党的十六大刚刚闭幕,胡锦涛就率领新当选的中央书记处成员冒雪来到了革命圣地西柏坡,在这里,他发表了重要讲话,要求全党牢记"两个务必",牢记全心全意为人民服务的宗旨,大力发扬艰苦奋斗的作风,做到权为民所用,情为民所系,利为民所谋,在不断开创中国特色社会主义事业新局面的考试中经受住考验,努力交出优异的答卷。

5. 师生交流

同学甲:通过这几次的学习,我对科学发展观中的以人为本的理念有了进一步的认识。为了人民,发展才有明确的目标和正确的方向;依靠人民,发展才有不竭的动力;成果由人民共享,发展才能造福于社会。离开以人为本,发展就会走偏方向,就会失去动力,就不是科学发展。所以,坚持以人为本,才能实现科学发展。

同学乙:看了纪录片《科学发展铸辉煌》,我印象最深的就是以人为本的执政理念。以人为本意味着人的生命至高无上,要把人的生命视为高于一切的本中之本。我国对汶川大地震的救助是一首生命至高无上的凯歌,也是成功救援的奇迹和范例。不仅千方百计使用了一切可以使用的救助手段,表现了对遇险者的生命的重视和尊重,而且把这种精神惠及每一个遇险者,只要有生命的体征,不管是谁,一定要拯救出来,这就是以人的生命为本的生动写照。

同学丙:以人为本体现在把人的生活视为根本,这是以生命为本的现实化和具体化。人的生命的价值表现为现实的生活过程,珍爱生命就表现在重视人的生活质量,关注生活的幸福指数。通过我们党这几年对科学发展观的践行,我们发现,提高人民生活水平不是一句空话,全方位地体现在了我们党具体的指标和措施上,其中包括改善老百姓的衣食住行、工资水平、生活环境、空气质量,等等。

教师:实现社会的现代化,必须以解放和发展生产力为先决条件。这里的关键,是以什么方式发展生产力。在这个问题上,社会主义和资本主义之间存在着根本区别。这个区别对于中国这样一个人口众多的国家来说,绝不是无足轻重的问题,两条道路的对立实质上就是发展观上的对立。科学发展观是中国共产党人正确分析世界形势和中国国情的产物,"体现了中国共产党人的宗旨和中国的社会主义性质,体现了中国共产党人对世界、对历史认真负责的态度,也体现了发展中国家的人民对自身发展权的伸张和维护"①。

科学发展观同邓小平理论、"三个代表"重要思想,面对着共同的时代课题,面临着共同的历史任务,都贯穿了中国特色社会主义这个主题。正如习近平总书记指出的:"坚持和发展中国特色社会主义是一篇大文章,邓小平同志为它确定了基本思路和基本原则,以江泽民同志为核心的党的第三代中央领导集体、以胡锦涛同志为总书记的党中央在这篇大文章上都写下了精彩的篇章。"②所以,2007年党的十七大提出了"中国特色社会主义理论体系"的科学概念,把科学发展观与邓小平理论、"三个代表"重要思想一道作为中国特色社会主义理论体系的重要组成部分,并将科学发展观写入党章。

同时我们要看到,理论的生命力在于创新。马克思主义深刻改变了中国,中国也极大丰富了马克思主义。我们党的历史,就是一部不断推进马克思主义中国化的历史,就是一部不断推进理论创新、进行理论创造的历史。中国共产党为什么能,中国特色社会主义为什么好,归根到底是马克思主义行,是中国化时代化的马克思主义行。进入新时代和新发展阶段,我们要继

---

① 刘奔:《科学发展观是马克思主义真理观价值观历史观的高度统一》,《求是》2006年第11期。

② 习近平:《关于坚持和发展中国特色社会主义的几个问题》,《求是》2019年第7期。

续坚持用马克思主义之"矢"去射新时代中国之"的",继续推进马克思主义基本原理同中国具体实际相结合、同中华优秀传统文化相结合,续写马克思主义中国化时代化新篇章。

专题四　中国特色社会主义的总任务

回顾党的百年历史我们发现:(1)新民主主义革命时期,党面临的主要任务是,反对帝国主义、封建主义、官僚资本主义,争取民族独立、人民解放,为实现民族复兴创造根本社会条件;(2)社会主义革命和建设时期,党面临的主要任务是,实现从新民主主义到社会主义的转变,进行社会主义革命,推进社会主义建设,为实现中华民族伟大复兴奠定根本政治前提和制度基础;(3)改革开放和社会主义现代化建设新时期,党面临的主要任务是,继续探索中国建设社会主义的正确道路,解放和发展社会生产力,使人民摆脱贫困、尽快富裕起来,为实现中华民族伟大复兴提供充满新的活力的体制保证和快速发展的物质条件;(4)中国特色社会主义进入新时代,以习近平同志为核心的党中央准确把握时代特征和我国发展新的历史方位,明确坚持和发展中国特色社会主义的总任务是实现社会主义现代化和中华民族伟大复兴,为我们在新时代坚持和发展中国特色社会主义指明了方向。

正是在此基础上,党的十九届六中全会通过的《中共中央关于党的百年奋斗重大成就和历史经验的决议》用"十个明确"对习近平新时代中国特色社会主义思想的核心内容进一步作出系统概括,指出:"明确坚持和发展中国特色社会主义,总任务是实现社会主义现代化和中华民族伟大复兴,在全面建成小康社会的基础上,分两步走在本世纪中叶建成富强民主文明和谐美丽的社会主义现代化强国,以中国式现代化推进中华民族伟大复兴。"这一重要论述,阐明了坚持和发展中国特色社会主义的总任务,阐明了建设社会主义现代化强国的战略安排,阐明了要以中国式现代化推进中华民族伟大复兴,具有重要指导意义:(1)明确总任务,是在新的时代条件下完成好我们党肩负的历史使命的需要,这是因为中华民族伟大复兴展现出前所未有的光明前景,但前进路上还会面临各种可以预料和难以预料的风险挑战;(2)明确总任务,有利于坚定中国特色社会主义道路自信、理论自信、制度自信、文化自信,不为任何风险所惧,不为任何干扰所惑;(3)明确总任务,指明了新时代全体人民的奋斗方向,有利于凝聚起亿万人民心往一处想、劲往一处使的磅礴力量,朝着全面建成社会主义现代化强国的第二个百年奋斗目标不断前进。

一、课堂叙事式教学

实现中华民族伟大复兴,是中国共产党人对近代以来中华儿女共同夙愿的深刻总结和自觉担当。1840 年鸦片战争以后,中国逐步成为半殖民地半封建社会,国家蒙辱、人民蒙难、文明蒙尘,中华民族遭受了前所未有的劫难。从那时起,实现中华民族伟大复兴,就成为中国人民和中华民族最伟大的梦想。正如习近平总书记在庆祝中国共产党成立 100 周年大会上的讲话中所说:"中国共产党一经诞生,就把为中国人民谋幸福、为中华民族谋复兴确立为自己的初心使命。一百年来,中国共产党团结带领中国人民进行的一切奋斗、一切牺牲、一切创造,归结起来就是一个主题:实现中华民族伟大复兴。"①中国共产党的百年奋斗历史,就是为实现现代化和民族复兴而不懈奋斗的历史。

(一)中国梦的科学内涵与实现路径

中国梦是中华民族伟大复兴的形象表达。2012 年 11 月 29 日,习近平在参观《复兴之路》展览时提到中国梦,并引用三句诗诠释了近代以来中国人民寻梦、追梦、圆梦的历史进程。中华民族的昨天——"雄关漫道真如铁":鸦片战争以后,中华民族遭受的苦难之重、付出的牺牲之大,在世界历史上都是罕见的。但是在党的正确领导下,我们建立了新中国,确立了社会主义制度。中华民族的今天——"人间正道是沧桑":改革开放以来,我们总结经验、艰辛探索,取得了伟大成就。我们实现了从温饱不足到全面小康的跨越,

---

① 习近平:《在庆祝中国共产党成立 100 周年大会上的讲话》,人民出版社,2021,第 3 页。

国际地位和国际影响力空前提升。中华民族的明天——"长风破浪会有时"：进入新时代，我们迎来伟大复兴的光明前景。现在，我们比历史上任何时期都更接近中华民族伟大复兴的目标，比历史上任何时期都更有信心、有能力实现这个目标。中国梦，反映了近代以来中国人的美好夙愿，反映了既创造过辉煌又历经过苦难的中华民族对复兴的深刻理解和殷切渴望，成为激励中华儿女团结奋进、开辟未来的一面精神旗帜。这是因为：只有创造过辉煌的民族，才懂得复兴的意义；只有经历过苦难的民族，才对复兴有如此深切的渴望。中国梦，是我们党对全体人民的庄严承诺，是党和国家面向未来的政治宣言，充分体现了中国共产党高度的历史担当和使命追求。

1. 教学主题

中国梦的科学内涵与实现路径。

2. 教学目标

深刻把握我们党提出中国梦的具体内容和实现路径。

3. 教学内容

（1）中国梦的科学内涵

中国梦内涵丰富、意蕴深远。习近平指出："中国梦的本质是国家富强、民族振兴、人民幸福。"国家富强，是指我国综合国力进一步增强，中国特色社会主义事业进一步发展和完善，经济更加发达，政治更加民主，文化更加繁荣，社会更加和谐，生态更加美好。民族振兴，就是通过自身的不断发展与强大，继承并创造中华民族的优秀文化以及先进的文明成果，进而使中华民族再次处于世界领先的地位，再次以高昂的姿态屹立于世界民族之林。人民幸福，就是人民权利保障更加充分，人人得享共同发展，人人共同享有人生出彩的机会。

一方面，国家富强、民族振兴是人民幸福的基础和保障，中国近代以来的屈辱历史已经证明，民族不独立、国家不富强，人民的生存根本得不到保证，更谈不上人民幸福；另一方面，人民幸福是国家富强、民族振兴的题中之义和必然要求。国家的富强、民族的振兴都要以人民的权利得到保障、利益得到实现、幸福得到满足为条件，人民幸福是国家富强、民族振兴的根本出发点和落脚点。"国家富强，民族复兴，人民幸福，不是抽象的，最终要体现在千千万万个家庭都幸福美满上,体现在亿万人民生活不断改善上。"①"宏大叙事"的国家梦,也是"具体而微"的个人梦。由此可见,中国梦是国家富强、民族振兴和人民幸福的内在统一。这也就告诉我们,"得其大者可以兼其小"。只有把人生理想融入国家和民族的事业中,才能最终成就一番事业;只要每个人都把人生理想融入国家和民族的伟大梦想之中,把小我融入大我,敢于有梦、勇于追梦、勤于圆梦,就会汇聚起实现中国梦的强大力量。"没有广大人民特别是一代代青年前赴后继、艰苦卓绝的接续奋斗,就没有中国特色社会主义新时代的今天,更不会有实现中华民族伟大复兴的明天。"②

(2)中国梦的实现路径

习近平总书记指出:"实现中国梦必须走中国道路、弘扬中国精神、凝聚中国力量。"这为实现中华民族伟大复兴的中国梦指明了奋斗方向、提供了遵循。

首先,必须走中国道路,这就是中国特色社会主义道路。旗帜决定方向,道路决定命运。党要在新的历史方位上实现新时代党的历史使命,最根本的就是要高举中国特色社会主义伟大旗帜。"改革必须坚持正确方向,既不走封闭僵化的老路、也不走改旗易帜的邪路。"③无论是封闭僵化的老路,还是改旗易帜的邪路,都是绝路、死路。只有中国特色社会主义道路才是复兴之路、人间正道,才能发展中国、稳定中国。

"走自己的路,是党的全部理论和实践立足点,更是党百年奋斗得出的历史结论。中国特色社会主义是党和人民历经千辛万苦、付出巨大代价取得的根本成就,是实现中华民族伟大复兴的正确道路。"④中国特色社会主义道路符合中国实际、反映中国人民意愿、适应时代发展要求。我们要增强对中国特色社会主义的道路自信、理论自信、制度自信、文化自信,坚信中国特色社会主义道路是实现社会主义现代化、创造人民美好生活、实现中华民族伟大复兴的必由之路。当然,我们在"走自己的路"的同时,要积极学习借鉴人类文明的一切有益成果,欢迎一切有益的建议和善意的批评,但我们绝不接受

---

① 习近平:《在会见第一届全国文明家庭代表时的讲话》,人民出版社,2016,第3页。
② 习近平:《在纪念五四运动100周年大会上的讲话》,人民出版社,2019,第9页。
③ 习近平:《习近平谈治国理政》第2卷,外文出版社,2017,第39页。
④ 习近平:《在庆祝中国共产党成立100周年大会上的讲话》,人民出版社,2021,第13页。

"教师爷"般颐指气使的说教!中国人民必须把中国发展进步的命运牢牢掌握在自己手中!

其次,必须弘扬中国精神,这就是以爱国主义为核心的民族精神和以改革创新为核心的时代精神。中华文明生生不息,中国精神薪火相传。以爱国主义为核心的民族精神和以改革创新为核心的时代精神,是凝心聚力的兴国之魂、强国之魂。"人无精神则不立,国无精神则不强。精神是一个民族赖以长久生存的灵魂,唯有精神上达到一定的高度,这个民族才能在历史的洪流中屹立不倒、奋勇向前。"①伟大的事业需要催生伟大的精神,伟大的精神支撑推动伟大的事业。一个国家、一个民族要自立于世界民族之林,不仅要有强大的物质基础,更要有强大的精神力量。要大力弘扬伟大爱国主义精神,大力弘扬以改革创新为核心的时代精神,为实现中华民族伟大复兴的中国梦提供共同精神支柱和强大精神动力。

一方面,爱国,是人世间最深层、最持久的情感,是一个人立德之源、立功之本。爱国主义是我们民族精神的核心,是中华民族团结奋斗、自强不息的精神纽带。爱国主义是激励中国人民维护民族独立和民族尊严、在历史洪流中奋勇向前的强大精神动力,是驱动中华民族这艘航船乘风破浪、奋勇前行的强劲引擎。另一方面,发展是第一要务,人才是第一资源,创新是第一动力;惟改革者进,惟创新者强,惟改革创新者胜;抓创新就是抓发展,谋创新就是谋未来;创新决胜未来,改革关乎国运。当今世界,科技创新已经成为提高综合国力的关键支撑,成为社会生产方式和生活方式变革进步的强大引领,谁牵住了科技创新这个牛鼻子,谁走好了科技创新这步先手棋,谁就能占领先机、赢得优势。这就要求我们必须不断深化改革开放,不断有所发现、有所创造、有所前进,不断推进理论创新、实践创新、制度创新。

总而言之,爱国主义始终是把中华民族坚强团结在一起的精神力量,改革创新始终是鞭策我们在改革开放中与时俱进的精神力量。以爱国主义为核心的伟大民族精神、以改革创新为核心的时代精神,深深熔铸在我们的民族意识、民族品格、民族气质之中,熔铸在我们民族的生命力、凝聚力、创造力之中,是中华民族自强不息、发展壮大的强大精神支撑,是我们不断开辟新征程、开创新未来的不竭精神动力。实现民族复兴既需要强大的物质力量,也

---

① 习近平:《在纪念红军长征胜利80周年大会上的讲话》,人民出版社,2016,第9页。

需要强大的精神力量。正如一位学者所讲:"事实上,历史最持久最深沉的影响力在于价值追求、精神品格、道德理念。"①

最后,必须凝聚中国力量,这就是全国各族人民大团结的力量。人民是历史的创造者,人民是真正的英雄。正如毛泽东指出的:"人民,只有人民,才是创造世界历史的动力。"②这就告诉我们,实现民族复兴伟大中国梦必须凝聚中国力量,形成不可战胜的磅礴力量。团结奋斗是中国人民创造历史伟业的必由之路,这是我们克服各种困难、战胜风险挑战的决定性因素。习近平总书记在庆祝中国共产党成立100周年大会上的讲话指出:"新的征程上,我们必须坚持大团结大联合,坚持一致性和多样性相统一,加强思想政治引领,广泛凝聚共识,广聚天下英才,努力寻求最大公约数、画出最大同心圆,形成海内外全体中华儿女心往一处想、劲往一处使的生动局面,汇聚起实现民族复兴的磅礴力量!"③一百年来,党和人民取得的一切成就都是团结奋斗的结果,团结奋斗是中国共产党和中国人民显著的精神标识。

一方面,实干才能梦想成真;空谈误国,实干兴邦。人类的美好理想,都不会唾手可得,都离不开筚路蓝缕、手胼足胝的艰苦奋斗。一路走来,中国人民自力更生、艰苦奋斗,创造了举世瞩目的中国奇迹;新的征程上,我们要在全社会大力弘扬真抓实干、埋头苦干的良好风尚,出实策、鼓实劲、办实事,不图虚名。我们必须居安思危,艰苦奋斗,保持那么一股劲,那么一股革命热情,那么一种拼命精神,披荆斩棘、勇往直前。尤其是"在这个千帆竞发、百舸争流的时代,我们绝不能有半点骄傲自满、固步自封,也绝不能有丝毫犹豫不决、徘徊彷徨,必须统揽伟大斗争、伟大工程、伟大事业、伟大梦想,勇立潮头、奋勇搏击"④。

另一方面,实现中国梦需要和平,只有和平才能实现梦想。一个国家要发展繁荣,必须把握和顺应世界发展大势,反之必然会被历史抛弃。什么是当今世界的潮流?答案只有一个,那就是和平、发展、合作、共赢。"历史一

---

① 杨凤城:《以实现中华民族伟大复兴为主题,全面认识中国共产党百年奋斗史》,《中国人民大学学报》2021年第4期。
② 毛泽东:《毛泽东选集》第3卷,人民出版社,1991,第1031页。
③ 习近平:《在庆祝中国共产党成立100周年大会上的讲话》,人民出版社,2021,第18-19页。
④ 习近平:《论中国共产党历史》,中央文献出版社,2021,第237页。

再证明,没有和平就没有发展,没有稳定就没有繁荣。"①实现中华民族伟大复兴,不仅需要安定团结的国内环境,而且需要和平稳定的国际环境。正是基于这种深刻的认识,中国坚持走和平发展道路,坚持独立自主的和平外交政策,不是权宜之计,而是我们的战略选择和郑重承诺。

(二) 以中国式现代化推进中华民族伟大复兴

现代化是人类社会发展的趋势,但世界上不存在定于一尊的现代化模式,也不存在放之四海而皆准的现代化标准。习近平总书记指出,"历史条件的多样性,决定了各国选择发展道路的多样性"②;"我们坚持和发展中国特色社会主义,推动物质文明、政治文明、精神文明、社会文明、生态文明协调发展,创造了中国式现代化新道路,创造了人类文明新形态"③。党的十九届六中全会指出:"党领导人民成功走出中国式现代化道路,创造了人类文明新形态,拓展了发展中国家走向现代化的途径,给世界上那些既希望加快发展又希望保持自身独立性的国家和民族提供了全新选择。"由此可见,基于对共产党执政规律、社会主义建设规律、人类社会发展规律的深刻认识和对中国国情的科学把握,我们必须以中国式现代化推进中华民族伟大复兴,始终坚持我国现代化建设的正确方向,坚持一条具有中国特色、符合中国实际的现代化道路。

1. 教学主题

中国式现代化。

2. 教学目标

深刻把握中国式现代化五个方面的内涵。

3. 教学内容

我们的现代化是人口规模巨大的现代化。中国式现代化是十几亿人口的现代化。如此大规模的人口实现现代化,意味着比现在所有发达国家人口总和还要多的人民将进入现代化行列,这在世界历史上是前所未有的,必将

---

① 习近平:《论坚持推动构建人类命运共同体》,中央文献出版社,2018,第370页。

② 习近平:《在纪念毛泽东同志诞辰120周年座谈会上的讲话》,人民出版社,2013,第21页。

③ 习近平:《在庆祝中国共产党成立100周年大会上的讲话》,人民出版社,2021,第13-14页。

极大改写世界现代化的版图,对人类发展史产生重大而深远的影响。一是中国式现代化必将彻底改写世界经济发展史,因为中国式现代化将使世界上第一个人口规模巨大的经济体成功跨越"中等收入陷阱",进入高收入经济体行列;二是中国式现代化必将彻底改写现代化的世界版图,因为中国式现代化将使进入现代化社会的人口规模超过现有发达国家的人口总和,完成人类历史上人口规模最大的现代化壮举,使发达国家的人口规模实现翻番,这必将人类命运共同体建设推向新的高度;三是中国式现代化必将彻底改写世界经济的基本格局,因为中国式现代化使规模巨大的人口迈进现代化社会,使中国的发展将继续成为推动世界经济增长的第一动力,加速世界百年未有之大变局的历史演进。

我们的现代化是全体人民共同富裕的现代化。中国式现代化是社会主义现代化,必须体现社会主义的本质要求,促进全体人民共同富裕。马克思、恩格斯在《共产党宣言》中指出,共产党人"没有任何同整个无产阶级的利益不同的利益"。习近平总书记强调:"共同富裕是社会主义的本质要求,是中国式现代化的重要特征。"①实现共同富裕不仅是经济问题,而且是关系党的执政基础的重大政治问题,因为这关乎社会公平正义以及人心向背的问题。所以,"我们必须坚持发展为了人民、发展依靠人民、发展成果由人民共享,作出更有效的制度安排,使全体人民朝着共同富裕方向稳步前进,绝不能出现'富者累巨万,而贫者食糟糠'的现象"②。这就要求我们:一方面,要建立健全更加合理有效的分配制度,"坚持以人民为中心的发展思想,在高质量发展中促进共同富裕,正确处理效率和公平的关系,构建初次分配、再分配、三次分配协调配套的基础性制度安排,加大税收、社保、转移支付等调节力度并提高精准性"③;另一方面,要正确认识和把握资本的特性和行为规律,要为资本设置"红绿灯",各类资本都不能横冲直撞,要防止有些资本野蛮生长,遏制资本无序扩张。现阶段,我国存在国有资本、集体资本、民营资本、外国资本、混合资本等各种形态资本。我们要探索如何在社会主义市场经济条件下发挥资本的积极作用,同时有效控制资本的消极作用。

我们的现代化是物质文明和精神文明相协调的现代化。我们应该全面

---

① 习近平:《扎实推动共同富裕》,《求是》2021年第20期。
② 习近平:《习近平谈治国理政》第2卷,外文出版社,2017,第200页。
③ 习近平:《扎实推动共同富裕》,《求是》2021年第20期。

地认识共同富裕的内涵,它包括物质富足、精神富有两个层面。物质富足、精神富有是社会主义现代化的根本要求。"我们说的共同富裕是全体人民共同富裕,是人民群众物质生活和精神生活都富裕,不是少数人的富裕,也不是整齐划一的平均主义。"①物质贫困不是社会主义,精神贫乏也不是社会主义。我们不断厚植现代化的物质基础,不断夯实人民幸福生活的物质条件,同时大力发展社会主义先进文化,加强理想信念教育,传承中华文明,促进物的全面丰富和人的全面发展。要引导全体人民自觉践行社会主义核心价值观,传承和弘扬中华优秀传统文化,提高全社会精神文明程度,实现物质繁荣和精神富足相统一。

我们的现代化是人与自然和谐共生的现代化。西方国家几百年的现代化过程,是与对自然资源的大规模占用、对生态环境的严重破坏相伴随的。习近平总书记指出:"我们要建设的现代化是人与自然和谐共生的现代化,既要创造更多物质财富和精神财富以满足人民日益增长的美好生活需要,也要提供更多优质生态产品以满足人民日益增长的优美生态环境需要。"②我们坚持可持续发展,坚持节约优先、保护优先、自然恢复为主的方针,像保护眼睛一样保护自然和生态环境,坚定不移走生产发展、生活富裕、生态良好的文明发展道路,实现中华民族永续发展。

我们的现代化是走和平发展道路的现代化。国强必霸的逻辑不适用,穷兵黩武的道路走不通。"中国不认同'国强必霸论',中国人的血脉中没有称王称霸、穷兵黩武的基因。"③中国反对各种形式的霸权主义和强权政治,不干涉别国内政,永远不称霸,永远不搞扩张。我们过去没有,今后也不会侵略、欺负他人,不会称王称霸。中国始终是世界和平的建设者、全球发展的贡献者、国际秩序的维护者、公共产品的提供者。我们在政策上是这样规定的、制度上是这样设计的,在实践中更是一直这样做的。我国不走一些国家通过战争、殖民、掠夺等方式实现现代化的老路,我们坚定站在历史正确的一边、站在人类文明进步的一边,高举和平、发展、合作、共赢旗帜,在坚定维护世界和平与发展中谋求自身发展,又以自身发展更好维护世界和平与发展。

---

① 习近平:《扎实推动共同富裕》,《求是》2021年第20期。
② 习近平:《论把握新发展阶段、贯彻新发展理念、构建新发展格局》,中央文献出版社,2021,第204页。
③ 习近平:《论坚持推动构建人类命运共同体》,中央文献出版社,2018,第134页。

由此可见，中国式现代化有着自己的本质要求，这就是：坚持中国共产党领导，坚持中国特色社会主义，实现高质量发展，发展全过程人民民主，丰富人民精神世界，实现全体人民共同富裕，促进人与自然和谐共生，推动构建人类命运共同体，创造人类文明新形态。中国式现代化道路，从文明发展的内涵来说，是物质文明、政治文明、精神文明、社会文明、生态文明共同发展的总体性文明，超越了西方文明的片面性和单向度性；从文明发展的方式来说，开辟了世界走向现代化的多元化路径，打破了西方文明唯一性的神话；从世界格局来看，中国式现代化正在改变资本主义主导的旧的世界格局和政治经济秩序，形成以人类命运共同体为核心的更加合理的发展格局；从人类制度发展的走向上来看，中国式现代化正在改变当今两种制度的力量对比，推动当今世界呈现"东升西降"的新趋势，朝着有利于社会主义的方向发展，为人类走向更加先进的社会形态提供了智慧和方案。

（三）实现社会主义现代化强国"两步走"战略的具体安排

新中国成立后，为使我国尽快从落后的农业国变为先进的工业国，我们党在20世纪50年代就开始对我国现代化建设作出部署。1964年的《政府工作报告》提出分两步实现"四个现代化"的战略部署："第一步，建立一个独立的比较完整的工业体系和国民经济体系；第二步，全面实现农业、工业、国防和科学技术的现代化，使我国经济走在世界前列。"[1]改革开放后，基于对国情更加清醒的认识，我们党逐步形成了从解决温饱到实现小康再到基本实现现代化的"三步走"战略构想。随着温饱问题的解决和总体小康的实现，党的十五大提出了以2010年、建党一百年和新中国成立一百年为时间节点的"新三步走"发展战略，党的十八大提出了全面建成小康社会的战略安排。在党的十九大上，以习近平同志为核心的党中央对我国现代化建设作出了从2020年到本世纪中叶分两个阶段来安排的战略构想：从2020年到2035年，在全面建成小康社会的基础上，再奋斗15年，基本实现社会主义现代化；从2035年到本世纪中叶，在基本实现现代化的基础上，再奋斗15年，把我国建成富强民主文明和谐美丽的社会主义现代化强国。

---

[1] 中共中央文献编辑委员会编《周恩来选集》下卷，人民出版社，1984，第439页。

1. 教学主题

实现社会主义现代化强国"两步走"战略。

2. 教学目标

充分把握"两步走"战略的内涵和意义。

3. 教学内容

（1）从2020年到2035年，基本实现社会主义现代化的目标要求

改革开放40多年以来，我国经济持续较快发展，工业化城镇化快速推进，各项事业全面进步，国家面貌发生了前所未有的巨大变化。我们党原来提出的"三步走"战略的第三步即基本实现现代化，将提前15年，即在2035年实现。在这一阶段，我们的主要奋斗目标是：

在经济建设方面，我国经济实力、科技实力将大幅跃升，跻身创新型国家前列。我国经济将保持中高速增长、产业迈向中高端水平，经济发展实现由数量和规模扩张向质量和效益提升的根本转变。社会主义市场经济体制将更加完善，全面开放新格局加快构建，经济活力明显增强。在黄奇帆先生看来，从现在到2035年，将是十分关键的15年：到2025年，中国将跨过中等收入上限，进入世界高收入国家的行列；2030年左右中国GDP总量超越美国，成为全球第一大经济体；到2035年，中国进入中等发达国家行列，提前15年实现"三步走"战略目标。①

在政治建设方面，人民平等参与、平等发展权利得到充分保障，法治国家、法治政府、法治社会基本建成，各方面制度更加完善，国家治理体系和治理能力现代化基本实现。人民民主更加充分发展，人民代表大会和人民政协制度更加完善，民主选举、民主协商、民主决策、民主管理、民主监督得到有效落实，人权得到充分保障，人民积极性、主动性、创造性进一步发挥。依法治国得到全面落实，科学立法、严格执法、公正司法、全民守法的局面基本形成。

在文化建设方面，社会文明程度达到新的高度，国家文化软实力显著增强，中华文化影响更加广泛深入。重视社会公德、职业道德、家庭美德、个人品德的社会风尚基本养成，人民思想道德素质、科学文化素质、健康素质明显提高。公共文化服务体系、现代文化产业体系和市场体系基本建成，中外文

---

① 黄奇帆：《伟大复兴的关键阶段——学习〈中华人民共和国国民经济和社会发展第十四个五年规划和2035年远景目标纲要〉的认识和体会》，《人民论坛》2021年第15期。

化交流更加广泛,中华文化走出去达到新水平。

在民生和社会建设方面,人民生活更为宽裕,中等收入群体比例明显提高,城乡区域发展差距和居民生活水平差距显著缩小,基本公共服务均等化基本实现,全体人民共同富裕迈出坚实步伐。实现幼有所育、学有所教、劳有所得、病有所医、老有所养、住有所居、弱有所扶的美好愿景,实现更高质量和更充分就业。现代社会治理格局基本形成,社会充满活力又和谐有序。公平正义充分彰显,人民获得感、幸福感、安全感更加充实、更有保障、更可持续。

在生态文明建设方面,生态环境根本好转,美丽中国目标基本实现。清洁低碳、安全高效的能源体系和绿色低碳循环发展的经济体系基本建立,生态文明制度更加健全。大气、水、土壤等环境状况明显改观,生态安全屏障体系基本建立,生产空间安全高效、生活空间舒适宜居、生态空间山青水碧的国土开发格局形成,自然生态系统质量和稳定性明显改善。我国在应对全球气候变化和促进绿色发展中发挥重要作用。

(2)从2035年到本世纪中叶,建成社会主义现代化强国的目标要求

在这一阶段,我们将在基本实现现代化的基础上全面提升我国社会主义物质文明、政治文明、精神文明、社会文明、生态文明,建成富强民主文明和谐美丽的社会主义现代化强国。

这一阶段的目标要求:一是我国将拥有高度的物质文明,社会生产力水平大幅提高,核心竞争力名列世界前茅,经济总量和市场规模超越其他国家,建成富强的社会主义现代化强国;二是我国将拥有高度的政治文明,"我们实行的民主集中制,是又有集中又有民主、又有纪律又有自由、又有统一意志又有个人心情舒畅生动活泼的制度"①,依法治国和以德治国有机结合,建成民主的社会主义现代化强国;三是我国将拥有高度的精神文明,践行社会主义核心价值观成为全社会自觉行动,国民素质显著提高,中国精神、中国价值、中国力量成为中国发展的重要影响力和推动力;四是我国将拥有高度的社会文明,城乡居民将普遍拥有较高的收入、富裕的生活、健全的基本公共服务,享有更加幸福安康的生活,全体人民共同富裕基本实现,公平正义普遍彰显,社会充满活力而又规范有序,建成和谐的社会主义现代化强国;五是我国将拥有高度的生态文明,天蓝、地绿、水清的优美生态环境成为普遍常态,开创

---

① 习近平:《论坚持全面深化改革》,中央文献出版社,2018,第321-322页。

人与自然和谐共生新境界,建成美丽的社会主义现代化强国。

二、平台情景式教学

这一部分的平台情景式教学主要包括学习习近平总书记中国梦论述心得交流以及"中国梦,我的梦"主题演讲。

(一) 学习交流会:分享学习习近平总书记中国梦论述的体会

1. 教学主题

学习习近平总书记关于中国梦的相关论述。

2. 教学目的

深刻认识提出中国梦的历史背景、现实原因以及伟大意义。

3. 教学方案

(1) 实践时间:课内时间。

(2) 实践环节/具体举措:

第一,以班级为单位分成若干个小组,采取协作的形式,每个小组推荐一名同学主讲。

第二,小组成员结合中国精神、中国力量、中国道路,提出自己关于实现"两个一百年"奋斗目标总任务的见解和观点,并结合理论知识阐述理由。

4. 师生交流

同学甲:中华民族是伟大的民族。在五千多年的文明发展历程中,中华民族为人类文明进步作出了不可磨灭的贡献。但是1840年鸦片战争以后,中国逐步成为半殖民地半封建社会,国家蒙辱、人民蒙难、文明蒙尘,中华民族遭受了前所未有的劫难。从那时起,实现中华民族伟大复兴,就成为中国人民和中华民族最伟大的梦想。与此同时也正如习近平总书记所讲的:"只有创造过辉煌的民族,才懂得复兴的意义;只有经历过苦难的民族,才对复兴有如此深切的渴望。"中国梦,反映了近代以来中国人的美好夙愿,反映了既创造过辉煌又历经过苦难的中华民族对复兴的深刻理解和殷切渴望,成为激励中华儿女团结奋进、开辟未来的一面精神旗帜。

同学乙:中国梦的提出,是我们党对全体人民的庄严承诺,是党和国家面向未来的政治宣言,充分体现了中国共产党高度的历史担当和使命追求,反映了以习近平同志为核心的新一届党中央的历史责任感、使命感和担当精神。在未来的征程上,全党要牢记中国共产党是什么、要干什么这个根本问题,把握历史发展大势,坚定理想信念,牢记初心使命。不为任何风险所惧,不为任何干扰所惑,决不在根本性问题上出现颠覆性错误,以咬定青山不放松的执着奋力实现既定目标,以行百里者半九十的清醒不懈推进中华民族伟大复兴。

同学丙:把"人民幸福"作为中国梦的基本内涵之一,把"实现人民的梦"作为根本目的和出发点、落脚点,体现了我们党的奋斗目标和根本宗旨的高度统一。可以说,我们党的百年历史,就是一部践行党的初心使命的历史,就是一部党与人民心连心、同呼吸、共命运的历史。百年党史充分证明,人心向背关系党的生死存亡。只要赢得人民信任,得到人民支持,我们党就能够克服任何困难,就能够无往而不胜。这就告诉我们青年学生,"得其大者可以兼其小",只有将自己的人生理想融入国家和民族的事业中,才能实现自己的人生价值。

同学丁:在学习习近平总书记关于中国梦的论述过程中,我深深感受到了我们党"坚持胸怀天下"的格局和情怀。中国共产党是为中国人民谋幸福的党,也是为人类进步事业而奋斗的党。我们所做的一切就是为中国人民谋幸福、为中华民族谋复兴、为人类谋和平与发展。正如《中共中央关于党的百年奋斗重大成就和历史经验的决议》所指出的,一百年来党领导人民进行伟大奋斗,积累了宝贵的历史经验,其中之一就是"坚持胸怀天下"。我认为,这也是对我们传统"和合"文化的一种弘扬和继承。中国梦所彰显的"坚持胸怀天下"的格局,再次向世人表明:中华民族的血液中没有侵略他人、称王称霸的基因。中国人民从来没有欺负、压迫、奴役过其他国家人民,过去没有,现在没有,将来也不会有。我们始终是世界和平的建设者、全球发展的贡献者、国际秩序的维护者!

教师:实现中国梦,首先要坚定道路自信。既不能走封闭僵化的老路,也不能走改旗易帜的邪路;只有中国特色社会主义道路才是复兴之路、人间正道,才能发展中国、稳定中国。我们绝不接受"教师爷"般颐指气使的说教!中国人民必须把中国发展进步的命运牢牢掌握在自己手中!只有如此,才会让所谓的"历史终结论""中国崩溃论""社会主义失败论"不攻自破。其次要弘扬改革创新精神。只有把关键核心技术掌握在自己手中,才能从根本上保障国家经济安全、国防安全和其他安全。显然,推动构建以国内大循环为主体、国内国际双循环相互促进的新发展格局,需增强创新的引领作用。因此我们要把原始创新能力提升摆在更加突出的位置。最后,实现中国梦要"撸起袖子加油干"。道路不可能一帆风顺,蓝图不可能一蹴而就,梦想不可能一夜成真。空谈误国,实干兴邦。实干才能梦想成真。实现中国梦必须凝聚中国力量,形成不可战胜的磅礴力量。这是克服各种困难、战胜风险挑战的决定性因素。正所谓"道虽迩,不行不至;事虽小,不为不成"。

(二)主题演讲会:"中国梦,我的梦"

实现中华民族伟大复兴既是一种"宏大叙事"的中国梦,也是一种"具体而微"的个人梦。实现中国梦,需要我们每个人"撸起袖子加油干"。与此同时,我们只有在实现中国梦的过程中才能真正创造自己的人生价值。

1. 教学主题

"中国梦,我的梦"主题演讲比赛。

2. 教学目标

正确认识"中国梦"与"我的梦"的辩证关系。

3. 教学方案

第一,向同学们讲述清楚为什么要进行主题演讲比赛。

第二,引导同学们正确认识个人与国家、小我与大我的辩证关系。

第三,师生进行总结交流。

4. 师生发言

同学甲:在参加这场演讲比赛的过程中,我突然想起了2019年1月习近平总书记在南开大学考察时讲过的一句话,这就是:"只有把小我融入大我,才会有海一样的胸怀,山一样的崇高。"这就告诉我们当代大学生要把爱国情怀转化为不懈奋斗的动力,在时代的号角声中演绎精彩人生。中国梦是追求幸福的梦,既是中华民族的梦,也是每个中国人的梦。中国梦的实质就是让每个人获得发展自我和奉献社会的机会,让每个人共同享有人生出彩的机会,共同享有梦想成真的机会,使发展成果更多更公平惠及全体人民,使我们朝着共同富裕方向稳步前进。

同学乙:经过这次演讲比赛,我真正认识到了中国梦与我的梦、国家与个人的正确关系。中国梦是国家的梦、民族的梦,也是包括广大青年在内的每个中国人的梦。这就是习近平总书记经常讲到的"家是最小国,国是千万家",也是我们传统文化所强调的"得其大者可以兼其小"的道理。历史告诉我们,每个人的前途命运都与国家和民族的前途命运紧密相连。一方面,国家好,民族好,大家才会好。只有把人生理想融入国家和民族的事业中,才能最终成就一番事业。另一方面,国家富强,民族复兴,人民幸福,不是抽象的,最终要体现在千千万万个家庭都幸福美满上,体现在亿万人民生活不断改善上。

同学丙:个人梦和国家梦具有紧密的内在联系,这就是:个人的奋斗离不开国家,离不开国家梦的实现;同时,中华民族伟大复兴的实现又有赖于每一个人最大限度地把自己的聪明才智和创造力发挥出来。只有将全体中华儿女的智慧和力量汇集成不可战胜的磅礴力量,才能让每个人在"国家好,民族好,大家才会好"的逻辑中梦想成真。因此,奋斗是青春最亮丽的底色,行动是青年最有效的磨砺。有责任有担当,青春才会闪光。新时代大学生要珍惜这个时代,担负时代使命,在担当中历练,在尽责中成长,让青春在新时代改革开放的广阔天地中绽放,让人生在实现中国梦的奋进追逐中展现出勇敢奔跑的英姿。

同学丁:时代总是把历史责任赋予青年。实现中国梦是一场历史接力赛,当代青年要在实现民族复兴的赛道上奋勇争先。新时代的中国青年,生逢其时、重任在肩,施展才干的舞台无比广阔,实现梦想的前景无比光明。我们当代大学生要以实际行动践行"请党放心,强国有我"的青春誓言。我们要胸怀"国之大者",担当使命任务,到新时代新天地中去施展抱负、建功立业,争当伟大理想的追梦人,争做伟大事业的生力军,让自己的青春在祖国和人民最需要的地方绽放绚丽之花!

教师:正如习近平总书记在纪念五四运动100周年大会上的讲话中所说:"青年的人生目标会有不同,职业选择也有差异,但只有把自己的小我融入祖国的大我、人民的大我之中,与时代同步伐、与人民共命运,才能更好实现人生价值、升华人生境界。离开了祖国需要、人民利益,任何孤芳自赏都会陷入越走越窄的狭小天地。"[①]青年要保持初生牛犊不怕虎、越是艰险越向前的刚健勇毅,勇立时代潮头,争做时代先锋。一切视探索尝试为畏途、一切把

---

① 习近平:《在纪念五四运动100周年大会上的讲话》,人民出版社,2019,第7页。

负重前行当吃亏、一切"躲进小楼成一统"逃避责任的思想和行为,都是要不得的,都是成不了事的,也是难以真正获得人生快乐的。实事求是地讲,新时代的青年大学生,不可避免会在理想和现实、主义和问题、利己和利他、小我和大我、民族和世界等方面遇到思想困惑,这就需要我们在课堂上对学生进行深入细致的教育和引导,帮助学生用敏锐的眼光观察社会、用清醒的头脑思考人生、用智慧的力量创造未来。

三、基地体验式教学

在实现中国梦的伟大行进中,全面建成小康社会是"关键一步";消除绝对贫困,是迈好这一步的"关键一跃"。党的十八大以来,习近平总书记站在全面建成小康社会、实现中华民族伟大复兴中国梦的战略高度,把脱贫攻坚摆在治国理政突出位置,提出一系列新思想新观点,推动中国减贫事业取得巨大成就。与此同时,乡村振兴是实现中华民族伟大复兴的一项重大任务,我们要切实做好巩固拓展脱贫攻坚成果同乡村振兴有效衔接各项工作。总而言之,精准扶贫、乡村振兴是习近平总书记治国理政的重要方面,是我们实现中华民族伟大复兴过程中非常重要的两个历史性任务。

(一)体验脱贫攻坚伟大成就:参观卫辉市郭坡、韩窑、沙沟涧

卫辉市的郭坡、韩窑、沙沟涧三村位于卫辉市与辉县市山区交界,曾经一段时间内是卫辉市仅剩的三个"深度贫困"村。由于干旱、土地贫瘠、区位偏僻、没有产业,在过去的几十年里,三个村子迟迟未得到发展。党的十八大以来,精准扶贫彻底改变了这里。我们可以从这三个村庄的巨大变迁中感受到我们党的初心和使命,感受到中国梦的内涵和实质。

1. 教学主题

参观位于卫辉市的郭坡、韩窑、沙沟涧三个村庄。

2. 教学目标

进一步感受我们党的初心和使命;深刻把握中国梦的内涵;明确中国特色社会主义建设的总任务。

3. 教学方案

第一,帮助同学们了解郭坡、韩窑、沙沟涧三个村庄以往的具体情况。

第二,引领同学们学习党的十八大以来我们党的精准扶贫政策,尤其是新乡市对贫困地区的扶持和帮助。

第三,实地走访,了解上述三个村庄的发展和变迁。

4. 师生交流

同学甲:在这次实地参观的过程中,我通过对当地三代人在住房、教育、吃水、经济收入等方面巨大变化的详细了解,深深感受到了一个道理,这就是:人民幸福是中国梦的重要部分和题中之义,是我们党治国理政的出发点和落脚点。当地村民告诉我,1980年前后,他们住窑洞喝旱井水,不敢想能住上楼房;2000年左右,他们住平房喝井水;如今,他们住电梯房喝自来水,村里学校、诊室、养老院一应俱全。再联想我们脱贫攻坚所取得的一系列成果:9899万农村贫困人口全部脱贫,832个贫困县全部摘帽,12.8万个贫困村全部出列……脱贫攻坚创造了又一个彪炳史册的人间奇迹。脱贫攻坚战的全面胜利,标志着我们党在团结带领人民创造美好生活、实现共同富裕的道路上迈出了坚实的一大步。

同学乙:我们这次来参观的地方交通较为不便,自然条件不太理想。但是我们来了之后的最深感受就是"惊叹"!为这里发生的翻天覆地的变化而惊叹,为这里每一个人的良好精神风貌和昂扬斗志而惊叹。所以,通过这里我就能想象出来,无论是雪域高原、戈壁沙漠,还是悬崖绝壁、大石山区,脱贫攻坚的阳光必定照耀到了祖国大地的每一个角落,包括很多年轻人在内的无数人的命运因此而改变,无数人的梦想因此而实现,无数人的幸福因此而成就!当代青年大学生应当为我们党脱贫攻坚这一伟大行动点赞!

同学丙:我这次实地参观了三个村庄,被我们党精准扶贫所取得的成就震撼到了。在党中央精准扶贫政策的支持下,这里的发展步伐显著加快,经济实力不断增强,基础设施建设突飞猛进,社会事业取得长足进步,行路难、吃水难、用电难、通信难、上学难、就医难等问题得到历史性解决。事实充分证明,做好党和国家各项工作,必须把实现好、维护好、发展好最广大人民根本利益作为出发点和落脚点,更加自觉地使改革发展成果更多更公平惠及全体人民。

教师:2021年2月25日,习近平总书记在全国脱贫攻坚总结表彰大会上的讲话中说:"贫困是人类社会的顽疾。反贫困始终是古今中外治国安邦的一件大事。一部中国史,就是一部中华民族同贫困作斗争的历史。"党的十八大以来,党中央把脱贫攻坚摆在治国理政的突出位置,把脱贫攻坚作为全面建成小康社会的底线任务,组织开展了声势浩大的脱贫攻坚人民战争。

首先,在精准扶贫的过程中,我们坚持调动广大贫困群众积极性、主动性、创造性,激发脱贫内生动力,实行扶贫和扶志扶智相结合,既富口袋也富脑袋,引导贫困群众依靠勤劳双手和顽强意志摆脱贫困、改变命运。这种开发式扶贫方针,坚持把发展作为解决贫困的根本途径,改善发展条件,增强发展能力,实现由"输血式"扶贫向"造血式"帮扶转变,让发展成为消除贫困最有效的办法、创造幸福生活最稳定的途径。

其次,伟大事业孕育伟大精神,伟大精神引领伟大事业。脱贫攻坚伟大斗争,锻造形成了"上下同心、尽锐出战、精准务实、开拓创新、攻坚克难、不负人民"的脱贫攻坚精神。这一精神是中国共产党性质宗旨、中国人民意志品质、中华民族精神的生动写照,是中国共产党精神谱系的重要组成部分。

最后,我们要全面实施乡村振兴战略,实现巩固拓展脱贫攻坚成果同乡村振兴有效衔接。脱贫攻坚战的全面胜利,标志着我们党在团结带领人民创造美好生活、实现共同富裕的道路上迈出了坚实的一大步。同时,脱贫摘帽不是终点,而是新生活、新奋斗的起点。解决发展不平衡不充分问题、缩小城乡区域发展差距、实现人的全面发展和全体人民共同富裕仍然任重道远。我们没有任何理由骄傲自满、松劲歇脚,必须乘势而上、再接再厉、接续奋斗。我们要切实做好巩固拓展脱贫攻坚成果同乡村振兴有效衔接各项工作,让脱贫基础更加稳固、成效更可持续。

(二)参观"国字号"乡村振兴示范村——原阳县水牛赵村

2021年5月,农业农村部科技发展中心在原阳县水牛赵村隆重举行揭牌仪式,水牛赵村成为"国字号"的乡村振兴示范村,也是该中心在全国的首个乡村振兴示范村。与此同时,河南省农科院将水牛赵村命名为"乡村振兴科技引领示范村"。我们在消除绝对贫困之后,面临的一个重要任务就是实现乡村振兴。民族要复兴,乡村必振兴。乡村振兴是实现中华民族伟大复兴的一项重大任务。习近平总书记指出,要推进城乡区域协调发展,全面实施乡村振兴战略,实现巩固拓展脱贫攻坚成果同乡村振兴有效衔接。"全面实施乡村振兴战略的深度、广度、难度都不亚于脱贫攻坚,要完善政策体系、工作体系、制度体系,以更有力的举措、汇聚更强大的力量,加快农业农村现代化步伐,促进农业高质高效、乡村宜居宜业、农民富裕富足。"①

1. 教学主题

参观原阳县水牛赵村。

2. 教学目标

帮助同学们了解脱贫攻坚成效,助推乡村振兴。

3. 教学方案

第一,帮助同学们认识了解脱贫攻坚与乡村振兴之间的有序衔接。

第二,帮助同学们深刻把握实现乡村振兴的紧迫性和现实意义。

第三,周末时间组织同学们前往原阳县水牛赵村实地学习。

4. 师生交流

同学甲:习近平总书记强调,产业振兴是乡村振兴的重中之重,要坚持精准发力,立足特色资源,关注市场需求,发展优势产业。来到水牛赵村实地参观学习后,我对当地的乡村振兴充满期待和信心。这是因为,据我了解,近年来水牛赵村围绕建设"水牛稻生态农业观光基地",按照"第一产业做精原阳大米,第二产业发展稻田养蟹、稻田养鳅等立体生态混养,第三产业大力承接都市人的农业观光游"的思路,建设美丽乡村,发展绿色生态农业,形成了一二三产业有机融合、相互拉动的发展格局,呈现出了乡村加快振兴的良好势头。

同学乙:乡村要振兴人才必先行。乡村振兴,人才是基石,是基层一线的建设性力量。但是目前在乡村一线,人才依然是短板,农村空心化、人才外流严重,原因还是待遇、发展空间等因素无法吸引人才回流。我们要激励各类人才在农村广阔天地大施所能、大展才华、大显身手,打造一支强大的乡村振兴人才队伍,只有如此才能在乡村形成人才、土地、资金、产业汇聚的良性循环。来到水牛赵村我们发现,这里有坚强有力的党组织领导,有专业能力过硬的人才队伍,有着浓郁的引才、爱才的文化氛围。我们对水牛赵村的光明前景十分看好,对我们国家的乡村振兴成果充满期待!

同学丙:2020年12月28日,习近平总书记在中央农村工作会议上的讲话中强调,乡村建设要注重保护传统村落和乡村特色风貌,不能一个样式盖

---

① 习近平:《论把握新发展阶段、贯彻新发展理念、构建新发展格局》,中央文献出版社,2021,第523页。

到头、一种颜色刷到底。其他乡村我也去过不少,但是存在诸如盲目大拆大建、机械照搬的情况,结果导致城不像城、村不像村。这次来实地参观的水牛赵村就很好地避免了上述不理想情况,充分尊重了村民的多样化、个性化需求。我觉得这就是乡村振兴该有的样子。

教师:进入实现第二个百年奋斗目标新征程,"三农"工作重心已历史性转向全面推进乡村振兴。乡村振兴是实现中华民族伟大复兴的一项重大任务。推进乡村振兴,产业振兴、人才振兴、文化振兴、生态振兴、组织振兴必须齐头并进、协同发力。

首先,中国式现代化是人与自然和谐共生的现代化。建设美丽乡村,不能大拆大建,特别是古村落要保护好。正如习近平总书记2015年1月在云南考察时强调的:"新农村建设一定要走符合农村实际的路子,遵循乡村自身发展规律,充分体现农村特点,注意乡土味道,保留乡村风貌,留得住青山绿水,记得住乡愁。"①农村遗迹承载了独特的历史记忆、宗族传衍、俚语方言、乡约乡规、生产生活方式等,具有鲜明的地方特点和强大的文化魅力。更为重要的是,"全面建设社会主义现代化国家是一个长期过程,农民在城里没有彻底扎根之前,不要急着断了他们在农村的后路,让农民在城乡间可进可退。这就是中国城镇化道路的特色,也是我们应对风险挑战的回旋余地和特殊优势"②。

其次,乡村不仅要塑形,更要铸魂。实施乡村振兴战略不能光看农民口袋里票子有多少,更要看农民精神风貌怎么样。农村精神文明建设具有滋润人心、德化人心、凝聚人心的功能,要绵绵用力,下足功夫。要加强农村思想道德建设,弘扬和践行社会主义核心价值观,推进农村思想政治工作,把农民精气神提振起来。要开展形式多样的群众文化活动,孕育农村社会好风尚。要普及科学知识,推进农村移风易俗,革除高价彩礼、人情攀比、厚葬薄养、铺张浪费等陈规陋习,推动形成文明乡风、良好家风、淳朴民风。

---

① 中共中央党史和文献研究院编《习近平关于"三农"工作论述摘编》,中央文献出版社,2019,第122页。

② 习近平:《论把握新发展阶段、贯彻新发展理念、构建新发展格局》,中央文献出版社,2021,第464页。

四、网络延展式教学

2012年11月29日,党的十八大闭幕不久,习近平总书记带领中央政治局常委和中央书记处的同志来到国家博物馆,参观《复兴之路》展览。在这次参观过程中他首次提出并阐述中国梦,强调实现中华民族伟大复兴,就是中华民族近代以来最伟大的梦想。由国家新闻出版广电总局出品的纪录片《我们这五年》,讲述了在"中国梦既是国家梦、民族梦,也是每个中国人的梦"的主题下,从2012年到2017年当代中国人对美好未来的憧憬和追求,展现了普通人勤劳、善良、智慧、坚韧的精神品质以及自强不息、积极向上的奋斗精神。

(一) 网上参观国家博物馆《复兴之路》展览

《复兴之路》作为中国国家博物馆改扩建工程竣工后推出的第一个基本陈列,于2011年3月1日开幕。该展览主题宏大,陈列了1280多件(套)珍贵文物和870多张历史照片,全面展示了中华民族170年的复兴之路。

1. **教学主题**

网上参观《复兴之路》展览。

2. **教学目标**

详细了解从1840年到2011年中华民族的复兴之路。

3. **教学方案**

首先,引领同学们了解近代以来的中华民族史。

其次,帮助同学们熟悉了解《复兴之路》展览的相关情况。

最后,安排同学们利用课余时间通过网络观看展览,并交流感受。

4. **学生观后感**

学生甲:通过在网络上观看《复兴之路》展览,我对于"中国共产党的成立是开天辟地的大事变"这一观点有了更深刻的认识。辛亥革命推翻了清朝统治,结束了在中国延续几千年的封建君主专制制度。辛亥革命极大促进了中华民族的思想解放,传播了民主共和的理念,打开了中国进步潮流的闸门,撼动了反动统治秩序的根基。但是,辛亥革命并没有从根本上改变旧中国半殖民地半封建的社会性质,没有改变中国人民的悲惨命运,没有完成实现民族独立、人民解放的历史任务。十月革命一声炮响,给中国送来了马克思列宁主义;五四运动促进了马克思主义在中国的传播;1921年7月中国共产党应运而生,中国革命的面貌从而焕然一新。所以,中国共产党的成立是开天辟地的大事变。

学生乙:通过观看《复兴之路》展览,我更加直观地感受到了毛泽东主席探索社会主义建设的巨大历史贡献,其成就为我们今天实现中华民族伟大复兴奠定了物质基础、提供了丰富经验。展览上毛泽东主席的一幅图片吸引了我,上面配了相关的文字:"现在我们能造什么?能造桌子椅子,能造茶碗茶壶,能种粮食,还能磨成面粉,还能造纸,但是,一辆汽车、一架飞机、一辆坦克、一辆拖拉机都不能造。"正是在这种强烈的忧患意识的驱使下,在社会主义革命和社会主义建设时期,毛泽东主席提出把马克思主义基本原理同中国具体实际进行"第二次结合",提出关于社会主义建设的一系列重要思想。事实证明,中国人民不但善于破坏一个旧世界,也善于建设一个新世界,只有社会主义才能救中国,只有社会主义才能发展中国。

学生丙:在观看展览的过程中,邓小平同志的相关图片资料再次深深地震撼着我。事实上,我们只有了解改革开放之前和之后的情况对比,才会理解"改革开放是党的一次伟大觉醒"的深刻内涵。"文化大革命"结束以后,在党和国家面临何去何从的重大历史关头,以邓小平同志为主要代表的中国共产党人,团结带领全党全国各族人民,深刻总结新中国成立以来正反两方面经验,围绕什么是社会主义、怎样建设社会主义这一根本问题,借鉴世界社会主义历史经验,创立了邓小平理论,作出把党和国家工作中心转移到经济建设上来、实行改革开放的历史性决策,进而成功开创了中国特色社会主义。总而言之,邓小平同志是中国社会主义改革开放和现代化建设的总设计师、中国特色社会主义道路的开创者。

(二)观看纪录片《我们这五年》

中国梦归根到底是人民的梦。十集纪录片《我们这五年》聚焦于普通人的逐梦故事,表达了"有梦想,有机会,有奋斗,一切美好的东西都能够创造出来"的奋斗精神。

1. 教学主题

观看纪录片《我们这五年》。

2. 教学目标

帮助同学们进一步理解中国梦与个人梦的关系，感受党的十八大以来我们取得的重大成就，从而更加筑牢自己的理想信念。

3. 教学方案

第一，引导同学们学习党的十八大报告的相关内容。

第二，引导同学们分享自己身边普通人的逐梦故事。

第三，安排同学们观看纪录片，撰写相关文章。

4. 纪录片《我们这五年》简介

第一集　再造家园

本集展现了中国人对于家园的深爱以及难以割舍乡土的民族气质。从"江西媳妇逃离农村"的假新闻到农村空心化的真实困惑，乡村的未来成为一种普遍的焦虑。只有筑牢农村、发展农业、富裕农民，才能守住乡愁。纵观这五年，全面建成小康社会无疑构成了中国梦的底色。这个过程中有两条生动的线索：一是逆城市化的潮流，返乡创业，为美好家园奋斗；二是精准扶贫，在个人奋斗以外，通过扶危济困，展现着共同体的善与爱。

第二集　择高处立

人往高处走，是逐梦最朴素的定义。四川大凉山悬崖村的孩子们曾爬着藤条去上学。爬升，是逐梦的隐喻。但每一个个体如何爬升，则关乎公平正义，关乎社会的温度。

第三集　青春无价

中国梦若有颜色，应是青春色。人的一生只有一次青春，奋斗时的艰难求索、追梦时的激情燃烧、坚守时的踏实肯干，构成了青春之声的主旋律。无论是足球学校、台球小子，还是青年舞蹈家，都是用青春颜色来展现梦的色彩。青年人在逐梦过程中展现出的对梦想的坚定不移、那种无瑕的信念是不同的，也是最为可贵的。正如习近平总书记所言："前进途中，有平川也有高山，有缓流也有险滩，有丽日也有风雨，有喜悦也有哀伤。心中有阳光，脚下有力量，为了理想能坚持、不懈怠，才能创造无愧于时代的人生。"

第四集　心安之处

本集主要展现逐梦城市人的精神状态，他们在追求更高的幸福，更在追求一种心安。当物质生活越来越发达，这代人将有什么样的精神状态？这五年，从深化户籍制度改革，拓展住房制度改革，到推动公共服务均等化，"房子是用来住的,不是用来炒的",城市管理正日益向着"以人为核心"发展,有温度的城市才能让人生根发芽。正如习近平总书记所说,一个地方的幸福很重要,要记得住乡愁。每个地方都有让大家留恋的东西,不要小看这种幸福感,因为这种幸福感能留得住人。

第五集　在此守候

流动的脚步最容易被看到,坚守的身影却不易被发现。很多时候,梦想可能是重复性的劳动。其实这也是对接中华民族的精神传统——抗争。老子说"天地不仁,以万物为刍狗",说的是要生存就得靠自己,不能靠苍天。许许多多的中国人,正是在坚守中,不信天不信命,靠自己的双手,完成了钻木取火、夸父逐日的现代版本。

第六集　壮心不已

老龄化是趋势,中国正迎来银发浪潮。在传统的观念中,年老意味着烛火渐萎,但是可以反弹琵琶。对逐梦而言,也许没有什么比得上"烈士暮年"的梦想。而从另一方面看,如何安放老年人生活,也成为整个社会不得不面对的重大时代命题。比起老年人暴走团,比起与青年人在公交车、地铁上拉锯的老年人,我们同样需要提供更多美的老年样本,让暮年的梦想升腾,去化解"无处安放的老年"。

第七集　生生不息

死生亦大矣。哲学的第一命题是生死。在这个时代,更有尊严地活着与更有尊严地死去,同时构成了社会的共识,也构成了中国人与生命抗争最直接的表现。纪录片《人间世》《助产士》《生命缘》透过悬壶济世、医者仁心,展现医生的纾难解困、守护生命尊严,也表达了中国人对于健康、生命的思考。从社会发展的角度看,越是发达的社会对于生命的思考越是深入与细致。关注死,其实是在关注如何生。

第八集　文脉长传

优秀传统文化是一个国家、一个民族传承和发展的根本,如果丢掉了,就割断了精神命脉。越是向着现代前进,其实越是需要回望传统。从潜心制作微缩版天坛祈年殿到《我在故宫修文物》里的匠人故事,从年轻人对程派艺术传人张火丁的疯狂,再到《齐鲁家风》里家风的传承,守护传统,守护文化自信,赓续传统,才能拥抱未来。正如习近平总书记所言,"文化自信,是更基础、更广泛、更深厚的自信","不忘历史才能开辟未来,善于继承才能善于创新"。

第九集　开创未来

本集中的创造分为两个维度,一是大国重器的创造,二是个人的创新创业。一方面,技术可以造梦,也可以圆梦。"李约瑟之问"一直压在中国人心上,也成为中国寻富求强路上的根本性自问:"尽管中国古代对人类科技发展做出了很多重要贡献,但为什么科学和工业革命没有在近代的中国发生?"对这个问题的解答,贯穿百年。从高铁复兴号启程、蛟龙号下水到墨子号升天,五年来科技成果迭出,技术的递进给中国梦提供了坚实的内核。另一方面,个人的创新创业,则是整个国家走在创造之路上的平民视角。两者互补,共同组成了新时代语境下的"开天辟地"。

第十集　世界脚步

中国梦的辐射是在全球的。前段时间,有一段视频在互联网上广为流传,埃塞俄比亚的中资企业女工,用中文高唱《团结就是力量》。今天的我们不难看到这样一组场景:一边是走出去的中国人,一边是加紧回流的海归人才,这两股洋流的对流,共同构成了全球视野下激荡的中国梦。从大处可以看到亚投行、丝路基金、"一带一路"倡议,这是中国梦的国家叙事;于小处,从普通人的求学、工作、致富的匆匆脚步,不难看出中国梦在日益开放的进程中日益向世界铺展。一个更加开放的中国梦,正向世界展示一个更加立体、丰富、生动的现代中国,展现中国与世界的美美与共。

5. 师生交流

学生甲:正如党的十九大报告指出的,党的十八大以来的五年,是党和国家发展进程中极不平凡的五年。面对世界经济复苏乏力、局部冲突和动荡频发、全球性问题加剧的外部环境,面对我国经济发展进入新常态等一系列深刻变化,我们迎难而上、开拓进取,取得了改革开放和社会主义现代化建设的历史性成就。从党的十八大到党的十九大这五年,我们统筹推进"五位一体"总体布局,协调推进"四个全面"战略布局,"十二五"规划胜利完成,"十三五"规划顺利实施,党和国家事业全面开创新局面。

学生乙:看完纪录片《我们这五年》后,我真正感受到从党的十八大到党的十九大这五年,我们的成就是全方位的、开创性的,五年来的变革是深层次的、根本性的。五年来,我们党以巨大的政治勇气和强烈的责任担当,提出一系列新理念新思想新战略,出台一系列重大方针政策,推出一系列重大举措,推进一系列重大工作,解决了许多长期以来想解决而没有解决的难题,办成了许多过去想办而没有办成的大事,推动党和国家事业发生历史性变革。这些历史性变革,对党和国家事业发展具有重大而深远的影响。

学生丙:看完纪录片《我们这五年》,我更进一步知道了为什么说中国特色社会主义进入了新时代,同时也明白了进入新时代的巨大意义:中国特色社会主义进入新时代,意味着近代以来久经磨难的中华民族迎来了从站起来、富起来到强起来的伟大飞跃,迎来了实现中华民族伟大复兴中国梦的光明前景;意味着科学社会主义在21世纪的中国焕发出强大生机活力,"社会主义失败论"不攻自破;意味着中国特色社会主义拓展了发展中国家走向现代化的途径,为解决人类面临的普遍性问题贡献了中国智慧和中国方案。

教师:观看纪录片《我们这五年》的过程中,我一方面切切实实感受到了党的十八大到党的十九大这五年时间里我们取得的巨大成就,我们比历史上任何时期都更接近、更有信心和能力实现中华民族伟大复兴的目标。但同时也感觉到,我们要继续保持忧患意识,发扬斗争精神。因为中华民族伟大复兴,绝不是轻轻松松、敲锣打鼓就能实现的。全党必须准备付出更为艰巨、更为艰苦的努力。实现伟大梦想,必须进行伟大斗争。例如,坚决反对一切削弱、歪曲、否定党的领导和我国社会主义制度的言行;坚决反对一切损害人民利益、脱离群众的行为;坚决反对一切分裂祖国、破坏民族团结和社会和谐稳定的行为……正如一位学者所讲的:"在充分认识党的百年奋斗重大成就的同时,要感悟这些重大成就的来之不易,而只有'勿忘昨天的苦难辉煌',才能更好地赓续'不怕牺牲、英勇斗争'伟大建党精神,从而做到'无愧今天的使命担当、不负明天的伟大梦想'。"①

---

① 陈锡喜:《勿忘昨天苦难辉煌　赓续英勇斗争精神》,《思想理论教育导刊》2021年第12期。

专题五 "五位一体"总体布局

不谋全局者,不足谋一域。中国特色社会主义是全面发展的社会主义,其中经济建设、政治建设、文化建设、社会建设、生态文明建设是一个有机整体。习近平总书记在庆祝中国共产党成立100周年大会上的讲话中指出:"我们坚持和发展中国特色社会主义,推动物质文明、政治文明、精神文明、社会文明、生态文明协调发展,创造了中国式现代化新道路,创造了人类文明新形态。"①党的十九届六中全会通过的《中共中央关于党的百年奋斗重大成就和历史经验的决议》以"十个明确"对习近平新时代中国特色社会主义思想的核心内容作了系统概括,其中指出:"明确中国特色社会主义事业总体布局是经济建设、政治建设、文化建设、社会建设、生态文明建设五位一体,战略布局是全面建设社会主义现代化国家、全面深化改革、全面依法治国、全面从严治党四个全面。""五位一体"总体布局标志着我国社会主义现代化建设进入新的历史阶段,体现了我们党对于中国特色社会主义的认识达到了新境界,深化了我们党关于共产党执政规律、社会主义建设规律、人类社会发展规律的认识。

一、课堂叙事式教学

通过课堂叙事式教学,我们可以了解我国在经济领域的新发展理念以及

---

① 习近平:《在庆祝中国共产党成立100周年大会上的讲话》,人民出版社,2021,第13-14页。

供给侧结构性改革、社会主义民主政治的发展、文化强国建设、以民生为重点的社会建设、美丽中国建设这五个方面的内容。

（一）实现经济高质量发展

1. 教学主题

实现经济高质量发展的指导思想和具体路径。

2. 教学目标

充分把握习近平经济思想的深刻内涵，正确认识供给侧结构性改革的内容与意义。

3. 教学内容

（1）贯彻新发展理念

习近平总书记指出，贯彻新发展理念是新时代我国发展壮大的必由之路。与时俱进地回答好"实现什么样的发展、怎样实现发展"这个重大问题，是我们党领导人民治国理政的一个重要方面。党的十八大以来，习近平总书记立足于我国发展所处的新的历史方位，从决胜全面建成小康社会进而实现第二个百年奋斗目标的战略高度，提出了创新、协调、绿色、开放、共享的新发展理念。完整、准确、全面贯彻新发展理念，是关系我国发展全局的一场深刻变革，是新时代我国发展壮大的必由之路。

贯彻创新发展理念，推进经济高质量发展。创新包括科技、制度、文化等诸多领域诸多方面的创新。全面建设社会主义现代化国家，必须贯彻创新发展理念，鼓励创新，推动经济发展质量变革、效率变革、动力变革，提高生产率。在新科技革命方兴未艾，世界处于百年未有之大变局，全面建设社会主义现代化国家的新发展阶段，科技创新、自立自强更加成为决定我国生存和发展的基础能力。要抓住以信息技术、人工智能等为主要标志的世界科技革命正在形成高潮的机遇，采取得力措施加快科技发展，加强原创性、引领性科技攻关，坚决打赢关键核心技术攻坚战；大力推动科技进步和创新，用先进科技改造和提高国民经济，努力实现中国生产力的跨越发展。

贯彻协调发展理念，推动乡村振兴，实现城乡区域协调发展。"三农"问题是关系国计民生的根本性问题，做好农村工作，巩固发展农业在国民经济中的基础地位，实现农民脱贫致富、乡村振兴是新发展理念的重要要求，也是全面建设社会主义现代化国家的内在要求。必须始终把解决好"三农"问题作为全党工作重中之重。"要坚持农业农村优先发展,按照产业兴旺、生态宜居、乡风文明、治理有效、生活富裕的总要求,建立健全城乡融合发展体制机制和政策体系,加快推进农业农村现代化。巩固和完善农村基本经营制度,深化农村土地制度改革,完善承包地'三权'分置制度。"①

贯彻绿色发展理念,坚持人与自然和谐共生。绿色发展,人与自然和谐共生,是新发展理念的内在要求,也是全面建设社会主义现代化国家的内在要求。党的十八大以来,习近平总书记多次强调,经济发展不仅要尊重经济规律,而且要尊重自然规律和社会发展规律,强调建设生态文明、建设美丽中国是我们的一项战略任务。经过多年努力,我国对于加快推动经济社会发展全面绿色转型已经形成高度共识并取得了实际进展,但进入全面建设社会主义现代化国家新发展阶段,依然面临能源体系高度依赖煤炭等化石能源,生产和生活体系向绿色低碳转型的巨大压力,实现2030年前碳排放达峰,并为2060年前实现碳中和奠定坚实基础,任务极其艰巨。面对这样的态势,就需要准确贯彻绿色发展理念,坚持节约资源和保护环境的基本国策,统筹山水林田湖草沙系统治理,实行最严格的生态环境保护制度,形成绿色发展方式和生活方式,坚定走生产发展、生活富裕、生态良好的文明发展道路。

贯彻开放发展理念,抓实构建新发展格局。开放是人类文明进步的重要动力,是世界繁荣发展的必由之路。当前,世界百年未有之大变局加速演进,世界经济复苏动力不足。我们要以开放纾发展之困、以开放汇合作之力、以开放聚创新之势、以开放谋共享之福,推动经济全球化不断向前,增强各国发展动能,让发展成果更多更公平惠及各国人民。贯彻新发展理念,要构建新发展格局。"新发展格局决不是封闭的国内循环,而是开放的国内国际双循环。推动形成宏大顺畅的国内经济循环,就能更好吸引全球资源要素,既满足国内需求,又提升我国产业技术发展水平,形成参与国际经济合作和竞争新优势。"②

贯彻共享发展理念,坚持以人民为中心的现代化观,在为人民谋幸福、逐步实现共同富裕道路上取得实质性进展。"为人民谋幸福、为民族谋复兴,这

---

① 中共中央党史和文献研究院编《习近平关于"三农"工作论述摘编》,中央文献出版社,2019,第5页。
② 中共中央党史和文献研究院编《十九大以来重要文献选编(中)》,中央文献出版社,2021,第783页。

既是我们党领导现代化建设的出发点和落脚点,也是新发展理念的'根'和'魂'。只有坚持以人民为中心的发展思想,坚持发展为了人民、发展依靠人民、发展成果由人民共享,才会有正确的发展观、现代化观。"①坚持以人民为中心的现代化观,就一定要逐步实现全体人民的共同富裕。共同富裕是社会主义的本质要求,实现共同富裕不仅是经济问题,而且是关系党的执政基础的重大政治问题。"我们决不能允许贫富差距越来越大、穷者愈穷富者愈富,决不能在富的人和穷的人之间出现一道不可逾越的鸿沟。"②

总之,"创新、协调、绿色、开放、共享新发展理念是中国共产党关于发展理论百年创新的最新成果,是在世界百年未有之大变局、中国特色社会主义进入新时代,党提出的最重要、最主要的理论和理念"③。该理念是一个系统的理论体系,回答了关于发展的目的、动力、方式、路径等一系列理论和实践问题,阐明了我们党关于发展的政治立场、价值导向、发展模式、发展道路等重大政治问题。

(2)深化供给侧结构性改革

贯彻新发展理念、建设现代化经济体系必须坚持供给侧结构性改革。坚持质量第一、效益优先,以供给侧结构性改革为主线,推动经济发展质量变革、效率变革、动力变革,提高全要素生产率。只有推进供给侧结构性改革,提高供给体系质量,适应新需求变化,才能在更高水平上实现供求关系新的动态均衡,推动高质量发展。

第一,推进增长动能转换,以加快发展先进制造业为重点全面提升实体经济。这是因为制造业是实体经济的基础,实体经济是我国发展的本钱,是构筑未来发展战略优势的重要支撑;制造业高质量发展是我国经济高质量发展的重中之重,建设社会主义现代化强国、发展壮大实体经济,都离不开制造业,要在推动产业优化升级上继续下功夫。要推动产业优化升级,加快发展先进制造业,推动互联网、大数据、人工智能和实体经济深度融合,在中高端消费、创新引领、绿色低碳、共享经济、现代供应链、人力资本服务等领域培育

---

① 习近平:《把握新发展阶段,贯彻新发展理念,构建新发展格局》,《求是》2021年第9期。

② 习近平:《把握新发展阶段,贯彻新发展理念,构建新发展格局》,《求是》2021年第9期。

③ 逄锦聚:《完整贯彻新发展理念全面建设社会主义现代化国家》,《人民论坛·学术前沿》2021年第13期。

新增长点、形成新动能。要支持传统产业优化升级,瞄准国际先进标准提升产品技术,推进中国制造向中国创造转变,中国速度向中国质量转变,制造大国向制造强国转变。

第二,深化要素市场化配置改革,实现由以价取胜向以质取胜的转变。破除无效供给,把处置"僵尸企业"作为重要抓手,推动化解过剩产能;调整产业结构,淘汰落后产能。培育新动能,强化科技创新,推动传统产业优化升级,培育一批具有创新能力的排头兵企业,积极推进军民融合深度发展。降低实体经济成本,降低制度性交易成本,继续清理涉企收费,加大对乱收费的查处和整治力度。优化存量资源配置,提质升级存量供给,扩大优质增量供给。

第三,加大人力资本培育力度,更加注重调动和保护人的积极性。人是生产力中最活跃的因素。高素质的企业家、工匠和劳模是推动供给侧结构性改革、振兴实体经济发展的重要力量。要塑造良好社会文化生态,营造鼓励创新、终身学习和勇于冒险的社会氛围,厚植企业家精神土壤;厘清政府、市场边界,拓展企业家精神生长空间,激发和保护企业家精神。"要依法保护企业家合法权益,加强产权和知识产权保护,形成长期稳定发展预期,鼓励创新、宽容失败,营造激励企业家干事创业的浓厚氛围。"[1]

第四,持续推进"三去一降一补",优化市场供求结构。坚持去产能、去库存、去杠杆、降成本、补短板,优化存量资源配置,扩大优质增量供给。继续推动钢铁、煤炭等行业化解过剩产能。加大减税、降费力度,降低要素成本和物流成本,切实降低企业负担。增强微观主体内生动力,扎实有效补短板。要高度重视支持个体工商户发展,"要积极帮助个体工商户解决租金、税费、社保、融资等方面难题,提供更直接更有效的政策帮扶"[2]。

(3) 建设现代化经济体系

党的十九大进一步提出要贯彻新发展理念,建设现代化经济体系。建设现代化经济体系是党中央从党和国家事业全局出发,着眼于实现"两个一百年"奋斗目标、顺应中国特色社会主义进入新时代的新要求作出的重大决策

---

[1] 习近平:《论把握新发展阶段、贯彻新发展理念、构建新发展格局》,中央文献出版社,2021,第358页。
[2] 习近平:《论把握新发展阶段、贯彻新发展理念、构建新发展格局》,中央文献出版社,2021,第359页。

部署,既是一个重大理论命题,又是一个重大实践课题。国家强,经济体系必须强。建设现代化经济体系是我国发展的战略目标,也是转变经济发展方式、优化经济结构、转换经济增长动力的迫切要求。只有形成现代化经济体系,才能更好顺应现代化发展潮流和赢得国际竞争主动,也才能为其他领域现代化提供有力支撑。

要建设创新引领、协同发展的产业体系,实现实体经济、科技创新、现代金融、人力资源协同发展,使科技创新在实体经济发展中的贡献份额不断提高。

要建设统一开放、竞争有序的市场体系,实现市场准入畅通、市场开放有序、市场竞争充分、市场秩序规范,加快形成企业自主经营公平竞争、消费者自由选择自主消费、商品和要素自由流动平等交换的现代市场体系。

要建设体现效率、促进公平的收入分配体系,实现收入分配合理、社会公平正义、全体人民共同富裕,推进基本公共服务均等化,逐步缩小收入分配差距。鼓励勤劳致富,保护合法收入,增加低收入者收入,扩大中等收入群体,调节过高收入,取缔非法收入。

要建设彰显优势、协调联动的城乡区域发展体系,实现区域良性互动、城乡融合发展、陆海统筹整体优化,培育和发挥区域比较优势,加强区域优势互补,塑造区域协调发展新格局。要建设资源节约、环境友好的绿色发展体系,实现绿色循环低碳发展、人与自然和谐共生,牢固树立和践行绿水青山就是金山银山理念,形成人与自然和谐发展现代化建设新格局。

要建设多元平衡、安全高效的全面开放体系,发展更高层次开放型经济,推动开放朝着优化结构、拓展深度、提高效益方向转变。

要建设充分发挥市场作用、更好发挥政府作用的经济体制,实现市场机制有效、微观主体有活力、宏观调控有度。

(二) 发展社会主义民主政治

人民民主是社会主义的生命,没有民主就没有社会主义,就没有社会主义的现代化,就没有中华民族的伟大复兴。发展社会主义民主政治是建设社会主义现代化强国的必然要求和题中之义。

1. 教学主题

社会主义民主政治的内涵、表现。

2. 教学目标

通过本部分内容的学习,学生能够深刻认识到:我国全过程人民民主实现了过程民主和成果民主、程序民主和实质民主、直接民主和间接民主、人民民主和国家意志相统一,是全链条、全方位、全覆盖的民主。

3. 教学内容

(1) 坚持中国特色社会主义政治发展道路

改革开放以来,党领导人民坚持中国特色社会主义政治发展道路,发展社会主义民主,取得重大进展。尤其是党的十八大以来,我们深化对民主政治发展规律的认识,提出全过程人民民主的重大理念。我国全过程人民民主不仅有完整的制度程序,而且有完整的参与实践。我国全过程人民民主实现了过程民主和成果民主、程序民主和实质民主、直接民主和间接民主、人民民主和国家意志相统一,是全链条、全方位、全覆盖的民主,是最广泛、最真实、最管用的社会主义民主。

历史唯物主义关于经济基础决定上层建筑、上层建筑对经济基础具有反作用的原理,揭示了经济与政治的辩证关系:经济是政治的基础,政治是经济的集中表现,没有离开政治的经济,也没有离开经济的政治。我们的全过程人民民主能够体现人民意志、保障人民权益、激发人民创造活力,用制度体系保证人民当家作主,从而能够最大限度调动人们建设社会主义的积极性、能动性和创造性。这就告诉我们,通向幸福的道路不尽相同,各国人民有权选择自己的发展道路和制度模式,这本身就是人民幸福的应有之义。民主同样是各国人民的权利,而不是少数国家的专利。这就从理论上告诉我们:实现民主有多种方式,不可能千篇一律;民主不是一种定制的产品,全世界都一个模式、一个规格;民主是全人类的共同价值,不是只有一种形态、一种标准。

党的十八大以来,我们积极发展全过程人民民主——民主选举、民主协商、民主决策、民主管理、民主监督。这"五大民主链条"集中反映了全过程人民民主的实践形式,构建了多样、畅通、有序的民主渠道,丰富了民主的形式。衡量一个国家是否民主,要看人民有没有投票权,更要看人民有没有广泛参与权;要看人民在选举过程中得到了什么口头许诺,更要看选举后这些承诺实现了多少;要看制度和法律规定了什么样的政治程序,更要看这些制度和法律是不是真正得到了执行。如果人民只有在投票时被唤醒,投票后就进入休眠期;只有竞选时聆听天花乱坠的口号,竞选后就毫无发言权;只有拉票时受宠,选举后就被冷落,这样的民主不是真正的民主。但是,长久以来,"一人一票"、政党竞争等西方选举制度,被西方少数国家包装成民主的唯一标准。而这正如习近平总书记所讲的:"用单一的标尺衡量世界丰富多彩的政治制度,用单调的眼光审视人类五彩缤纷的政治文明,本身就是不民主的。"

改革开放以来,尤其是党的十八大以来,我国经济社会各领域取得了历史性成就。这些成就的取得宣告了"社会主义失败论"的失败、"中国崩溃论"的崩溃、"历史终结论"的终结,拓展了发展中国家走向现代化的途径,为解决人类问题贡献了中国智慧和中国方案,这也就揭露了"普世价值"的本来面目。正如习近平总书记所讲的:所谓"普世价值","是挂羊头卖狗肉,目的就是要同我们争夺阵地、争夺人心、争夺群众,最终推翻中国共产党领导和中国社会主义制度"①。中国特色社会主义政治发展道路的成功向世人表明,建设社会主义民主政治、发展社会主义政治文明,必须使中国特色社会主义政治制度深深扎根于中国社会土壤,照抄照搬他国政治制度行不通,甚至会把国家前途命运葬送掉。民主是历史的、具体的。设计和发展国家政治制度,既要把握长期形成的历史传承,又要把握积累的政治经验,还要把握现实要求,不能割断历史,不能想象政治制度上的"飞来峰"。

总而言之,民主是全人类的共同价值,是中国共产党和中国人民始终不渝坚持的重要理念。一个国家选择什么样的治理体系,是由这个国家的历史传承、文化传统、经济社会发展水平决定的,是由这个国家的人民决定的。"我国今天的国家治理体系,是在我国历史传承、文化传统、经济社会发展的基础上长期发展、渐进改进、内生性演化的结果。"②我国国家治理体系需要改进和完善,但怎么改、怎么完善,我们要有主张、有定力。更为重要的是,独特的文化传统、独特的历史命运、独特的国情,注定了中国必然走适合自己特点的发展道路。我们走出了这样一条道路,并且取得了成功。这是因为,"作为一种政治制度的民主不是摆设,不是用来观赏的,而是用来造福人民的。能够造福人民的民主就是真民主、大众民主、社会主义民主;而有利于少数人

---

① 中共中央文献研究室编《习近平关于社会主义文化建设论述摘编》,中央文献出版社,2017,第27页。
② 习近平:《习近平谈治国理政》第1卷,外文出版社,2018,第105页。

的民主是寡头民主或者资本主义民主"①。

（2）健全人民当家作主制度体系

人民民主是一种全过程民主。社会主义民主不是装饰品，不是摆设，而是具体地、生动地体现在人民当家作主的全过程各环节。

人民代表大会制度是我国根本政治制度，是符合中国国情、体现中国社会主义国家性质、能够保证人民当家作主的根本政治制度和最高实现形式，也是党在国家政权中充分发扬民主、贯彻群众路线的最好实现形式。人民代表大会制度是坚持党的领导、人民当家作主、依法治国有机统一的根本政治制度安排，必须长期坚持、不断完善。

发挥社会主义协商民主的重要作用。实行人民民主，保证人民当家作主，要求治国理政大政方针在人民内部各方面进行广泛商量。协商民主是中国社会主义民主政治的特有形式和独特优势，是实现党的领导的重要方式，丰富了民主的形式，拓展了民主的渠道，丰富了民主的内涵。正如著名学者林尚立指出的："中国选择协商民主，是从民主的原生态形式来实践的，方向没错，符合民主的本意，符合民主的真谛，应该促进其积极成长和健康发展。"②

中国共产党领导的多党合作和政治协商制度是我国的一项基本政治制度，人民政协是具有中国特色的制度安排，是社会主义协商民主的重要渠道和专门协商机构。习近平总书记指出，中国共产党领导的多党合作和政治协商制度，既强调中国共产党的领导，也强调发扬社会主义民主。政治协商、民主监督、参政议政，就是这种民主最基本的体现。我们既不是一党独大，也不是多党轮流执政，而是坚持符合国情的方式。这一制度有效避免了一党缺乏监督或者多党轮流坐庄、恶性竞争的弊端。

民族区域自治制度是我国的一项基本政治制度。我们党采取民族区域自治的办法，既保证了国家团结统一，又实现了各民族共同当家作主。"民族区域自治制度符合我国国情，在维护祖国统一、领土完整，在加强民族平等团结、促进民族地区发展、增强中华民族凝聚力等方面都起到了重要作用。"③

---

① 杨光斌：《中国民主模式的理论表述问题》，《政治学研究》2022年第1期。
② 林尚立：《协商民主的实践及其制度溯源》，《紫光阁》2016年第3期。
③ 中共中央宣传部编《习近平总书记系列重要讲话读本（2016年版）》，学习出版社，2016，第168页。

基层群众自治制度是我国的一项基本政治制度。完善基层群众自治制度,发展基层民主,是社会主义民主政治建设的基础。涉及人民群众利益的大量决策和工作,主要发生在基层。要按照协商于民、协商为民的要求,大力发展基层协商民主,重点在基层群众中开展协商。要完善基层民主制度,畅通民主渠道,健全基层选举、议事、公开、述职、问责等机制,促进群众在城乡社区治理、基层公共事务和公益事业中依法自我管理、自我教育、自我监督。

(三) 建设社会主义文化强国

文化是一个国家、一个民族的灵魂。坚定文化自信、增强文化自觉、实现文化自强,事关国家前途命运、民族发展进程和人民利益福祉。中国式现代化是物质文明和精神文明相协调的现代化,"中国特色社会主义是全面发展、全面进步的伟大事业,没有社会主义文化繁荣发展,就没有社会主义现代化"①。

1. 教学主题

增强文化自信,建设文化强国。

2. 教学目标

通过学习,学生能够更加深刻认识到坚持马克思主义在意识形态领域的指导地位这一根本制度的重要性,自觉践行社会主义核心价值观,进一步提升自己的文化自信。

3. 教学内容

(1) 坚持马克思主义在意识形态领域指导地位的根本制度

习近平总书记指出:"马克思主义是我们立党立国的根本指导思想,是我们党的灵魂和旗帜……中国共产党为什么能,中国特色社会主义为什么好,归根到底是因为马克思主义行!"②党的十九届四中全会审议通过的《中共中央关于坚持和完善中国特色社会主义制度、推进国家治理体系和治理能力现代化若干重大问题的决定》,第一次把坚持马克思主义在意识形态领域的指导地位作为繁荣发展社会主义先进文化的根本制度提出来,这是一次重大制

---

① 习近平:《论把握新发展阶段、贯彻新发展理念、构建新发展格局》,中央文献出版社,2021,第400页。

② 习近平:《在庆祝中国共产党成立100周年大会上的讲话》,人民出版社,2021,第12-13页。

度创新和理论创新。党的十九届六中全会深刻总结道:"党着力解决意识形态领域党的领导弱化问题,立破并举、激浊扬清,就意识形态领域许多方向性、战略性问题作出部署,确立和坚持马克思主义在意识形态领域指导地位的根本制度,健全意识形态工作责任制,推动全党动手抓宣传思想工作,守土有责、守土负责、守土尽责,敢抓敢管、敢于斗争,旗帜鲜明反对和抵制各种错误观点。"坚持马克思主义在意识形态领域指导地位的根本制度,对于我们维护意识形态安全、增强文化自信具有十分重要的作用。

第一,要从理论上讲清楚马克思主义的科学性。"在人类思想史上,就科学性、真理性、影响力、传播面而言,没有一种思想理论能达到马克思主义的高度,也没有一种学说能像马克思主义那样对世界产生了如此巨大的影响。"①在马克思提出科学社会主义之前,空想社会主义者早已存在,他们怀着悲天悯人的情感,对理想社会有很多美好的设想,但由于没有揭示社会发展规律,没有找到实现理想的有效途径,因而也就难以真正对社会发展发生作用。马克思创建了唯物史观和剩余价值学说,揭示了人类社会发展的一般规律,揭示了资本主义运行的特殊规律,为人类指明了从必然王国向自由王国飞跃的途径,为人民指明了实现自由和解放的道路。要从理论上讲清楚马克思主义的科学性,实际上也是对思政课教师提出了更高的要求。习近平总书记讲过,"办好思想政治理论课关键在教师","思政课的本质是讲道理"。这就告诉我们,"政治引导是思政课的基本功能。强调思政课的政治引导功能,并不是要把课讲成简单的政治宣传,而要以透彻的学理分析回应学生,以彻底的思想理论说服学生,用真理的强大力量引导学生"②。

第二,要科学认识意识形态的阶级性。阶级分析方法是我们分析阶级社会问题的最重要方法,阶级立场是马克思主义的首要政治立场,阶级性则是意识形态的根本特性。无论是在社会主义社会,还是在资本主义社会,意识形态都具有非常鲜明的阶级性。以《共产党宣言》为代表的马克思主义著作,为建设社会主义、实现共产主义提供了科学世界观指导。对马克思主义哲学去世界观化,是"非意识形态化""去意识形态化"等错误思潮的思想根源,也严重冲击着马克思主义在意识形态领域的指导地位。习近平总书记一

---

① 习近平:《习近平谈治国理政》第2卷,外文出版社,2017,第65页。
② 习近平:《思政课是落实立德树人根本任务的关键课程》,《求是》2020年第17期。

直强调,"马克思主义是人民的理论,第一次创立了人民实现自身解放的思想体系。马克思主义博大精深,归根到底就是一句话,为人类求解放"①。因此,要在意识形态领域真正坚持马克思主义的指导地位,就要始终旗帜鲜明地坚持历史唯物主义、辩证唯物主义的世界观、方法论,旗帜鲜明地坚持阶级观点、阶级立场、阶级分析方法。重视意识形态的阶级性,才能从人类历史发展的客观规律这一高度去正确把握、运用马克思主义,努力开创意识形态工作的新局面。正如毛泽东所讲:"我们提倡百家争鸣,在各个学术部门可以有许多派、许多家,可是就世界观来说,在现代,基本上只有两家,就是无产阶级一家,资产阶级一家,或者是无产阶级的世界观,或者是资产阶级的世界观。共产主义世界观就是无产阶级的世界观,它不是任何别的阶级的世界观。"②如果不能真正坚持马克思主义世界观,如果不能真正在意识形态领域坚持马克思主义的指导地位,就没有真正的百花齐放、百家争鸣。

第三,要旗帜鲜明地敢于亮剑、敢于斗争。毛泽东早在1957年就警示我们:"在我国,资产阶级和小资产阶级的思想,反马克思主义的思想,还会长期存在……无产阶级和资产阶级之间在意识形态方面的谁胜谁负问题,还没有真正解决。我们同资产阶级和小资产阶级的思想还要进行长期的斗争。"③改革开放40多年来,意识形态领域斗争的复杂情况不仅印证了这个警示的高瞻远瞩,而且让我们深刻认识到,意识形态领域的斗争是具有许多新的历史特点的伟大斗争的重要内容。要夺取伟大斗争的伟大胜利,就要求我们必须在意识形态领域始终坚持马克思主义的指导地位,大力弘扬斗争精神、努力增强斗争自觉、积极提高斗争本领,在意识形态斗争中不仅敢于亮剑、敢于斗争,而且善于斗争、敢于胜利。我们必须清醒地认识到新时代意识形态领域斗争的长期性、复杂性、尖锐性,始终高举马克思主义、共产主义的旗帜,勇敢夺取伟大斗争的更多伟大胜利。

第四,最重要的是学懂弄通做实习近平新时代中国特色社会主义思想。在新时代,坚持和巩固马克思主义在意识形态领域的指导地位,其中最关键、最重要的是坚持、巩固习近平新时代中国特色社会主义思想的指导地位。《中共中央关于党的百年奋斗重大成就和历史经验的决议》明确指出:"习近

---

① 习近平:《在纪念马克思诞辰200周年大会上的讲话》,人民出版社,2018,第8页。
② 中共中央文献研究室编《毛泽东文集》第7卷,人民出版社,1999,第273页。
③ 中共中央文献研究室编《毛泽东文集》第7卷,人民出版社,1999,第281页。

平新时代中国特色社会主义思想是当代中国马克思主义、二十一世纪马克思主义,是中华文化和中国精神的时代精华,实现了马克思主义中国化新的飞跃。"

(2) 培育和践行社会主义核心价值观

核心价值观是一个民族赖以维系的精神纽带,是一个国家共同的思想道德基础。历史和现实无不表明,核心价值观是一个国家的重要稳定器,能否构建具有强大感召力的核心价值观,关系社会和谐稳定,关系国家长治久安。富强、民主、文明、和谐,自由、平等、公正、法治,爱国、敬业、诚信、友善的24字表达,把涉及国家、社会、公民三个层面的价值要求融为一体,既体现了社会主义本质要求,继承了中华优秀传统文化,也吸收了世界文明有益成果,体现了时代精神,回答了我们要建设什么样的国家、建设什么样的社会、培育什么样的公民的重大问题,是当代中国精神的集中体现,凝结着全体人民共同的价值追求,是社会主义核心价值观的基本内容。

第一,培育和践行社会主义核心价值观,要把社会主义核心价值观融入社会生活各个方面。一种价值观要真正发挥作用,要通过教育引导、舆论宣传、文化熏陶、实践养成、制度保障等,使社会主义核心价值观内化为人们的精神追求,外化为人们的自觉行动,让人们在实践中感知它、领悟它,达到"百姓日用而不知"的程度。培育和践行社会主义核心价值观要注意把我们所提倡的与人们日常生活联系起来,在落细、落小、落实上下功夫。要把社会主义核心价值观的要求融入各种精神文明创建活动之中,吸引群众广泛参与,培育文明新风尚。

第二,培育和践行社会主义核心价值观,要坚持全民行动,从家庭做起、从娃娃抓起。人民有信仰,国家有力量,民族有希望。习近平总书记在会见第一届全国文明家庭代表时强调:"家风好,就能家道兴盛、和顺美满;家风差,难免殃及子孙、贻害社会,正所谓'积善之家,必有余庆;积不善之家,必有余殃'。"[1]家庭是社会的基本细胞,是人生的第一所学校,对一个人的价值观的养成有重要影响,要重视家庭建设,注重家庭、注重家教、注重家风,发扬光大中华民族传统家庭美德,促进家庭和睦。

第三,培育和践行社会主义核心价值观,必须立足中华优秀传统文化和

---

[1] 习近平:《在会见第一届全国文明家庭代表时的讲话》,人民出版社,2016,第5页。

革命文化。中华优秀传统文化已经成为中华民族的文化基因,植根在中国人内心深处,潜移默化影响着中国人的思维方式和行为方式。培育和践行社会主义核心价值观,要利用好中华优秀传统文化蕴含的丰富的思想道德资源,深入挖掘中华优秀传统文化蕴含的思想观念、人文精神、道德规范,结合时代要求继承创新,推动中华传统文化创造性转化、创新性发展,让中华文化展现出永久魅力和时代风采,使其成为涵养社会主义核心价值观的重要源泉。革命文化是中国革命和建设光荣历史的见证,渗透着中国共产党人的崇高理想,凝聚着广大人民群众的高尚道德和优良品质,包含了体现社会主义、共产主义价值目标的精神形态,要大力予以传承和弘扬。

第四,培育和践行社会主义核心价值观,必须推动社会主义核心价值观融入法治建设。党的十八大以来,以习近平同志为核心的党中央积极推动社会主义核心价值观融入法治建设,明确指出"社会主义核心价值观是社会主义法治建设的灵魂"。法治的优势在于以其权威性与强制性来约束引导社会成员的言行,德治的优势在于以其强大的监督力和舆论力来规范人们的价值理念、提升人们的道德觉悟。法律是成文的道德,道德是内心的法律。依法治国与以德治国二者不可分割、不可偏废,在实现社会和谐、促进美德良序方面发挥着同等重要作用。良好的国家治理必须建立在法律和道德共同发力的基础之上。

(3)坚定文化自信,繁荣发展社会主义文化

文化是一个国家、一个民族的灵魂,是人民的精神家园,也是政党的精神旗帜。当今时代,文化在综合国力竞争中的地位日益重要,谁占据了文化发展的制高点,谁就能够更好地在激烈的国际竞争中掌握主动权。实现中华民族伟大复兴,迫切要求我国由文化大国转变为文化强国,这是中华民族几千年文化积淀赋予我们的历史使命。文化强国,是指一个国家具有强大的文化力量。这种力量既表现为具有高度文化素养的国民,也表现为发达的文化产业,还表现为强大的文化软实力。

第一,建设社会主义文化强国,必须培养高度的文化自信。"文化自信是一个国家、一个民族发展中最基本、最深沉、最持久的力量。"[①]坚定文化自

---

① 中共中央党史和文献研究院编《十九大以来重要文献选编(中)》,中央文献出版社,2021,第693页。

信,事关国运兴衰,事关文化安全,事关民族精神的独立性。没有高度的文化自信,没有文化的繁荣兴盛,就没有中华民族的伟大复兴。我国有着悠久的历史传统和深厚的文化资源,已经具备了相对雄厚的物质基础,人民群众对文化的需求快速增长,我国的文化发展面临着难得的机遇。

第二,建设社会主义文化强国,必须大力发展文化事业和文化产业。发展文化事业和文化产业,要体现社会主义的制度特色。发展文化事业,要坚持政府主导,按照公益性、基本性、均等性、便利性的要求,让人民群众广泛享有免费或优惠的基本公共文化服务;发展文化产业,要按照全面协调可持续的要求,推动文化产业跨越式发展,在满足人民多样化精神文化需求的基础上,使之成为国民经济支柱性产业,为推动科学发展提供重要支撑。在大力发展文化事业和文化产业的同时,我们要坚持一个原则,这就是 2014 年习近平总书记在文艺工作座谈会上强调的:"同社会效益相比,经济效益是第二位的,当两个效益、两种价值发生矛盾时,经济效益要服从社会效益,市场价值要服从社会价值。文艺不能当市场的奴隶,不要沾满了铜臭气。优秀的文艺作品,最好是既能在思想上、艺术上取得成功,又能在市场上受到欢迎。"

第三,建设社会主义文化强国,必须提高国家文化软实力。古往今来,任何一个大国的发展进程,既是经济总量、军事力量等硬实力提高的进程,也是价值观念、思想文化等软实力提高的进程。文化软实力集中体现了一个国家基于文化而具有的凝聚力和生命力,以及由此产生的吸引力和影响力。这就要求我们必须讲好中国故事,传播好中国声音,阐释好中国特色,注重国家形象塑造,增强对外话语的创造力、感召力和公信力,提高国际话语权。

(四) 加强以民生为重点的社会建设

"中国共产党根基在人民、血脉在人民、力量在人民。"[①]这就要求我们在新的征程上,必须站稳人民立场,贯彻党的群众路线,尊重人民首创精神,践行以人民为中心的发展思想,加强以民生为重点的社会建设。

1. 教学主题

加强以民生为重点的社会建设。

---

① 习近平:《在庆祝中国共产党成立 100 周年大会上的讲话》,人民出版社,2021,第 11 页。

2. 教学目标

了解我们党如何在发展中保障和改善民生的、如何在新时代创新社会治理的,从而进一步认识到我们党的初心和使命、性质和宗旨是什么。

3. 教学内容

(1) 在发展中保障和改善民生

民生是人民幸福之基、社会和谐之本。我们党深刻认识到:"让老百姓过上好日子是我们一切工作的出发点和落脚点,补齐民生保障短板、解决好人民群众急难愁盼问题是社会建设的紧迫任务。"为了保障和改善民生,党按照坚守底线、突出重点、完善制度、引导预期的思路,在收入分配、就业、教育、社会保障、医疗卫生、住房保障等方面推出一系列重大举措,注重加强普惠性、基础性、兜底性民生建设,推进基本公共服务均等化。党的十八大以来,我国社会建设全面加强,人民生活全方位改善,社会治理社会化、法治化、智能化、专业化水平大幅度提升,发展了人民安居乐业、社会安定有序的良好局面,续写了社会长期稳定的奇迹。

第一,优先发展教育事业。建设教育强国是中华民族伟大复兴的基础工程,必须把教育事业放在优先位置。全面贯彻党的教育方针,坚持立德树人,加强社会主义核心价值体系教育,完善中华优秀传统文化教育。大力促进教育公平,推动城乡义务教育一体化发展,让每个孩子都能享有公平而有质量的教育。完善职业教育和培训体系,深化产教融合、校企合作。加强师德师风建设,培养高素质教师队伍。

第二,提高就业质量和人民收入水平。就业是最大的民生。要坚持就业优先战略和积极就业政策,实现更高质量和更充分就业。提供全方位公共就业服务,促进高校毕业生等青年群体、农民工多渠道就业创业。完善政府、工会、企业共同参与的协商协调机制,构建和谐劳动关系。鼓励勤劳守法致富,扩大中等收入群体,增加低收入者收入,调节过高收入,取缔非法收入。履行好政府再分配调节职能,加快推进基本公共服务均等化,缩小收入分配差距。

第三,加强社会保障体系建设。社会保障体系发挥兜底作用,保障全社会成员基本生存与生活需要,要全面建成覆盖全民、城乡统筹、权责清晰、保障适度、可持续的多层次社会保障体系。全面实施全民参保计划。完善城镇职工基本养老保险和城乡居民基本养老保险制度,完善城乡居民基本医疗保险制度和大病保险制度。完善失业、工伤保险制度,建立全国统一的社会保险公共服务平台。统筹城乡社会救助体系,完善最低生活保障制度。

第四,实施健康中国战略。人民健康是民族昌盛和国家富强的重要标志。要完善国民健康政策,为人民群众提供全方位全周期健康服务。深化医疗卫生、医疗保障、医疗服务、药品供应改革,健全现代医院管理制度。倡导健康文明生活方式,预防控制重大疾病。实施食品安全战略,让人民吃得放心。坚持中西医并重,传承发展中医药事业。支持社会办医,发展健康产业。促进生育政策和相关经济社会政策配套衔接,推进医养结合,加快老龄事业和产业发展。

总而言之,百年大党的根基在人民、力量在人民、血脉在人民。"中国共产党始终代表最广大人民根本利益,与人民休戚与共、生死相依,没有任何自己特殊的利益,从来不代表任何利益集团、任何权势团体、任何特权阶层的利益。"①中国共产党的性质和宗旨决定了我们必然践行以人民为中心的发展理念,坚持在发展中保障和改善民生,让改革发展的成果更多地惠及每个人。

(2) 加强和创新社会治理

社会治理是社会建设的重大任务,是国家治理的重要内容。在现代社会中,社会治理地位日益重要。解决我国在社会管理领域存在的问题,必须深入认识新时代社会治理规律,创新社会治理理念思路、体制机制、方法手段,提高社会管理能力,建设平安中国,维护社会和谐稳定。

第一,创新社会治理体制。坚持完善党委领导、政府负责、社会协同、公众参与、法治保障的社会治理体制,提高社会治理社会化、法治化、智能化、专业化水平,推进社会治理精细化,打造共建共治共享的社会治理格局。在发挥好政府治理作用的基础上,健全利益表达、利益协调、利益保护机制,引导群众依法行使权利、表达诉求、解决纠纷,实现政府治理和社会调节、居民自治良性互动。

第二,改进社会治理方式。治理和管理一字之差,体现的是系统治理、依法治理、源头治理、综合施策。坚持系统治理,加强党委领导,发挥政府主导作用,鼓励和支持社会各方面参与。坚持依法治理,加强法治保障,运用法治思维和法治方式化解社会矛盾。"要推进社会治理现代化,坚持和发展'枫

---

① 习近平:《在庆祝中国共产党成立100周年大会上的讲话》,人民出版社,2021,第11-12页。

桥经验',健全平安建设社会协同机制,从源头上提升维护社会稳定能力和水平。"①坚持源头治理,标本兼治、重在治本,以网格化管理、社会化服务为方向,健全基层综合服务管理平台,及时反映和协调人民群众各方面各层次利益诉求。

第三,加强预防和化解社会矛盾机制建设。正确处理人民内部矛盾特别是涉及广大人民群众切身利益的矛盾,是保持社会安定团结良好局面的关键。"要加强和创新基层社会治理,使每个社会细胞都健康活跃,将矛盾纠纷化解在基层,将和谐稳定创建在基层。"②健全重大决策社会稳定风险评估机制,对直接关系群众切身利益且涉及面广、容易引发社会稳定风险的重大决策事项,要将风险评估列为必经的前置程序和刚性门槛。完善矛盾纠纷多元化解机制,积极推动人民调解、行政调解、司法调解联动工作体系形成。

第四,加强社会心理服务体系建设。人是社会的主体。一个社会是否文明进步、安定和谐,很大程度上取决于公民的思想道德素质。加强和改进思想政治工作,更加注重人文关怀和心理疏导,着力促进公民道德素质的提升。推动全社会践行社会主义核心价值观,培育知荣辱、讲正气、作奉献、促和谐的良好风尚。完善惩恶扬善机制,培育风清气正的社会氛围。

第五,加强社区治理体系建设。基础不牢,地动山摇。社区是党和政府联系、服务居民群众的"最后一公里",社会治理的重心要向基层下移落到城乡社区。社区服务和管理能力越强,社会治理的基础就越实。加强创新农村社会治理,重视化解农村社会矛盾。

(五) 建设美丽中国

党的十八大把生态文明建设纳入中国特色社会主义"五位一体"总体布局,以习近平同志为核心的党中央站在实现中华民族伟大复兴的战略高度,提出了一系列新思想新战略,形成了习近平生态文明思想。习近平总书记指出,"走向生态文明新时代,建设美丽中国,是实现中华民族伟大复兴的中国梦的重要内容","生态兴则文明兴,生态衰则文明衰"。

---

① 中共中央党史和文献研究院编《习近平关于防范风险挑战、应对突发事件论述摘编》,中央文献出版社,2020,第95页。

② 中共中央党史和文献研究院编《十九大以来重要文献选编(中)》,中央文献出版社,2021,第667页。

1. 教学主题

推动绿色发展,建设美丽中国。

2. 教学目标

深入了解习近平生态文明思想。

3. 教学内容

习近平生态文明思想内涵丰富、逻辑严密,主要包括六个方面的重要内容。

第一,坚持人与自然和谐共生。当人类合理利用、友好保护自然时,自然的回报常常是慷慨的;当人类无序开发、粗暴掠夺自然时,自然的惩罚必然是无情的。人类对大自然的伤害最终会伤及人类自身,这是无法抗拒的规律。生态环境没有替代品,用之不觉,失之难存。我们必须树立尊重自然、顺应自然、保护自然的生态文明理念,保护自然生态系统,维护人与自然之间形成的生命共同体。

第二,绿水青山就是金山银山。中国要实现工业化、城镇化、信息化、农业现代化,必须走出一条新的发展道路。中国明确把生态环境保护摆在更加突出的位置。我们既要绿水青山,也要金山银山。宁要绿水青山,不要金山银山,而且绿水青山就是金山银山。我们绝不能以牺牲生态环境为代价换取经济的一时发展。

第三,良好生态环境是最普惠的民生福祉。生态环境是关系党的使命宗旨的重大政治问题,也是关系民生的重大社会问题。广大人民群众热切期盼加快提高生态环境质量。我们要大力推进生态文明建设,提供更多优质生态产品,不断满足人民群众日益增长的优美生态环境需要。在整个发展过程中,我们让群众望得见山、看得见水、记得住乡愁,让自然生态美景永驻人间,还自然以宁静、和谐、美丽。

第四,统筹山水林田湖草沙系统治理。坚持节约资源和保护环境的基本国策,像对待生命一样对待生态环境,统筹山水林田湖草沙系统治理,实行最严格的生态环境保护制度,形成绿色发展方式和生活方式,坚定走生产发展、生活富裕、生态良好的文明发展道路,建设美丽中国,为人民创造良好生产生活环境。

第五,用最严格制度最严密法治保护生态环境。习近平总书记指出:"我国生态环境保护中存在的突出问题大多同体制不健全、制度不严格、法治不严密、执行不到位、惩处不得力有关。要加快制度创新,增加制度供给,完善制度配套,强化制度执行,让制度成为刚性的约束和不可触碰的高压线。"①要加快划定并严守生态保护红线、环境质量底线、资源利用上线三条红线,对突破三条红线、仍然沿用粗放增长模式、吃祖宗饭砸子孙碗的事,绝对不能再干,绝对不允许再干。

第六,共谋全球生态文明建设。生态文明建设关乎人类未来,建设绿色家园是各国人民的共同梦想。国际社会需要加强合作、共同努力,构建尊崇自然、绿色发展的生态体系,推动实现全球可持续发展。中国将继续承担应尽的国际义务,同世界各国深入开展生态文明领域的交流合作,推动成果分享,携手共建生态良好的地球美好家园。事实上,我国已成为全球生态文明建设的重要参与者、贡献者、引领者。

二、平台情景式教学

这一部分的平台情景式教学主要包括两个环节:一是让同学们自己讲述身边的民生故事,二是组织同学们表演话剧《塞罕长歌》。在参与的过程中,同学们会对"五位一体"总体布局有更深的体会。

(一)学生讲述自己身边的民生故事

1. 教学主题

学生自己身边的民生故事。

2. 教学目标

同学们从身边的故事中感受我国的民生建设成果,感受我们党的初心和使命。

3. 教学方案

在实践教学平台组织同学们自主发言讨论。

4. 师生交流

学生甲:"弱有所扶"是我们国家社会建设中的重要组成部分。对此我

---

① 习近平:《论把握新发展阶段、贯彻新发展理念、构建新发展格局》,中央文献出版社,2021,第258页。

想谈一谈自己的切身感受。弱有所扶是国家文明程度的重要体现,是社会主义促进社会公平正义的生动体现。党的十八大以来,党和国家聚焦社会各类弱势群体的生存性需求,提供相应的发展性支持,特别是在以新冠肺炎疫情为典型的突发重大公共卫生事件防治中,对困难群众的基本生活高度关心。"十三五"时期,我国累计投入1300多亿元,为1200余万困难残疾人发放生活补贴,为将近1500万的重度残疾人发放护理补贴。我同时还查了另外的一些相应数据:党的十八大以来,我国的残疾人托养照护服务的水平不断提升,各级各类托养服务机构将近9000个,将近500万人次残疾人得到有效的托养服务,保障残疾人基本民生的安全网得到进一步健全完善。

学生乙:教育、科技、人才是全面建设社会主义现代化国家的基础性、战略性支撑。我们必须坚持科技是第一生产力、人才是第一资源、创新是第一动力,深入实施科教兴国战略、人才强国战略、创新驱动发展战略,开辟发展新领域新赛道,不断塑造发展新动能新优势。党的十九大报告指出,必须多谋民生之利、多解民生之忧,在发展中补齐民生短板、促进社会公平正义,在幼有所育、学有所教、劳有所得、病有所医、老有所养、住有所居、弱有所扶上不断取得新进展。作为当代青年大学生,我对"学有所教"这一点有自己的看法和感受:对于一个国家来说,教育既能提高人民群众的素质,又可以促进社会阶层的正常流动,为个体发展创造必要的机会和资源。我们国家之所以非常重视民生建设中的学有所教,就是为了在坚持教育的公益性和普惠性的基础上,保障人民公平享有接受良好教育的机会,从而为国家可持续发展、个人的自由全面发展提供必要的条件。

学生丙:经济发展是改善民生的前提。离开了经济发展,改善民生就会成为无源之水、无本之木。因此在未来的征程上,我们国家仍然要紧紧抓住经济建设这个中心,进一步把"蛋糕"做大,为改善民生奠定更加坚实的物质基础。我在网上查阅了相关资料,2020年我国的GDP总量突破100万亿元;受疫情的影响我们的经济增速仅仅为2.3%,但仍是世界主要经济体中唯一实现正增长的;经济总量预计占世界经济的比重达到17%,人均GDP连续两年超过1万美元。这些历史性、全方位的成就为我们的社会建设、民生改善提供了坚实的基础和前提。正是由于这些成就的取得,家乡的普惠性、基础性、兜底性民生建设让老百姓有了更多的获得感和幸福感。

教师:习近平总书记强调"民生是最大的政治",让人民生活幸福是"国之大者"。民生是人民幸福之基、社会和谐之本。在发展经济的基础上不断提高人民生活水平,实现人民群众对美好生活的向往,是党和国家一切工作的根本目的。因此我们必须在发展中保障和改善民生。坚持人民主体地位,既要坚持人民的实践主体地位,更要坚持人民的价值主体地位;人民既是创造物质财富、推动历史发展、促进社会进步的实践主体,又是满足自身需要、维护自身利益、享受发展成果的价值主体。马克思认为:"'思想'一旦离开'利益',就一定会使自己出丑。"①这个重要命题告诉我们,一个国家、民族的路线、方针、政策,如果忽视、不能体现人民的利益需求,就必然会削弱自身的说服力、凝聚力和感召力,就一定会让自己"出丑"。因而,民生是人民幸福之基、社会和谐之本。在发展经济的基础上不断提高人民生活水平,是党和国家一切工作的根本目的。

(二)表演话剧《塞罕长歌》

2017年8月,习近平总书记对塞罕坝林场建设者的感人事迹作出重要指示,盛赞他们"用实际行动诠释了绿水青山就是金山银山的理念,铸就了牢记使命、艰苦创业、绿色发展的塞罕坝精神"②。2021年8月23日,在河北省承德市考察的习近平总书记,首先考察了塞罕坝机械林场,指出塞罕坝精神是中国共产党精神谱系的组成部分,强调要传承好塞罕坝精神。话剧《塞罕长歌》以塞罕坝林场务林人先进事迹为原型,讲述了55年来塞罕坝建设者们在高寒荒漠地区创造出世界上最大人工林海的人间奇迹,用实际行动诠释"绿水青山就是金山银山"的深刻内涵,铸就了"牢记使命、艰苦创业、绿色发展"塞罕坝精神的故事。

1. 教学主题

表演话剧《塞罕长歌》。

2. 教学目标

感受党的十八大以来生态文明建设成就。

3. 教学方案

第一,引领同学们了解塞罕坝林场的历史。

---

① 中共中央马克思恩格斯列宁斯大林著作编译局编译《马克思恩格斯文集》第1卷,人民出版社,2009,第286页。
② 习近平:《习近平谈治国理政》第2卷,外文出版社,2017,第397页。

第二,带领同学们回顾习近平总书记关于塞罕坝林场的重要讲话和指示精神。

第三,在实践教学平台表演话剧《塞罕长歌》。

4. 师生交流

同学甲:50余年来,河北塞罕坝林场的建设者们听从党的召唤,在"黄沙遮天日,飞鸟无栖树"的荒漠沙地上艰苦奋斗、甘于奉献,创造了荒原变林海的人间奇迹,用实际行动诠释了绿水青山就是金山银山的理念,铸就了牢记使命、艰苦创业、绿色发展的塞罕坝精神。他们的事迹感人至深,是推进生态文明建设的一个生动范例。

同学乙:话剧《塞罕长歌》既是一部塞罕坝三代务林人的创业史诗,又是一部生命的绿色交响曲,也是一部向塞罕坝务林人致敬的舞台作品。"黄沙遮天日,飞鸟无栖树"是过去塞罕坝的真实写照。半个多世纪以来,一代又一代塞罕坝务林人在自然条件极端恶劣的高寒荒漠中,用青春、汗水和智慧,将茫茫荒原建设成百万亩人工林海,创造了"沙漠变绿洲,荒原变林海"的绿色奇迹。

三、基地体验式教学

新乡市有着丰富的文化资源,这其中就包括大量的优秀传统文化资源。这些文化资源是我们进行基地体验式教学的宝贵财富。在这一环节,我们主要参观新乡市平原博物院、新乡市凤泉区小咚鼓群众文化艺术活动中心这两个地方。在实地参观学习过程中,同学们能够更加理解文化强国建设是"五位一体"建设总体布局的重要一环。

(一)参观新乡市平原博物院

博物馆是保护和传承人类文明的重要场所,是厚植家国情怀的重要场所,是维护国家文化安全的重要阵地,更是弘扬中国精神、凝聚国家认同、增强历史自信的文化卫士。正因为如此,习近平总书记在多个场合数次强调:"要系统梳理传统文化资源,让收藏在禁宫里的文物、陈列在广阔大地上的遗产、书写在古籍里的文字都活起来。"①新乡市平原博物院藏有文物3万余件,其中珍贵文物上万件,国家一级文物63件,集中展示了中华传统文化的独特魅力,是我们培育和践行社会主义核心价值观、建设文化强国的重要资源。

1. 教学主题

现场参观新乡市平原博物院。

2. 教学目标

帮助同学们切身感受中华优秀传统文化的思想观念、人文精神、道德规范,进一步增强当代大学生做中国人的志气、骨气和底气。

3. 教学方案

第一,帮助同学们了解平原省、平原博物院的历史。

第二,与同学们一起充分发掘平原博物院馆藏器物所蕴含的传统文化。

4. 师生交流

同学甲:实地参观博物院,感受最深的是:创新要建立在继承的基础上,只有"继往"才能更好地做到"开来"。我们当代青年大学生要坚定文化自信,首先要做到对优秀传统文化的高度自信。只有不断结合新的实际情况,推动中华优秀传统文化创造性转化、创新性发展,才能不断铸就中华文化新辉煌,建成社会主义文化强国。

同学乙:习近平总书记在多个场合都强调,不忘本来才能开辟未来,善于继承才能更好创新。这次来到平原博物院让我对这句话有了更深的理解和感受。时代潮流浩浩荡荡,但是我们不能数典忘祖。中华优秀传统文化所蕴含的丰富的哲学思想、人文精神、教化思想、道德理念等,可以为人们认识和改造世界提供有益启迪,可以为治国理政提供有益启示,也可以为道德建设提供有益启发。

教师:平原博物院丰富的馆藏及其呈现的多彩文化,让我们所有的师生感到惊讶和震撼。中华优秀传统文化是中华民族的文化根脉,其蕴含的思想观念、人文精神、道德规范,不仅是我们中国人思想和精神的内核,对解决人类问题也有重要价值。正所谓"落其实者思其树,饮其流者怀其源"。我们要坚持不忘本来、吸收外来、面向未来,在继承中转化,在学习中超越,创作更

---

① 习近平:《习近平谈治国理政》第1卷,外文出版社,2018,第161页。

多体现中华文化精髓、传播当代中国价值观念且符合世界进步潮流的优秀作品。

(二) 参观新乡市凤泉区小咚鼓群众文化艺术活动中心

小咚鼓是起源于河南省新乡市凤泉区东张门村"火神会"的一种锣鼓乐形式,表达了劳动人民迎祥纳福的美好愿望,入选第二批河南省省级非物质文化遗产名录。

1. 教学主题

参观凤泉区小咚鼓群众文化艺术活动中心。

2. 教学目标

帮助同学们进一步感受中华优秀传统文化的独特魅力,增强文化自觉与文化自信。

3. 教学方案

首先,帮助同学们了解新乡市的民间音乐文化传统,认识到新乡市是著名的锣鼓乐之乡,锣鼓乐品种繁多,历史悠久。

其次,向同学们介绍小咚鼓艺术的发展历史和独特魅力。

最后,周末组织同学们去小咚鼓群众文化艺术活动中心参观学习。

四、网络延展式教学

河南作为中华民族和华夏文明的发祥地,绘就了光辉灿烂的文明画卷,在提升文化自信、讲好中国故事、对传统文化进行创造性转化和创新性发展的过程中扮演了十分重要的角色,河南卫视推出的《唐宫夜宴》在全国产生的巨大影响就是有力证明。与此同时,电影《我不是药神》的播出在全国产生较大反响。李克强总理就电影引发舆论热议作出批示。这一方面反映了民生问题事关老百姓切身利益,另一方面也表明我们国家始终将改善民生作为社会建设的重点工作。在网络延展式教学部分,通过组织观看节目《唐宫夜宴》和电影《我不是药神》,同学们可以更好地理解"五位一体"总体布局的深刻内涵。

（一）观看节目《唐宫夜宴》

《唐宫夜宴》讲述的是一千三百多年前的一个晚上，唐高宗李治在洛阳上阳宫设宴，一群体态丰腴的女子去赴宴表演，途中发生的各种趣事。这一作品充分发挥了从三彩乐俑得来的灵感，汲取了唐俑服饰造型特点，将传统文化元素运用得淋漓尽致。节目一经播出，在全国产生了巨大效应和一致好评，是河南作为文化大省的一个鲜明例证，也是我们讲好河南故事、讲好中国故事的宝贵资源。

1. 教学主题

观看节目《唐宫夜宴》。

2. 教学目的

通过组织观看《唐宫夜宴》，可以充分发挥优秀传统文化在当代学生中的影响力、凝聚力、感召力，帮助学生提升文化自信。

3. 教学安排

第一，向同学们讲述节目《唐宫夜宴》的创作过程。

第二，组织同学们在课上观看节目（鉴于节目时长较短，因而没有安排在思政课教学平台）。

4. 师生交流

同学甲：中华文明延续着我们国家和民族的精神血脉，既需要薪火相传、代代守护，也需要与时俱进、推陈出新。坚定文化自信，必须推动中华优秀传统文化创造性转化、创新性发展，以时代精神激活中华优秀传统文化的生命力。这次我们河南卫视推出的《唐宫夜宴》就是守正创新的典范，就是对传统文化进行创造性转化、创新性发展的杰作。

同学乙：《唐宫夜宴》给我带来了很大的震撼！没有想到传统文化可以以这种形式呈现出来，没有想到传统文化也可以吸引这么多当代年轻人，更没有想到我们河南省在经济迅速发展的同时正在迈向文化强省！与此同时，正如习近平总书记所讲，文艺作品不能只为了迎合市场、提升票房，文艺不能当市场的奴隶，不要沾满了铜臭气。对于文艺作品来讲，同社会效益相比，经济效益是第二位的，文艺应当始终注重社会价值和人民立场。

教师：每次观看《唐宫夜宴》都会给我带来震撼和思考。文化是一个国家、一个民族的灵魂。"文化自信，是更基础、更广泛、更深厚的自信，是更基本、更深沉、更持久的力量。坚定文化自信,是事关国运兴衰、事关文化安全、事关民族精神独立性的大问题。"①正所谓"求木之长者,必固其根本;欲流之远者,必浚其泉源",在我们实现和提升文化自信的过程中,中华优秀传统文化是中华民族的精神命脉,是涵养社会主义核心价值观的重要源泉,也是我们在世界文化激荡中站稳脚跟的坚实根基。《唐宫夜宴》的影响和成功有力地印证了这些道理。

(二) 观看电影《我不是药神》

2018年上映的国产影片《我不是药神》引起了人们巨大的关注和讨论。在《我不是药神》中,天价救命药与无数条人命形成了鲜明的冲突。通过观看《我不是药神》,同学们一方面可以感受到老百姓在病有所医、老有所养、住有所居、弱有所扶等方面的需求,另一方面也要看到我们党在民生改善方面取得的巨大成就。

1. 教学主题

观看电影《我不是药神》。

2. 教学目标

帮助同学们充分认识到民生建设在"五位一体"总体布局中的重要地位,充分认识到党的十八大以来我们在民生建设方面取得的历史性成就。

3. 教学方案

第一,引导同学们自主发言,谈一谈自己所知道的近些年我们国家在医疗保障方面的具体措施和进步。

第二,周末时间组织同学们利用实践教学平台观看影片。

4. 师生交流

教师:《我不是药神》这部电影反映了看病贵看病难、抗癌药纳入医保、国外创新药引进等关乎民生的现实问题。我们在看到影片反映的一些现实问题和矛盾的同时,也要看到这些年我们党在民生建设方面的努力和进步。党的十八大以来,除了降低药品价格,药物的审批速度也在加快。例如国家药监局、国家卫健委联合发布了《关于优化药品注册审评审批有关事宜的公告》,为药物审批打开绿色通道。与此同时,加快国产创新药的研发也被放在

---

① 习近平:《习近平谈治国理政》第2卷,外文出版社,2017,第349页。

了重要位置。中共中央办公厅、国务院办公厅印发了《关于深化审评审批制度改革鼓励药品医疗器械创新的意见》,创新药获得了优先审评、专利补偿、药品试验数据保护等多项重要支持。

专题六　全面推进国防和军队现代化

历史一再证明,强国必须强军,落后就要挨打。没有国防和军队的现代化,就不会有国家的现代化,就不会有中华民族的伟大复兴。党的十八大以来,习近平着眼坚持和发展中国特色社会主义、实现中华民族伟大复兴,立足国家安全和发展战略全局,围绕强军兴军作出一系列重要论述,提出一系列重大战略思想、理论观点、决策部署,形成了习近平强军思想。我们党以习近平强军思想为指引,坚持走中国特色强军之路,推动军民融合深度发展,以前所未有的勇气和决心推动人民军队的革命性重塑。国防实力和经济实力同步提升,一体化国家战略体系和能力加快构建,建立健全退役军人管理保障体制,国防动员更加高效,军政军民团结更加巩固。人民军队坚决履行新时代使命任务,以顽强斗争精神和实际行动捍卫了国家主权、安全、发展利益。

一、课堂叙事式教学

通过在课堂上讲述坚持党对军队的绝对领导、总体国家安全观、国防和军队现代化、推动军民融合发展等主要内容,帮助同学们学习了解中国特色国防和军队现代化的相关知识。

(一) 坚持党对人民军队的绝对领导

习近平强军思想是习近平新时代中国特色社会主义思想的重要组成部分,体系严整、内涵丰富、博大精深,深刻回答了"新时代建设一支什么样的强大人民军队、怎样建设强大人民军队"的时代课题,是我们全面推进国防和军队现代化的科学指南。这一思想的主要内容之一就是:党对军队绝对领导是人民军队建军之本、强军之魂,必须全面贯彻党领导军队的一系列根本原则和制度,确保部队绝对忠诚、绝对纯洁、绝对可靠。

1. 教学主题

坚持党对军队的绝对领导。

2. 教学目标

充分认识南昌起义、三湾改编、古田会议对于坚持党对军队的绝对领导的重要意义;深刻把握新时代坚持党对军队的绝对领导的必要性。

3. 教学内容

习近平总书记指出:"党对军队的绝对领导是中国特色社会主义的本质特征,是党和国家的重要政治优势,是人民军队的建军之本、强军之魂。"①党的十九届六中全会通过的《中共中央关于党的百年奋斗重大成就和历史经验的决议》,全面总结党的十八大以来党领导国防和军队建设取得的历史性成就、发生的历史性变革,强调"建设强大人民军队,首要的是毫不动摇坚持党对人民军队绝对领导的根本原则和制度,坚持人民军队最高领导权和指挥权属于党中央和中央军委,全面深入贯彻军委主席负责制"。在实现第二个百年奋斗目标的新征程上,走好中国特色强军之路、开创强军事业新局面,必须毫不动摇坚持党对人民军队绝对领导的根本原则和制度。事实上,毛泽东早在新民主主义革命时期就指出:"我们的原则是党指挥枪,而决不容许枪指挥党。"②党指挥枪是保持人民军队本质和宗旨的根本保障,这是我们党在血与火的斗争中得出的颠扑不破的真理。正是由于千千万万革命将士矢志不渝听党话、跟党走,在挫折中愈加奋起、在困苦中勇往直前,铸就了拖不垮、打不烂、攻无不克、战无不胜的钢铁雄师。有了中国共产党,有了中国共产党的坚强领导,人民军队前进就有方向、有力量。

党对军队的绝对领导,其基本内容是:军队必须完全地无条件地置于中国共产党的领导之下,在思想上政治上行动上始终与党中央、中央军委保持高度一致,坚决维护党中央、中央军委权威,任何时候任何情况下都坚决听从党中央、中央军委指挥。这准确深刻地反映了中国共产党对军队的绝对领

---

① 习近平:《在庆祝中国人民解放军建军90周年大会上的讲话》,人民出版社,2017,第14页。

② 毛泽东:《毛泽东选集》第2卷,人民出版社,1991,第547页。

导,是唯一的独立的领导,是直接领导、直接指挥,是包括政治领导、思想领导、组织领导在内的全面领导,涵盖军事、政治、后勤、装备建设各个领域,贯穿于完成各项任务的全过程。

坚持党对军队绝对领导不是抽象的原则要求,而是有一整套制度作保证的。这些制度主要包括:军队最高领导权和指挥权属于党中央和中央军委,中央军委实行主席负责制;实行党委制、政治委员制、政治机关制;实行党委统一的集体领导下的首长分工负责制;实行支部建在连上。军委主席负责制是党对军队绝对领导的最高实现形式,党委、政治委员和政治机关是党从思想上政治上组织上建设和掌握部队的重要组织支撑,党委统一的集体领导下的首长分工负责制是党领导军队的根本制度,支部建在连上是党指挥枪这一原则落地生根的坚实基础。这一整套制度,是我们党在领导人民军队进行革命、建设和改革的实践中探索总结出来的,构成了一个严密科学完整的组织领导体系,为党对军队绝对领导提供了坚如磐石的根本保证。党对军队的绝对领导是我国的基本军事制度,与中国特色社会主义政治制度相配套相吻合,是我们党运用马克思主义国家学说建设新型人民军队的伟大创造。

坚持党对军队的绝对领导,把党指挥枪的原则落到实处。第一,不折不扣落实好党领导军队的一整套制度。坚持军队的最高领导权和指挥权属于党中央和中央军委,坚决维护和贯彻军委主席负责制;坚持党委统一的集体领导下的首长分工负责制,增强贯彻民主集中制实效性;大力加强党委班子和党员队伍建设,把各级党组织建设成为实现党对军队绝对领导、团结巩固部队和完成各项任务的坚强领导核心和战斗堡垒。第二,坚持五湖四海、任人唯贤,坚持德才兼备、以德为先,坚持对党忠诚、善谋打仗、敢于担当、实绩突出、清正廉洁的军队好干部标准,完善干部选拔任用机制,增强选人用人的科学性、准确性、公信度,确保枪杆子始终掌握在忠于党的可靠的人手中。第三,严守政治纪律和政治规矩,加大从严治党、从严治军力度,强化政治意识、大局意识、核心意识、看齐意识,防止和反对政治上的自由主义,确保全军官兵始终在政治立场、政治方向、政治原则、政治道路上与党中央、中央军委保持高度一致,一切行动听从党中央、中央军委指挥。

在庆祝中国人民解放军建军 90 周年大会上,习近平总书记指出:"党对军队绝对领导的根本原则和制度,发端于南昌起义,奠基于三湾改编,定型于古田会议,是人民军队完全区别于一切旧军队的政治特质和根本优势。"①南昌起义、三湾改编、古田会议是确立党对军队绝对领导这一根本原则的三个重要时间节点。南昌起义打响了武装反抗国民党反动派的第一枪,揭开了中国共产党独立创建人民军队和领导武装斗争的序幕。"南昌城头一声枪响,拉开了我们党武装反抗国民党反动派的大幕。这是中国共产党历史上的一个伟大事件,是中国革命史上的一个伟大事件,也是中华民族发展史上的一个伟大事件。"②关于三湾改编的重要历史意义,正如毛泽东所讲:"红军所以艰难奋战而不溃散,'支部建在连上'是一个重要原因。"③三湾改编作为党对军队绝对领导这一根本原则和制度的重要奠基,在人民军队和党的建设发展史上至关重要。而"古田是我们党确立思想建党、政治建军原则的地方,是我军政治工作奠基的地方,是新型人民军队定型的地方"④。

回顾历史我们更加坚信,推进强军事业,必须毫不动摇坚持党对军队的绝对领导,确保人民军队永远跟党走。党的领导,是人民军队始终保持强大的凝聚力、向心力、创造力、战斗力的根本保证;党对军队的绝对领导是中国特色社会主义的本质特征,是党和国家的重要政治优势。推进强军事业,必须毫不动摇坚持党对军队的绝对领导,确保人民军队永远听党话、跟党走,在任何时候任何情况下都以党的旗帜为旗帜、以党的方向为方向、以党的意志为意志。

(二) 坚持总体国家安全观

"备豫不虞,为国常道。"国家安全是民族复兴的根基,社会稳定是国家强盛的前提。"当前,世界大变局加速深刻演变,全球动荡源和风险点增多,我国外部环境复杂严峻。我们要统筹国内国际两个大局、发展安全两件大事,既聚焦重点、又统揽全局,有效防范各类风险连锁联动。"⑤全新的现实形

---

① 习近平:《在庆祝中国人民解放军建军90周年大会上的讲话》,人民出版社,2017,第6页。
② 习近平:《在庆祝中国人民解放军建军90周年大会上的讲话》,人民出版社,2017,第2页。
③ 毛泽东:《毛泽东选集》第1卷,人民出版社,1991,第65-66页。
④ 习近平:《论中国共产党历史》,中央文献出版社,2021,第96页。
⑤ 中共中央党史和文献研究院编《习近平关于防范风险挑战、应对突发事件论述摘编》,中央文献出版社,2020,第120-121页。

势和发展条件要求我们从新的历史特点出发,统筹发展与安全,坚持总体国家安全观。

1. 教学主题

坚持总体国家安全观。

2. 教学目标

帮助同学们深入认识总体国家安全观的内涵、坚持总体国家安全观的必要性。

3. 教学内容

党的十八大以来,以习近平同志为核心的党中央高度重视国家安全工作。2013年11月12日,中国共产党第十八届中央委员会第三次全体会议决定设立国家安全委员会,完善国家安全体制和国家安全战略,确保国家安全;2014年4月15日,习近平总书记在中央国家安全委员会第一次全体会议上首次提出"总体国家安全观";2015年7月1日,第十二届全国人大常委会第十五次会议通过《中华人民共和国国家安全法》,将每年4月15日确定为全民国家安全教育日;2017年10月,党的十九大将坚持总体国家安全观纳入新时代坚持和发展中国特色社会主义基本方略,并写入党章。之所以如此,就在于国家安全是国家发展的最重要基石、人民福祉的最根本保障。正所谓"安而不忘危,存而不忘亡,治而不忘乱"。可以说,习近平总书记创造性提出总体国家安全观,为破解我国国家安全面临的难题、推进新时代国家安全工作提供了基本遵循。

习近平总书记指出:"统筹发展和安全,增强忧患意识,做到居安思危,是我们党治国理政的一个重大原则。"[1]当前我国国家安全内涵和外延比历史上任何时候都要丰富,时空领域比历史上任何时候都要宽广,内外因素比历史上任何时候都要复杂,必须坚持总体国家安全观。我们越来越深刻地认识到,安全是发展的前提,发展是安全的保障。我们必须坚持统筹发展和安全,增强机遇意识和风险意识,树立底线思维,把困难估计得更充分一些,把风险思考得更深入一些。坚持总体国家安全观,是习近平新时代中国特色社会主义思想的重要方略,也是实现第二个百年奋斗目标、以中国式现代化全面推进中华民族伟大复兴的必然要求。"我们面临的重大风险,既包括国内的经

---

[1] 习近平:《习近平谈治国理政》第3卷,外文出版社,2020,第19页。

济、政治、意识形态、社会风险以及来自自然界的风险,也包括国际经济、政治、军事风险等。"①贯彻总体国家安全观,要以人民安全为宗旨,以政治安全为根本,以经济安全为基础,以军事、科技、文化、社会安全为保障,以促进国际安全为依托,统筹发展和安全,统筹开放和安全,统筹传统安全和非传统安全,统筹自身安全和共同安全,统筹维护国家安全和塑造国家安全。我们在贯彻总体国家安全观、统筹发展和安全的时候尤其要坚持做到或者注意以下几个方面:

第一,要坚持党对国家安全工作的领导,这是做好国家安全工作的根本原则。只有坚持党的绝对领导,充分发挥党的领导优势,国家安全工作才能取得进步和成就,国家安全才能真正得到保证。只有坚持党对国家安全工作的绝对领导,统筹国内国际两个大局,才能避免国家被颠覆的危险、改革发展稳定大局被破坏的危险、中国特色社会主义发展进程被打断的危险,确保"中国号"巨轮行稳致远,确保红色江山永不变色。坚持党对国家安全工作的绝对领导,就要求全国各级党委和各地区、各部门认真学习贯彻习近平总书记关于国家安全工作的重要论述,牢固树立维护国家安全"一盘棋"意识,强化落实维护国家安全的主体责任,健全党委统一领导的国家安全工作责任制,依法行使国家安全法律法规赋予的职权,各司其职、各负其责,密切配合、通力合作,做到守土有责、守土负责、守土尽责。

第二,要重视网络安全。网络空间已拓展成为国家安全的新疆域、大国博弈的最前沿和意识形态斗争的主阵地。没有网络安全就没有国家安全,就没有经济社会稳定运行,广大人民群众的利益也难以得到保障。正是在这个意义上,习近平总书记反复强调:"过不了互联网这一关就过不了长期执政这一关。"一方面,网络空间是亿万民众共同的精神家园。网络空间天朗气清、生态良好,符合人民利益。另一方面,互联网不是法外之地,网络空间乌烟瘴气、生态恶化,不符合人民利益。利用网络鼓吹推翻国家政权,煽动宗教极端主义,宣扬民族分裂思想,教唆暴力恐怖活动,等等,这样的行为要坚决制止和打击,绝不能任其大行其道。要坚持依法治网、依法办网、依法上网,让互联网在法治轨道上健康运行。要加强网络伦理、网络文明建设,发挥道德教

---

① 习近平:《论把握新发展阶段、贯彻新发展理念、构建新发展格局》,中央文献出版社,2021,第50页。

化引导作用,用人类文明优秀成果滋养网络空间、修复网络生态。

第三,要树立底线思维。习近平总书记在全国抗击新冠肺炎疫情表彰大会上指出:"我们要坚持底线思维、增强忧患意识,有效防范和化解前进道路上的各种风险。"①底线思维源自防范风险的忧患意识,是客观设定最低目标,立足最低点,争取最大期望值的思维方式。习近平总书记基于对底线思维的深刻洞察着重指出:"各种风险我们都要防控,但重点要防控那些可能迟滞或中断中华民族伟大复兴进程的全局性风险,这是我一直强调底线思维的根本含义。"这是因为当前世界面临的不稳定性不确定性凸显,世界经济增长动能不足,地区热点问题此起彼伏,传统安全与非传统安全问题相互交织,人类面临着许多共同的问题和挑战。对此,我们必须坚持底线思维,增强风险意识,未雨绸缪、处盛虑衰,做好应对任何风险挑战的准备,牢牢守住不发生系统性风险的底线,确保党和国家事业的巍巍巨轮行稳致远。

第四,坚持合作共建,实现持久安全。当今世界仍不太平,国际热点问题此起彼伏,地区争端、恐怖主义、气候变化、网络安全、生物安全、卫生健康等全球性问题错综复杂,人类社会面临的和平赤字、安全赤字、信任赤字、治理赤字有增无减,加强全球安全治理刻不容缓。各国安全相互关联、彼此影响,安全问题的联动性、跨国性、多样性更加突出。"单者易折,众则难摧。"要有效应对人类面临的困难和挑战,合作是我们唯一的选择。世界命运应该由各国共同掌握,全球事务应该由各国共同商量。当今世界,没有绝对安全的世外桃源。安全问题是双向的、联动的,只顾一个国家安全而罔顾其他国家安全,牺牲别国安全谋求自身的所谓绝对安全,不仅是不可取的,而且最终会贻害自己。以合作谋安全、谋稳定,以安全促和平、促发展,以对话协商、互利合作的方式破解安全难题,是共同应对安全挑战、实现持久安全的正确道路。

(三) 加快国防和军队现代化

强国必须强军,军强才能国安,这既是历史的结论,也是时代的昭示。以史为鉴、开创未来,必须加快我国的国防和军队现代化。没有一支强大的军队,就不可能有强大的祖国。坚持和发展中国特色社会主义,必须统筹发展

---

① 习近平:《论把握新发展阶段、贯彻新发展理念、构建新发展格局》,中央文献出版社,2021,第387页。

和安全、富国和强军。要贯彻新时代党的强军思想,贯彻新时代军事战略方针,毫不动摇坚持党对人民军队的绝对领导,坚持政治建军、改革强军、科技强军、人才强军、依法治军,全面提高捍卫国家主权、安全、发展利益的战略能力,更好履行新时代人民军队使命任务。

1. 教学主题

加快国防和军队现代化。

2. 教学目标

充分认识加快国防和军队现代化的紧迫性和具体路径。

3. 教学内容

"国虽大,好战必亡;天下虽安,忘战必危。"面对异常复杂的国内外形势,我们党深刻认识到:必须建设同我国国际地位相称、同国家安全和发展利益相适应的巩固国防和强大人民军队。正因为如此,党提出新时代的强军目标,确立新时代军事战略方针,制定到2027年实现建军一百年奋斗目标、到2035年基本实现国防和军队现代化、到本世纪中叶全面建成世界一流军队的国防和军队现代化新"三步走"战略。如期实现建军一百年奋斗目标,加快把人民军队建成世界一流军队,是全面建设社会主义现代化国家的战略要求。党的十八大以来,在党的坚强领导下,人民军队实现整体性革命性重塑,重整行装再出发,国防实力和经济实力同步提升。人民军队坚决履行新时代使命任务,以顽强斗争精神和实际行动捍卫了国家主权、安全、发展利益。

巩固国防和强大军队是新时代坚持和发展中国特色社会主义、实现中华民族伟大复兴的战略支撑。实现中华民族伟大复兴,是中华民族近代以来最伟大的梦想。可以说,这个梦想是强国梦,对军队来说,也是强军梦。我们要实现中华民族伟大复兴,必须坚持富国和强军相统一,努力建设巩固国防和强大军队。"强国必须强军,军强才能国安。"加快国防和军队现代化,是同国家现代化进程相适应的内在要求,是履行新时代使命任务的紧迫需要,是全面建成世界一流军队的必然选择。新的征程上,我们要全面贯彻新时代党的强军思想,坚持党对军队的绝对领导,把握世界新军事革命发展大势,坚持走中国特色强军之路,全面深化国防和军队改革,推进政治建军、改革强军、科技兴军、依法治军,建设一支听党指挥、能打胜仗、作风优良的人民军队,努力建成世界一流军队,为维护国家主权、安全、发展利益,为维护世界和平稳定,为实现中华民族伟大复兴提供坚强后盾。

党的十八大以来,以习近平同志为核心的党中央着眼于实现"两个一百年"奋斗目标、实现中华民族伟大复兴的中国梦,提出建设一支听党指挥、能打胜仗、作风优良的人民军队这一党在新形势下的强军目标,与时俱进创新军事战略指导,制定新形势下军事战略方针,推动人民军队在中国特色强军之路上迈出了坚实步伐:(1)全面加强人民军队党的建设,确保枪杆子永远听党指挥。健全贯彻军委主席负责制体制机制。加强军史学习教育,繁荣发展强军文化,强化战斗精神培育。建强人民军队党的组织体系,推进政治整训常态化制度化,持之以恒正风肃纪反腐。(2)全面加强练兵备战,提高人民军队打赢能力。研究掌握信息化智能化战争特点规律,创新军事战略指导,发展人民战争战略战术。打造强大战略威慑力量体系,增加新域新质作战力量比重,加快无人智能作战力量发展,统筹网络信息体系建设运用。深入推进实战化军事训练,深化联合训练、对抗训练、科技练兵。加强军事力量常态化多样化运用,坚定灵活开展军事斗争,塑造安全态势,遏控危机冲突,打赢局部战争。(3)全面加强军事治理,巩固拓展国防和军队改革成果,完善军事力量结构编成,体系优化军事政策制度。加强国防和军队建设重大任务战建备统筹,加快建设现代化后勤,实施国防科技和武器装备重大工程,加速科技向战斗力转化。深化军队院校改革,建强新型军事人才培养体系,创新军事人力资源管理。加强依法治军机制建设和战略规划,完善中国特色军事法治体系。(4)巩固提高一体化国家战略体系和能力。优化国防科技工业体系和布局,加强国防科技工业能力建设。深化全民国防教育。加强国防动员和后备力量建设,推进现代边海空防建设。加强军人军属荣誉激励和权益保障,做好退役军人服务保障工作。巩固发展军政军民团结。

总而言之,回顾历史,人民军队为党和人民建立了不朽功勋,是保卫红色江山、维护民族尊严的坚强柱石,也是维护地区和世界和平的强大力量;在新的征程上,国防和军队现代化进程必须同国家现代化进程相适应,军事能力必须同实现中华民族伟大复兴的战略需求相适应。以史为鉴、开创未来,我们必须加快国防和军队现代化。我们必须全面贯彻新时代党的强军思想,贯彻新时代军事战略方针,坚持党对人民军队的绝对领导,坚持走中国特色强军之路,全面推进政治建军、改革强军、科技强军、人才强军、依法治军,始终聚焦备战打仗,锻造召之即来、来之能战、战之必胜的精兵劲旅,把人民军队建设成为世界一流军队,更好担当起党和人民赋予的新时代使命任务,以更强大的能力、更可靠的手段捍卫国家主权、安全、发展利益。

(四) 推动军民融合深度发展

军民融合就是把国防和军队现代化建设深深融入经济社会发展体系之中,为实现国防和军队现代化提供丰厚的资源和可持续发展的后劲。实施军民融合发展战略是构建一体化国家战略体系和能力的必然选择,也是实现党在新时代的强军目标的必然选择。

1. 教学主题

推动军民融合深度发展。

2. 教学目标

正确认识推动军民融合深度发展的时代紧迫性,深刻把握推动军民融合深度发展的现实路径。

3. 教学内容

坚持富国和强军相统一是我们党的一贯主张。毛泽东指出:"中国必须建立强大的国防军,必须建立强大的经济力量,这是两件大事。"①习近平总书记强调:"我们要实现中华民族伟大复兴,必须坚持富国和强军相统一,努力建设巩固国防和强大军队。"②习近平总书记从统筹发展与安全、统筹中华民族伟大复兴战略全局和世界百年未有之大变局出发,从战略高度提出军民深度融合的时代命题,"十三五"规划建议又将其上升为国家战略。这是我们长期探索经济建设和国防建设协调发展规律的重大成果。

之所以要推动军民融合深度发展,是因为坚持富国和强军相统一是经济建设和国防建设协调发展规律的内在要求。富国才能强军,强军才能卫国。富国与强军,如同车之两轮、鸟之双翼,不可或缺。经济建设是国防建设的基本依托,只有国家经济实力增强了,国防建设才能有更大发展。国防建设是我国现代化建设的战略任务,只有把国防建设搞上去了,经济建设才能有更加坚强的安全保障,而加强国防建设对经济社会发展也具有重要拉动作用。实践反复证明,经济建设和国防建设的关系处理不好,就会走弯路、吃苦头。与此同时,我国经济总量稳居世界第二,综合国力显著增强,这为建设巩固国

---

① 中共中央文献研究室编《毛泽东文集》第 6 卷,人民出版社,1999,第 95—96 页。
② 中共中央文献研究室编《习近平关于实现中华民族伟大复兴的中国梦论述摘编》,中央文献出版社,2013,第 4 页。

防和强大军队奠定了雄厚物质基础。同时要看到,随着我国经济总量、综合实力不断上升,各种可以预见和难以预见的风险和挑战也在不断增多。我们发展得越快,对外部的影响冲击就越大,受到的战略反弹力就越强。这就要求我们必须在国家总体战略中兼顾发展和安全,坚持富国和强军相统一,科学统筹好经济建设和国防建设。走军民融合式发展路子,是实现富国和强军统一的重要途径。军民融合,源于我们党的"军民结合、寓军于民"的思想,其目的就是在更广范围、更高层次、更深程度上把国防和军队现代化建设有机融入经济社会发展体系之中,做到一笔投资、双重效益。

新时代推动军民融合深度发展的重要路径和抓手之一就是提高军民融合深度发展的法治化水平。法治是国家治理现代化的基石,也是军民融合深度发展的重要依托。习近平总书记指出,要强化责任担当,狠抓贯彻落实,提高法治化水平,深化体制改革,推动科技协同创新,加快推动军民融合深度发展。在此思想指引下,中央军民融合发展委员会第二次会议审议通过了《关于加强军民融合发展法治建设的意见》,对军民融合发展的法治建设作出了战略部署,意义重大而深远。当前,提高新时代军民融合深度发展的法治化水平,重点要抓好《关于加强军民融合发展法治建设的意见》贯彻实施,完善法律制度,推进军民融合领域立法,不断提高立法质量,尽快实现重点领域立法全覆盖。要完善制度机制,确保在法律范围内想问题、作决策、办事情,努力降低制度性成本。要坚持依法决策,确保决策科学、程序正当、责任明确,使军民融合蹄疾步稳、有序有效地向深度挺进。军民融合事关国家安全和发展战略全局,涉及国家、军队、企业和社会诸多领域。特别是随着市场主体更趋多元,利益格局日益复杂,要全面推进新时代军民融合深度发展,必须强化法治保障,善于运用法治思维和法治方式。能不能用法治来消解融合的壁垒,降低制度性成本,直接关系军民融合健康发展。只有通过立法把军民融合上升为国家意志,通过法律法规对推进军民融合的重大问题作出明确规定,通过法律实施强力推进军民融合发展战略的贯彻执行,充分发挥法律法规的规范、引导、保障作用,才能丰富融合形式、拓展融合范围、提升融合层次,加快形成全要素、多领域、高效益的军民融合深度发展格局。

实施军民融合发展战略是构建一体化国家战略体系和能力的必然选择,也是实现党在新时代的强军目标的必然选择,要加强战略引领,加强改革创新,加强军地协同,加强任务落实,努力开创新时代军民融合深度发展新局面,为实现中国梦强军梦提供强大动力和战略支撑。总而言之,"把军民融合发展上升为国家战略,是我们党长期探索经济建设和国防建设协调发展规律的重大成果,是从国家发展和安全全局出发作出的重大决策"①。推进强军事业,必须深入推进军民融合发展,构建军民一体化的国家战略体系和能力,这是我们应对复杂安全威胁、赢得国家战略优势的重大举措。

二、平台情景式教学

这一部分的平台情景式教学,主要通过主题演讲"富国必先强军"、演唱军旅歌曲《小白杨》《说句心里话》、表演情景剧《革命的"老寄娘"》这三个环节来呈现。同学们在参与过程中能够更加深入理解全面推进国防和军队现代化的相关主题。

(一) 主题演讲:富国必先强军

1. 教学主题

富国必先强军。

2. 教学目标

正确认识富国与强军的辩证关系。

3. 教学内容

演讲一:习近平总书记指出,我们要实现中华民族伟大复兴,必须坚持富国和强军相统一,努力建设巩固国防和强大军队;强国必须强军,军强才能国安。富国和强军,是实现中华民族伟大复兴的两大基石。一个国家要自立于世界民族之林,既要有雄厚经济实力,又要有强大国防力量作后盾。富国和强军,如车之两轮、鸟之双翼,不可或缺。没有国家的富强,强军就无从谈起;没有强大的军队,国家安全和发展也无法保障。同时,经济社会越发展,国家利益越拓展,安全需求就越迫切,强军要求就越紧迫。

只有军事力量强大,才能保障国家经济的平稳发展不受外界因素的干扰,才能专注于经济的建设和国内各项制度的改进,才能保证国家建设按制

---

① 习近平:《在庆祝中国人民解放军建军90周年大会上的讲话》,人民出版社,2017,第17页。

定的计划有序进行。这一点在美国的崛起及后来的飞速发展远远甩开世界其他国家的进程中尤为突出,国内稳定的经济环境是经济高速平稳发展的强大推动力。

因此,国家的富强、民族的复兴,必须以强大的军事实力为依托;要想实现大国的梦想,强大的军事力量是必不可少的。

演讲二:强国必须强军,军强才能国安。坚持和发展中国特色社会主义,实现中华民族伟大复兴,必须统筹发展和安全、富国和强军,确保国防和军队现代化进程同国家现代化进程相适应,军事能力同国家战略需求相适应。这就要求我们必须稳步推进军民融合。推进军民融合深度发展是时代之需和人民之需。将强国梦和强军梦有机结合,是近年来习近平反复强调的重大课题,军民融合关乎国家安全和发展全局,既是兴国之举,又是强军之策。当今世界正经历百年未有之大变局,经济全球化遭遇逆流,保护主义、单边主义上升,世界经济低迷,国际贸易和投资大幅萎缩,国际经济、科技、文化、安全、政治等格局都在发生深刻调整,世界进入动荡变革期。我们要扭住军民融合不放松,善于在社会主义市场经济条件下发挥举国体制优势,统筹各方面力量资源,不断拓展融合深度和广度,构建一体化的国家战略能力。

坚持军民融合式发展,既有利于国防和军队现代化建设从经济建设中获得更加深厚的物质支撑和发展后劲,也有利于经济建设从国防和军队现代化建设中获得更加有力的安全保障和技术支持,因而既是兴国之举又是强军之策,必须做好军民融合这篇大文章,充分发挥军民融合对国防建设和经济社会发展的双向支撑拉动作用,实现经济建设和国防建设综合效益最大化。同时我们需要强调的是,推行军民融合发展战略,不是为了走一些国家通过战争、殖民、掠夺等方式实现现代化的老路。中华民族的血液中没有侵略他人、称王称霸的基因。中国始终是世界和平的建设者、全球发展的贡献者、国际秩序的维护者!最后我想说的是,青年一代有理想、有担当,国家就有前途,民族就有希望;青年是整个社会力量中最积极、最有生气的力量,国家的希望在青年,民族的未来在青年。新时代的青年必定会肩负起更大的实现富国强军的责任担当,在未来的征程上踔厉奋发!请党放心,强国有我!

(二) 军歌嘹亮:演唱军旅歌曲《小白杨》《说句心里话》

习近平总书记指出:"回望过往历程,眺望前方征途,我们必须始终赓续红色血脉,用党的奋斗历程和伟大成就鼓舞斗志、指引方向,用党的光荣传统和优良作风坚定信念、凝聚力量,用党的历史经验和实践创造启迪智慧、砥砺品格,继往开来,开拓前进。"①经典军旅歌曲是记录中华儿女保家卫国、爱国情怀、铮铮铁骨的重要载体,是我们军队艰苦奋斗、敢于斗争的生动呈现,具有强大的精神号召力和感染力。

1. 教学主题

演唱经典军旅歌曲。

2. 教学目标

在演唱经典军旅歌曲过程中,帮助同学们深刻体会人民军队是有灵魂、有本事、有血性、有品德的,是具有铁一般信仰、铁一般信念、铁一般纪律、铁一般担当的过硬部队。

3. 教学内容

(1)演唱军旅歌曲《小白杨》:"一棵呀小白杨,长在哨所旁,根儿深,干儿壮,守望着北疆……"这首歌颂无数边防军人默默无闻、无私奉献精神的军旅歌曲《小白杨》,一经推出,立即在全国上下引发了强烈的反响。

(2)演唱军旅歌曲《说句心里话》:"说句心里话,我也想家,家中的老妈妈,已是满头白发。说句那实在话,我也有爱,常思念那个梦中的她……"这首歌曲同样流传非常广泛,表达了戍边儿女思念亲人、甘于奉献的深厚情怀。

(三)演绎情景剧《革命的"老寄娘"》

自抗战开始,"老寄娘"黄球娣家就成了中共地下党、新四军游击队的联络站,许多被她掩护过的革命志士都敬称她为"老寄娘"。"老寄娘"黄球娣的故事及其所表现出的可贵精神正如人们所讲的:"泰山压顶不弯腰,荣誉面前从不骄。艰苦卓绝人皆知,可为后人作师表。"

1. 教学主题

表演情景剧《革命的"老寄娘"》。

2. 教学目标

展现我军的革命优良传统,帮助同学们认识到新时代强军、兴军需要继

---

① 习近平:《用好红色资源 赓续红色血脉 努力创造无愧于历史和人民的新业绩》,《求是》2021年第19期。

承优良传统。

3. 教学内容

幕启：主持人和几名现代演员拿着红旗和花篮上场，大家缅怀黄球娣，主持人讲述革命"老寄娘"黄球娣的事迹，引出后面的故事情节。

第一幕：苏西县委书记许英负伤需要休养，游击队薛队长为怎样安排许英安全养伤发愁时，黄球娣主动将许英接到家中细心照顾。一次女儿阿凤看到家中有煮鸡蛋，馋得口水都流出来了，可黄球娣舍不得给阿凤吃，要留给许英养身体，许英感动地称呼黄球娣"老寄娘"。敌人进村扫荡，黄球娣安排许英躲进后山，并教她躲避敌人检查的方法，成功化险为夷。

第二幕：游击队建立了秘密据点，需要人传递情报，黄球娣自告奋勇当上了秘密联络员，她从范医生那里取得情报后，发现敌人封锁盘查得厉害，心生一计，将情报纸条藏在灵屋里面的竹管里，鬼子兵要拆开灵屋检查，黄球娣说这是祭拜死人用的，拆散了就不灵了，死人是要见怪的。鬼子兵直说晦气，"瘦猴子"又敲诈了黄球娣一些钱，才放了她。黄球娣有惊无险顺利地送出了重要情报。

第三幕：因为敌人搜查得紧，游击队的一批武器来不及转移，就藏在了黄球娣的家中，不料被人告密，"瘦猴子"领着敌人来到黄球娣的家里，逼她交出武器。她坚定地说："我是个老百姓，谁也得罪不起，这批枪早被武工队拿走了。"敌人不相信，把黄球娣吊起来毒打，试图用武力逼迫黄球娣开口，但她就是死也坚决不吐半点真情，气急败坏的敌人用刺刀将她刺倒在地。危急时刻，薛队长带领游击队员冲进了村子，消灭了敌人。大家感谢黄球娣用生命和鲜血保护下了这批武器，称赞黄球娣是英雄的母亲，是他们的"老寄娘"。

三、基地体验式教学

开展基地体验式教学，带领学生参观古田会议旧址、中国人民革命军事博物馆，在实地体验中深化关于坚持党对军队的绝对领导、总体国家安全观、国防和军队现代化、推动军民融合发展等相关知识。

（一）参观古田会议旧址

习近平总书记指出："古田是我们党确立思想建党、政治建军原则的地方，是我军政治工作奠基的地方，是新型人民军队定型的地方。"①1929年12月下旬召开的古田会议，确立了思想建党、政治建军的原则，实现了人民军队浴火重生、凤凰涅槃，在中国共产党和工农红军的发展史上有着极其重要的意义。

1. **教学主题**

参观古田会议旧址。

2. **教学目标**

帮助同学们进一步认识坚持党对军队的绝对领导的历程和意义。

3. **教学方案**

第一，引领同学们重温古田会议召开的前前后后，从而正确把握古田会议的重大意义。

第二，利用节假日组织同学们参观古田会议旧址。

4. **师生交流**

同学甲：在人民军队90余年的发展历程中，古田会议是一座光辉的里程碑。这次会议之所以重要，在于它对党和红军内部存在的不讲政治的单纯军事观点，对削弱党的战斗力的极端民主化倾向，对不执行党的决议、不开展正确的党内批评的非组织化观点，对小团体主义和享乐主义，制定了切实有效的反对措施，产生了极其深远的影响。

同学乙：为了正确认识古田会议的实质和重要性，我提前查阅了相关的史料。只有弄清楚这次会议的前前后后，我们才能更好理解古田会议的意义所在。古田会议前，红四军内部之所以发生极端民主化倾向，主要是由于红军和根据地都在初创阶段，没有规矩可循。古田会议不但成功解决了在长期农村游击战争环境下如何建设一个无产阶级政党、如何保持党对人民军队绝对领导的问题，而且对于如何实行民主集中制、如何保证党的队伍的纯洁，立下了一系列的规矩，促进了红四军的团结。

同学丙：中国特色社会主义道路的开辟来之不易，是党和人民历尽千辛

---

① 习近平：《论中国共产党历史》，中央文献出版社，2021，第96页。

万苦、付出巨大代价取得的。只有党的建设全面从严,发挥先锋队和战斗堡垒作用,才能应对"四大考验"、战胜"四种危险",确保党始终成为中国特色社会主义事业坚强领导核心。在新的历史条件下,我们进一步发掘古田会议决议从严治党的思想价值,可以为今天的全面从严治党提供有益启示,为更好进行具有许多新的历史特点的伟大斗争提供重要价值。

教师:古田会议作为一个重大历史事件,其通过的决议蕴含了极为重要的历史价值。《毛泽东选集》第1卷选编了决议的第一部分——《关于纠正党内的错误思想》的题注指出:"这个决议使红军肃清旧式军队的影响,完全建立在马克思列宁主义的基础上。这个决议不但在红军第四军实行了,后来各部分红军都先后不等地照此做了。这样就使整个中国红军完全成为真正的人民军队。"[①]古田会议解决了如何把一支以农民为主要成分的军队建设成为共产党领导下的新型人民军队的问题,它所确定的着重从思想上建党和从政治上建军的原则,为后来的农村包围城市、武装夺取政权道路思想的形成、发展和成功实践奠定了基础。古田会议总结了红四军成立以来军队建设方面的经验教训,确立了人民军队建设的基本原则,规定了红军的性质、宗旨和任务,重申了党对红军实行绝对领导的原则,反对以任何借口削弱党对红军的领导,必须使党成为军队中的坚强领导和团结核心。古田会议决议是中国共产党及其领导的人民军队建设的纲领性文献,其精神至今仍有重要的现实意义。

(二)参观中国人民革命军事博物馆

中国人民革命军事博物馆是中国第一个综合类军事博物馆,主要从事收藏、研究、陈列反映中国共产党领导的军事斗争历程和人民军队建设成就的实物、文献、资料,以及反映中华民族五千年军事历史和世界军事史的实物、文献、资料。现场参观中国人民革命军事博物馆能够帮助我们更好地认识人民军队的发展壮大史,能够更好地增强同学们的爱国主义情怀以及对党和国家的情感认同,从而帮助当代青年大学生从人民军队发展历程中获得启发、汲取力量,不断增强做中国人的志气、骨气、底气。

---

① 毛泽东:《毛泽东选集》第1卷,人民出版社,1991,第85页。

1. 教学主题

参观中国人民革命军事博物馆。

2. 教学目标

进一步了解人民军队的光辉发展历程,坚定全面推进国防和军队现代化的信心。

3. 教学方案

第一,向同学们介绍中国人民革命军事博物馆的历史。

第二,简单介绍中国人民革命军事博物馆的馆藏种类。

第三,组织部分同学节假日实地参观军事博物馆。

4. 师生交流

同学甲:"为有牺牲多壮志,敢教日月换新天。"长征精神、延安精神、上甘岭精神、"好八连"精神、"两弹一星"精神……早已成为我们宝贵的精神财富和力量源泉。在中国人民革命军事博物馆里面,我看到了塔山英雄团、刘老庄英雄连血染的战旗高高飘扬;看到了董存瑞从容手托炸药包炸毁敌人的碉堡,用鲜血和生命谱写了惊天地、泣鬼神的壮丽诗篇……无数革命先烈以身报国,铸就了永恒的军魂国魂。我深切感受到我们的红色政权来之不易、我们的幸福生活来之不易。

同学乙:今天的我们不会忘记,那些千千万万感天动地的牺牲,那些有名的和无名的英雄用赤子之心、钢铁之身,构筑起人民军队的精神殿堂,照亮了民族精神的浩瀚星空。习近平总书记讲道:"革命理想高于天。"历史告诉我们,人民军队之所以能够攻坚克难、战无不胜、发展壮大,关键是人民军队有马克思主义理论武装,有崇高理想信念,有为理想信念而英勇献身的崇高追求。在建设国防和军队现代化的征程上,崇高理想信念是人民军队勇往直前的精神力量,是全军将士心中熊熊燃烧的火炬。

同学丙:在实地参观革命军事博物馆的过程中,我们也回顾了人民军队发展壮大史,这一历史可以说是跌宕起伏、惊心动魄、绝处逢生、化危为机。之所以能够如此,凭的就是坚定的理想信念,靠的就是坚强的革命意志。理想信念如火炬,如明灯,照亮我们人民军队从小到大、由弱到强的奋斗历程。面对新的历史征程和前所未有的挑战,我们需要发扬人民军队"宜将剩勇追穷寇,不可沽名学霸王"的革命精神,发扬人民军队"为有牺牲多壮志,敢教日月换新天"的奋斗精神。

四、网络延展式教学

同学们通过在网上浏览参观南昌八一起义纪念馆、观看纪录片《从胜利走向胜利》《我说国家安全》，能够更加深入理解全面推进国防和军队现代化的历史由来和未来趋势。

（一）网上浏览参观南昌八一起义纪念馆

"南昌起义，是中国共产党在极端危急的情况下，为了挽救革命作出的第一声响亮回答。"[1]1927年8月1日，南昌城头一声枪响，拉开了我们党武装反抗国民党反动派的大幕。这是中国共产党历史上的一个伟大事件，是中国革命史上的一个伟大事件。参观南昌八一起义纪念馆能够进一步帮助当代青年学生充分认识我们的红色政权来之不易、新中国来之不易、中国特色社会主义来之不易，认识到坚持党对军队的绝对领导的必要性，认识到建设一支现代化人民军队的必要性。

1. 教学主题

网上浏览参观南昌八一起义纪念馆。

2. 教学目标

帮助同学们进一步认识到坚持党对军队的绝对领导的必要性，认识到建设一支现代化人民军队的必要性。

3. 教学方案

第一，引领同学们简要回顾大革命时期的历史。

第二，引领同学们了解八七会议与南昌起义的内在关联。

第三，组织同学们网上参观南昌八一起义纪念馆。

4. 师生交流

同学甲：1927年的中国，又走到了一个十字路口。蒋介石、汪精卫相继叛变革命，昔日的盟友变成凶残的刽子手。从1927年3月到1928年上半年，30多万手无寸铁的共产党人和革命群众倒在血泊中。批判的武器永远代替不了武器的批判。不掌握武装力量的共产党人，在枪杆子的威逼面前，

---

[1] 中共中央党史研究室：《中国共产党的七十年》，中共党史出版社，1991，第78—79页。

只能像俎上的鱼肉、待宰的羔羊,除了后退、除了让步、除了缴枪,除了把性命赔上去,就没有别的办法了。对于这个惨痛的历史教训,毛泽东讲出了著名的"枪杆子里面出政权",即必须用革命的武装反对反革命的武装。今天我们当代青年学生再回看这段历史,深深感到了加强国防和军队现代化建设的必要性、重要性。这就是我们古人所讲的"国虽大,好战必亡;天下虽安,忘战必危"。

同学乙:我们这次网上参观南昌八一起义纪念馆,再次感受到了一个颠扑不破的真理,这就是:强国必须强军,军强才能国安。党对军队的绝对领导,是我军的军魂和命根子,永远不能变,永远不能丢。无论过去、现在还是将来,这都是我们战胜一切敌人、征服一切困难的最大政治优势。同时我们要认识到,人民军队的根基在人民、力量在人民、血脉在人民。南昌起义的失败,主要在于对"中国革命的基本问题是农民问题,中国的革命战争实质上是党领导下的农民战争"等认识不深,对游击战争、建立革命根据地、农村包围城市等,思想上还是一片空白。这些经验和教训对于我们今天加快国防和军队现代化建设具有十分重要的启示借鉴意义。

同学丙:南昌八一起义纪念馆正中名为《石破天惊》的雕塑,向世人生动展示了中国共产党人不畏强暴、敢于反抗、"革命理想高于天"的宝贵精神。南昌起义失利后,只剩下800余人的队伍,前途何其渺茫。是朱德在最困难、最无望、队伍行将瓦解之际,以如山的信仰、如炬的目光召唤着大家。崇高的理想是人民军队勇往直前的精神力量,坚定的信念是全军将士心中熊熊燃烧的火炬。今天,我们依然需要像革命先辈那样,不为官、不为钱、不怕苦、不怕死,只为胸中的主义和心中的理想!

教师:八一精神的内涵是追求真理、坚定信念、勇于拼搏、不怕牺牲、敢为人先、开拓创新。这一精神是共产党人精神谱系的重要组成部分,是中国共产党人极其宝贵的精神财富。通过这次学习,同学们加深了对"农村包围城市、武装夺取政权"这一新民主主义革命道路正确性的认识,也更加坚定了"办好中国的事情,关键在党"的政治信念。人无精神则不立,国无精神则不强,"精神是一个民族赖以长久生存的灵魂,唯有精神上达到一定的高度,这个民族才能在历史的洪流中屹立不倒、奋勇向前"[①]。继承和弘扬红色文化

---

① 习近平:《习近平谈治国理政》第2卷,外文出版社,2017,第47-48页。

有助于当代青年学生勇做走在时代前列的奋进者、开拓者、奉献者,从党史学习中激发信仰、获得启发、汲取力量。

(二) 观看纪录片《从胜利走向胜利》

我党的建军史是一幅党领导人民军队奋勇前进的历史画卷,是一首人民军队从胜利走向胜利的英雄史诗,是一部人民军队同人民生死与共的壮丽篇章,还是一曲人民军队在强军征程上阔步前行的时代交响。《从胜利走向胜利》是2017年央视为庆祝中国人民解放军建军90周年制作的纪录片。通过观看这部纪录片,我们可以更好了解人民军队的初心和使命,更加深切理解国防和军队建设的光辉历程。

1. 教学主题

观看纪录片《从胜利走向胜利》。

2. 教学目标

帮助同学们更好认识人民军队的初心使命,更加深刻理解国防和军队建设的光辉历程。

3. 教学内容

第一集　建军铸魂

1927年8月1日,南昌城头一声枪响,一支新型的人民军队登上历史舞台。在中国共产党的坚强领导下,人民军队不断从胜利走向胜利,为民族独立和人民解放,为国家富强和人民幸福建立了卓著功勋。90年风雨征程,光荣使命召唤人民军队勇往直前;90年砥砺奋进,伟大梦想指引人民军队无往不胜。

第二集　淬火成钢

江西瑞金,中华苏维埃共和国临时中央政府所在地,1933年8月1日人民军队历史上第一次阅兵式在这里举行。红军队伍在斗争中不断发展壮大,但是,要战胜强大敌人,完成中国革命的历史使命,这支军队还将经受血与火的锤炼。

第三集　抗日中坚

西安向北大约60多公里就是关中古镇云阳,它曾见证了人民军队历史上一个重要的时刻,1937年八九月间,八路军部队从这里出征抗日战场。此时的中国已陷入日本侵略者大举进攻之中,中华民族到了最危险的时候,出征将士壮怀激烈,慷慨宣誓。为了民族大义,这支中国共产党领导的人民军队即将与日本侵略者决一死战,担负起拯救国家民族危亡的重任,成为抗日的中坚。

  第四集 砥定神州

  1949年3月25日,中共中央机关和人民解放军总部进驻北平,毛泽东第一次来北平时还是一介书生,而今他已是百万雄师的统帅。在西苑机场,毛泽东检阅了英勇善战的人民解放军,此时,东方天际曙光初现,新中国的太阳即将喷薄而出,3年解放战争,乾坤翻转挪移,在中国共产党的领导下,人民军队南征北战,砥定神州,打出了国家和民族的光明前途,打出了一个新中国。

  第五集 为了和平

  鸭绿江新老两座桥,见证了近代中国遭受侵略的屈辱,也见证了新中国捍卫尊严、捍卫和平的荣光。九一八事变时,大批日军部队曾从这里进入中国东北,参加侵华战争。19年后,美国军队又把侵略战火烧到鸭绿江边,把其中的一座桥炸成了断桥。这一次,站起来的中国人民绝不会让历史重演,为了保卫和平,抗击侵略,中国人民志愿军从这里跨过鸭绿江开始了伟大的抗美援朝战争。

  第六集 国之柱石

  从1949年到1959年,人民解放军在天安门广场先后举行了11次大阅兵,从这些历史影像中可以感受到人民军队向现代化、正规化迈进的铿锵步伐。开国大典阅兵,受阅部队主要由陆军组成,装备也主要来自战争缴获。国庆5周年阅兵,受阅的陆海空部队换穿新式军服,武器装备实现制式化,军容严整,面貌一新。国庆10周年阅兵,受阅部队军兵种齐全,武器装备实现国产化。雄师威武,国之柱石,这支从革命战争硝烟烈火中走来的人民军队勇敢地担负起巩固人民民主专政,捍卫国家领土、主权和安全的神圣使命。

  第七集 改革年代

  1984年10月1日,庆祝中华人民共和国成立35周年阅兵式在天安门广场举行,受阅部队全部换装85式新式军服,武器装备全部是国产新式兵器,战略导弹部队首次亮相。崭新的军容,威武的方阵,展现着人民解放军现代化建设的成就,昭示着改革开放新形势下的人民解放军建设的方向。

  第八集 迎接挑战

  1999年10月1日,庆祝中华人民共和国成立50周年阅兵式在天安门广场举行,世界新军事革命风起云涌,人民军队以中国特色军事变革迎接新世纪的曙光。2009年10月1日,庆祝中华人民共和国成立60周年阅兵式在天安门广场举行,世界军队转型加速推进,人民军队以科学发展与时代同步前进。20年间,人民军队勇立潮头迎接挑战,实现机械化信息化双重跨越,与时俱进,书写出新的历史篇章。

第九集 再造雄狮

2016年4月20日,一身戎装的中共中央总书记、国家主席、中央军委主席习近平步入军委联合作战指挥中心大厅在战位上就座,此时他拥有一个新的身份——军委联指总指挥。这一场景向世界传达出一个清晰的信号——新的联合作战指挥体系落地运行。2017年7月30日,庆祝中国人民解放军建军90周年阅兵隆重举行,习近平检阅部队,这是人民军队整体性、革命性变革后的全新亮相,这支走过辉煌历程的雄师劲旅正阔步前行在中国特色强军之路上。

(三) 观看纪录片《我说国家安全》

通过观看这一纪录片,同学们能够更加直观地理解总体国家安全观的主要内涵及其重大意义。

1. 教学主题

观看纪录片《我说国家安全》。

2. 教学目标

深入理解总体国家安全观的主要内涵及其重大意义。

3. 教学内容

第一集 如何端好中国饭碗

古往今来,粮食安全都是治国安邦的头等大事,是国家发展的"定海神针"。习近平总书记强调,"粮食安全是'国之大者'","确保中国人的饭碗主要装中国粮"。党的十八大以来,我们党始终将保障粮食安全视为关系国计民生的关键、维系社会稳定的内核。

第二集 生物安全在身边

党的十八大以来,党中央把加强生物安全建设摆上更加突出的位置,纳入国家安全战略,颁布施行生物安全法,出台国家生物安全政策和国家生物安全战略,健全国家生物安全工作组织领导体制机制,积极应对生物安全重大风险,加强生物资源保护利用。我国生物安全防范意识和防护能力不断增强,维护生物安全基础不断巩固,生物安全建设取得历史性成就。

第三集　科技是把双刃剑

在第四次科技革命迅速发展的今天,科技发展给我们带来巨大的社会进步,但与此同时也造成了一定的安全隐患。党的十八大以来,我们将科技创新摆在新发展理念的首位,同时也注重科技伦理建设,从而有效规避科技发展造成的潜在危险。

第四集　经济安全

高质量发展是全面建设社会主义现代化国家的首要任务。统筹发展和安全,推动高质量发展,离不开持续稳定的安全环境。经济安全是国家安全的基础,是国家安全体系和能力现代化的重要体现。党的十八大以来,立足新发展阶段,贯彻新发展理念,构建新发展格局,我国经济发展实现历史性飞跃。当然,我们也必须清醒看到,世界百年未有之大变局加速演进,逆全球化思潮抬头,单边主义、保护主义明显上升,局部冲突和动荡频发,世界进入新的动荡变革期,我国经济发展的外部环境正发生深刻复杂变化。

第五集　生态安全

生态兴则文明兴,生态衰则文明衰。党的十八大以来,习近平总书记高度重视生态文明建设,将其纳入"五位一体"总体布局,并指出"中国式现代化是人与自然和谐共生的现代化",我国在生态文明建设方面开展了一系列根本性、开创性、长远性工作。

第六集　总体国家安全观护航中华民族伟大复兴

习近平总书记指出,国家安全是民族复兴的根基。党的十八大以来,我们党坚持把国家安全贯穿到党和国家工作各方面全过程,同经济社会发展一起谋划、一起部署,坚持系统思维,构建大安全格局,促进国际安全和世界和平,为建设社会主义现代化国家提供坚强保障。

4. 师生交流

同学甲:看了这个纪录片,我感受最深的就是习近平总书记所强调的,中国人的饭碗任何时候都要牢牢端在自己手中,我们的饭碗应该主要装中国粮。保障粮食安全始终是国计民生的头等大事,如果我们端不稳自己的饭碗,就会受制于人。在这一过程中,我们始终要注意两方面的工作:一是要守牢耕地保护红线,筑牢粮食安全根基。像保护大熊猫那样保护耕地,严防死守18亿亩耕地红线。农田就是农田,只能用来发展种植业特别是粮食生产,要落实最严格的耕地保护制度;另一方面,中国人的饭碗要牢牢端在自己手中，就必须把种子牢牢攥在自己手里，用中国种子保障中国粮食安全。种子是农业的"芯片"，是我国粮食安全的关键。只有用自己的手攥紧中国种子，才能端稳中国饭碗，才能实现粮食安全。

同学乙：看完这部纪录片，我感受最深的是要厉行勤俭节约、杜绝铺张浪费。我曾经看过一个新闻，说我国每年在餐桌上浪费的食物高达2000亿元，相当于2亿多人一年的口粮。作为当代青年学生，一定要厉行勤俭节约、杜绝铺张浪费。一些大学食堂成了浪费食物的"天堂"，触目惊心！要加强立法，强化监管，采取有效措施，建立长效机制，坚决制止餐饮浪费行为。节俭朴素，力戒奢靡，是我们党的传家宝。现在，我们生活条件好了，但艰苦奋斗的精神一点都不能少，必须坚持以俭修身、俭以养德。要进一步加强宣传教育，切实培养学生节约习惯，在整个校园营造浪费可耻、节约光荣的氛围。

同学丙：科技创新，伦理先行。新一轮科技革命和产业变革正深刻改变世界发展的面貌和格局，科学新发现、技术新突破在造福人类的同时，伦理风险和挑战也相伴而生，给科技创新带来负面影响。科技是发展的利器，也可能成为风险的源头。要前瞻研判科技发展带来的规则冲突、社会风险、伦理挑战，完善相关法律法规、伦理审查规则及监管框架。在科技飞速发展的今天，如何引导科技向善是我们统筹发展与安全的一道必答题。

同学丁：生态安全是国家安全的重要组成部分，是中华民族永续发展的重要保障。生态环境保护和经济发展不是矛盾对立的关系，而是辩证统一的关系。把生态保护好，把生态优势发挥出来，才能实现高质量发展。这就是习近平总书记所讲的"绿水青山就是金山银山"的道理。所以我们整个社会一定要像爱护眼睛一样爱护环境，真正做到尊重自然、顺应自然、保护自然，对自然抱有一颗敬畏之心。

教师：我想讲的也是有关科技伦理的问题。近年来，基因编辑、人工智能、辅助生殖等新兴科学技术快速发展，应用场景复杂多样，在推动经济社会进步的同时，也带来涉及人类生命健康安全、隐私保护、歧视与偏见等伦理问题。科学技术的迅猛发展不断改变着人类的生产方式和生活方式，与此同时，科技伦理研究与治理却相对滞后。二者失衡带来的问题若得不到有效治理，就会引发一系列伦理问题甚至社会风险，使现有科技管理工作面临巨大挑战，影响科技事业持续健康发展。

专题七　中国特色大国外交

"世界怎么了,我们怎么办?"这是习近平2017年在日内瓦演讲时发出的"时代之问":"一方面,物质财富不断积累,科技进步日新月异,人类文明发展到历史最高水平。另一方面,地区冲突频繁发生,恐怖主义、难民潮等全球性挑战此起彼伏,贫困、失业、收入差距拉大……对此,许多人感到困惑,世界到底怎么了?"①当前世界面临治理赤字、发展赤字、和平赤字、信任赤字,世界进入动荡变革期。对此,党的十八大以来,我们加强对外工作顶层设计,对中国特色大国外交作出战略谋划,推动建设新型国际关系,推动构建人类命运共同体,弘扬和平、发展、公平、正义、民主、自由的全人类共同价值,深刻回答了建设什么样的世界、构建什么样的国际关系、中国需要什么样的外交等重大问题,形成了习近平外交思想,为解决人类面临的共同难题贡献了中国智慧、中国方案。

一、课堂叙事式教学

以班级为单位,分成若干个小组,采取协作的形式,将教材和材料相融合,通过课堂叙事式教学案例,坚持历史与现实相统一的原则,使学生更好地了解我国为什么要走和平发展道路、当下以及新的历史征程上我国如何走好和平发展道路等内容,帮助同学们更加深入理解"和平而不是战争,合作而不

---

① 习近平:《习近平谈治国理政》第2卷,外文出版社,2017,第476-477页。

是对抗,才是人类社会进步的永恒主题"①这一重要理念。

(一) 中国始终走和平发展之路

中国坚定不移走和平发展道路。国强必霸的逻辑不适用,穷兵黩武的道路走不通。历史昭示我们,弱肉强食不是人类共存之道,穷兵黩武无法带来美好世界。在新的历史征途上,"中国共产党将继续同一切爱好和平的国家和人民一道,弘扬和平、发展、公平、正义、民主、自由的全人类共同价值,坚持合作、不搞对抗,坚持开放、不搞封闭,坚持互利共赢、不搞零和博弈"。②

1. 教学主题

中国始终走和平发展之路。

2. 教学目标

中国走和平发展之路的必然性及其时代意义。

3. 教学内容

(1) 和平发展是中国式现代化建设的必由之路

中国式现代化是走和平发展道路的现代化。我国不走一些国家通过战争、殖民、掠夺等方式实现现代化的老路,我们将继续高举和平、发展、合作、共赢旗帜,在坚定维护世界和平与发展中谋求自身发展,又以自身发展更好维护世界和平与发展。正如 2014 年习近平总书记在德国科尔伯基金会演讲中指出:"走和平发展道路,是中国对国际社会关注中国发展走向的回应,更是中国人民对实现自身发展目标的自信和自觉。这种自信和自觉,来源于中华文明的深厚渊源,来源于对实现中国发展目标条件的认知,来源于对世界发展大势的把握。"③

首先,中国坚定不移地走和平发展道路,是基于中国历史文化传统的必然选择。"我们的先人早就认识到'远人不服,则修文德以来之'的道理。阐释中华民族禀赋、中华民族特点、中华民族精神,以德服人、以文化人是其中很重要的一个方面。"④有着 5000 多年历史的中华文明,始终崇尚和平,和

---

① 习近平:《在南京大屠杀死难者国家公祭仪式上的讲话》,人民出版社,2014,第 5 页。
② 习近平:《在庆祝中国共产党成立 100 周年大会上的讲话》,人民出版社,2021,第 16 页。
③ 习近平:《习近平谈治国理政》第 1 卷,外文出版社,2018,第 265 页。
④ 习近平:《在文艺工作座谈会上的讲话》,人民出版社,2015,第 3 页。

平、和睦、和谐的追求深深植根于中华民族的精神世界之中,深深溶化在中国人民的血脉之中,中华民族的血液中没有侵略他人、称王称霸的基因。中国自古就提出了"国虽大,好战必亡"的箴言,"以和为贵""和而不同""化干戈为玉帛""国泰民安""睦邻友邦""天下太平""天下大同"等理念世代相传。历史上,中国曾经长期是世界上最强大的国家之一,但没有留下殖民和侵略他国的记录。我们坚持走和平发展道路,是对几千年来中华民族热爱和平的文化传统的继承和发扬。毋庸置疑,"中国人民从来没有欺负、压迫、奴役过其他国家人民,过去没有,现在没有,将来也不会有"①。

其次,中国坚定不移地走和平发展道路,是基于对实现中国发展目标条件的认知。从1840年到1949年,中国社会战火频仍、兵燹不断,内部战乱和外敌入侵循环发生,给中国人民带来了不堪回首的苦难:国家蒙辱、人民蒙难、文明蒙尘。改革开放以来尤其是党的十八大以来我们党愈发认识到,以经济建设为中心是兴国之要,发展仍是解决我国所有问题的关键。只有推动经济持续健康发展,才能筑牢国家繁荣富强、人民幸福安康、社会和谐稳定的物质基础。"从根本上说,没有扎扎实实的发展成果,没有人民生活不断改善,空谈理想信念,空谈党的领导,空谈社会主义制度优越性,空谈思想道德建设,最终意识形态工作也难以取得好的成效。"②只要国内外大势没有发生根本变化,坚持以经济建设为中心就不能也不应该改变。发展是硬道理,是解决中国所有问题的关键。我们用几十年的时间走完了发达国家几百年走过的历程,最终靠的是发展。这是解决当代中国一切问题的根本要求。更进一步,"中国要聚精会神搞建设,需要两个基本条件,一个是和谐稳定的国内环境,一个是和平安宁的国际环境";"中国需要和平,就像人需要空气一样,就像万物生长需要阳光一样"。③ 只有坚持走和平发展道路,只有同世界各国一道维护世界和平,中国才能实现自己的目标,才能为世界作出更大贡献。坚持走和平发展道路、走高质量发展之路是中国实现国家富强、民族振兴、人民幸福的必由之路。

---

① 习近平:《在庆祝中国共产党成立100周年大会上的讲话》,人民出版社,2021,第17页。

② 中共中央文献研究室编《习近平关于社会主义经济建设论述摘编》,中央文献出版社,2017,第5页。

③ 习近平:《习近平谈治国理政》第1卷,外文出版社,2018,第266页。

最后,中国坚定不移地走和平发展道路,是基于对世界发展大势的把握。历史告诉我们,一个国家要发展繁荣,必须把握和顺应世界发展大势,反之必然会被历史抛弃。"什么是当今世界的潮流? 答案只有一个,那就是和平、发展、合作、共赢。中国不认同'国强必霸'的陈旧逻辑。"①因此,中国式现代化是走和平发展道路的现代化,我国不走一些国家通过战争、殖民、掠夺等方式实现现代化的老路。我们将始终根据事情本身的是非曲直决定自己的立场和政策,维护国际关系基本准则,维护国际公平正义。尊重各国主权和领土完整,坚持国家不分大小、强弱、贫富一律平等,尊重各国人民自主选择的发展道路和社会制度,坚决反对一切形式的霸权主义和强权政治,反对冷战思维,反对干涉别国内政,反对搞双重标准。

总而言之,中国走和平发展道路,不是权宜之计,更不是外交辞令,而是从历史、现实、未来的客观判断中得出的结论,是思想自信和实践自觉的有机统一。和平发展道路对中国有利、对世界有利,我们想不出有任何理由不坚持这条被实践证明是走得通的道路。

(2) 以自身的发展促进世界的和平与发展

改革开放以来尤其是党的十八大以来,中国坚持开放的发展、合作的发展、共赢的发展,通过争取有利的国际环境发展自己,又以自身发展维护和促进世界和平与发展。在中国共产党建党百年之际,习近平总书记庄严地向世界宣告,中国共产党未来仍将"高举和平、发展、合作、共赢旗帜,奉行独立自主的和平外交政策,坚持走和平发展道路,推动建设新型国际关系,推动构建人类命运共同体,推动共建'一带一路'高质量发展,以中国的新发展为世界提供新机遇"②。这既是对中国共产党成功经验的总结,也是指导未来实践的指针,中国的发展不仅有利于中国,也有利于世界。中国通过自己的和平发展,推动世界的和平发展,中国与世界将更加密切地联系在一起。

党和人民事业是人类进步事业的重要组成部分。一百年来,我们党既为中国人民谋幸福、为中华民族谋复兴,也为人类谋进步、为世界谋大同,以自强不息的奋斗深刻改变了世界发展的趋势和格局。党领导人民成功走出中国式现代化道路,创造了人类文明新形态,拓展了发展中国家走向现代化的

---

① 习近平:《习近平谈治国理政》第 1 卷,外文出版社,2018,第 266 页。
② 习近平:《在庆祝中国共产党成立 100 周年大会上的讲话》,人民出版社,2021,第 16 页。

途径,给世界上那些既希望加快发展又希望保持自身独立性的国家和民族提供了全新选择。党推动构建人类命运共同体,为解决人类重大问题,建设持久和平、普遍安全、共同繁荣、开放包容、清洁美丽的世界贡献了中国智慧、中国方案、中国力量,成为推动人类发展进步的重要力量。

作为一个使命型政党,百年党史就是一部始终坚持"胸怀天下"的历史。这正如马克思、恩格斯在《共产党宣言》中指出的:"过去的一切运动都是少数人的,或者为少数人谋利益的运动。无产阶级的运动是绝大多数人的,为绝大多数人谋利益的独立的运动。"马克思主义致力于全人类的解放,中国共产党也把为人类作出新的更大的贡献作为自己的使命。正如习近平总书记在党的十九大报告中所说:"中国共产党是为中国人民谋幸福的政党,也是为人类进步事业而奋斗的政党。中国共产党始终把为人类作出新的更大的贡献作为自己的使命。"①如今,中国特色社会主义进入新时代,在中华人民共和国发展史上、中华民族发展史上具有重大意义,在世界社会主义发展史上、人类社会发展史上也具有重大意义。总而言之,中国以自身的发展极大地促进了世界的和平与发展,为进一步推动全球治理体系变革、有效破解发展难题等贡献了中国智慧和中国方案。

中国共产党和中国人民从苦难中走过来,深知和平的珍贵、发展的价值,把促进世界和平与发展视为自己的神圣职责。正是由于此我们才能够真正做到既通过维护世界和平发展自己,又通过自身发展促进世界和平。

(二) 构建人类命运共同体

中国共产党百年奋斗的一条重要历史经验就是"坚持胸怀天下",始终关注人类前途命运。党的十八大以来,习近平总书记坚持把马克思主义基本原理同中国具体实际相结合、同中华优秀传统文化相结合,科学把握人类社会发展规律,创造性地提出推动构建人类命运共同体的重大倡议,为人类社会实现共同发展、长治久安、持续繁荣指明了方向,绘制了蓝图。这一部分的教学主题是帮助同学们深入学习和把握人类命运共同体理念的内涵、发展历程与时代价值。

---

① 习近平:《习近平谈治国理政》第3卷,外文出版社,2020,第45页。

1. 教学主题

构建人类命运共同体。

2. 教学目标

深刻把握构建人类命运共同体的内涵及其现实路径。

3. 教学内容

（1）人类命运共同体的内涵

世界怎么了？我们怎么办？让和平的薪火代代相传，让发展的动力源源不断，让文明的光芒熠熠生辉，是各国人民的期待，也是我们这一代政治家应有的担当。中国方案是：构建人类命运共同体，实现共赢共享。习近平总书记指出："这个世界，各国相互联系、相互依存的程度空前加深，人类生活在同一个地球村里，生活在历史和现实交汇的同一个时空里，越来越成为你中有我、我中有你的命运共同体。"[1]人类发展进步大潮滚滚向前，世界经济时有波折起伏。在这一进程中，各国逐渐形成利益共同体、责任共同体、命运共同体。无论前途是晴是雨，携手合作、互利共赢是唯一正确选择。这既是经济规律使然，也符合人类社会发展的历史逻辑。构建人类命运共同体，核心就是建设持久和平、普遍安全、共同繁荣、开放包容、清洁美丽的世界。

第一，政治上，要相互尊重、平等协商，对话而不对抗、结伴而不结盟。主权平等，真谛在于国家不分大小、强弱、贫富，主权和尊严必须得到尊重，内政不容干涉，都有权自主选择社会制度和发展道路。第二，安全上，要坚持以对话解决争端、以协商化解分歧，统筹应对传统和非传统安全威胁，反对一切形式的恐怖主义。"历史和现实给我们的启迪是：沟通协商是化解分歧的有效之策，政治谈判是解决冲突的根本之道。"[2]第三，经济上，要促进贸易和投资自由化便利化，推动经济全球化朝着更加开放、包容、普惠的方向发展。"把困扰世界的问题简单归咎于经济全球化，既不符合事实，也无助于问题解决。"[3]第四，文化上，要尊重世界文明多样性，加强彼此的交流互鉴。"和实生物，同则不继"，人类文明多样性是世界的基本特征，也是人类进步的源泉。"文明没有高下、优劣之分，只有特色、地域之别。文明差异不应该成为

---

[1] 习近平：《习近平谈治国理政》第1卷，外文出版社，2018，第272页。
[2] 习近平：《习近平谈治国理政》第2卷，外文出版社，2017，第539-540页。
[3] 习近平：《习近平谈治国理政》第2卷，外文出版社，2017，第477页。

世界冲突的根源,而应该成为人类文明进步的动力。"①第五,生态上,要合作应对气候变化,实现生产发展、生活富裕、生态良好的发展道路。工业化创造了前所未有的物质财富,也产生了难以弥补的生态创伤。我们不能吃祖宗饭、断子孙路,用破坏性方式搞发展。

(2) 构建人类命运共同体的现实路径

推动构建人类命运共同体理念,需要我们从以下几个方面来着手:

首先,要弘扬全人类共同价值。人类命运共同体是生命共同体、利益共同体、责任共同体,核心是价值共同体。人类命运共同体要得以构建和维系,关键就在于全人类要能凝聚价值共识。2015年9月习近平总书记在出席第七十届联合国大会一般性辩论时明确指出:"和平、发展、公平、正义、民主、自由,是全人类的共同价值。"②这是习近平总书记首次在重要的国际场合提出"全人类共同价值"。全人类共同价值是习近平新时代中国特色社会主义思想的一个重大理论创新,是推动构建人类命运共同体的理论基石。"各国历史、文化、制度、发展水平不尽相同,但各国人民都追求和平、发展、公平、正义、民主、自由的全人类共同价值。"虽然每一种文明都是独特的,但多姿多彩的不同文明之间又存在着共性,有着共同的价值认同和价值追求。和平与发展是我们的共同事业,公平正义是我们的共同理想,民主自由是我们的共同追求。正如马克思、恩格斯在《共产党宣言》中所说:"由于开拓了世界市场,使一切国家的生产和消费都成为世界性的了……物质的生产是如此,精神的生产也是如此。各民族的精神产品成了公共的财产。民族的片面性和局限性日益成为不可能,于是由许多种民族的和地方的文学形成了一种世界的文学。"

这里我们需要注意的是,必须正确区分"全人类共同价值"和"普世价值"这两个本质截然不同的概念。"共同"与"普世"南橘北枳,叶徒相似其实味不同。西方社会的普世主义价值信念"断定全世界人民都应当信奉西方的价值观、体制和文化,因为它们包含了人类最高级、最进步、最自由、最理性、最现代和最文明的思想"③,这是西方文化中心主义在价值观上的突出反映。

---

① 习近平:《习近平谈治国理政》第2卷,外文出版社,2017,第544页。
② 习近平:《习近平谈治国理政》第2卷,外文出版社,2017,第522页。
③ 亨廷顿:《文明的冲突与世界秩序的重建》,周琪等译,新华出版社,2010,第285页。

习近平提出的"全人类共同价值"与西方社会主张的"普世价值"的本质区别在于,它不是将某一种民族文明形态的价值或某几个国家和人民的价值作为"普世的"或"普适的"价值观强加给其他民族、国家和人民,而是集合了全人类民族、国家和人民的多样价值的异中之同,是求同存异的结果,是在承认世界文化和文明多样性,承认不同民族、不同地域和不同国家的人们存在着不同价值观的基础之上,追求全人类价值的最大同心圆和最大公约数。

其次,推动"一带一路"建设。2013 年 9 月和 10 月,习近平在出访中亚和东南亚国家期间,先后提出共建"丝绸之路经济带"和"21 世纪海上丝绸之路"的重大倡议,得到了国际社会的高度关注和积极回应。"一带一路"贯穿亚欧非大陆,一头是活跃的东亚经济圈,一头是发达的欧洲经济圈,中间广大腹地国家经济发展潜力巨大;其核心内涵是促进基础设施建设(成立"亚投行"),加强经济政策协调和发展战略对接,实现优势互补、互利共赢。"中国的发展得益于国际社会,也愿为国际社会提供更多公共产品。我提出'一带一路'倡议,旨在同沿线各国分享中国发展机遇,实现共同繁荣。"①"一带一路"倡议不是搞地缘政治或军事同盟,不是关起门来搞小圈子或者"中国俱乐部";不以意识形态划界,不搞零和游戏。在习近平总书记亲自谋划、亲自部署、亲自推动下,共建"一带一路"成为有理念引领、有合作机制、有务实项目的重要国际公共产品和全球经济合作平台。"一带一路"建设秉承共商、共建、共享原则,倡导"和平合作、开放包容、互学互鉴、互利共赢"丝路精神,集中体现合作共赢的新型国际关系,开创 21 世纪国际与地区合作新模式。

最后,建立以合作共赢为核心的新型国际关系。进入新时代,中国外交全面深化拓展对外战略布局,协调推进与不同类型国家关系全面发展,推动构建相互尊重、公平正义、合作共赢的新型国际关系,构筑起更加全面、坚实的全球伙伴关系网络。我们始终按照亲诚惠容和与邻为善、以邻为伴的周边外交方针深化同周边国家关系,秉持正确义利观和真实亲诚理念加强同发展中国家团结合作,巩固壮大了维护世界和平发展的积极力量。特别是对于中美关系,我们始终保持战略定力和历史理性,敦促美方同中方相向而行,坚持相互尊重、和平共处、避免对抗、合作共赢,同时坚决反制任何损害我国利益

---

① 习近平:《论把握新发展阶段、贯彻新发展理念、构建新发展格局》,中央文献出版社,2021,第 128 页。

的言行,从而为动荡变革期的全球秩序注入了稳定性和确定性。正如习近平总书记所讲:"我始终认为,宽广的太平洋有足够的空间容纳中美两个大国。"①在世界进入动荡变革期的今天,任何国家都不可能独善其身、一枝独秀,各国要同舟共济、和衷共济,在追求本国利益时兼顾他国合理关切。坚持以相互尊重、合作共赢为基础走和平发展道路。始终做世界和平的建设者、全球发展的贡献者、国际秩序的维护者。坚持国家不分大小、强弱、贫富一律平等,共同推动国际关系民主化、法治化、合理化,努力使全球治理体系更加平衡地反映大多数国家的意愿和利益。

总而言之,我们将高举和平、发展、合作、共赢旗帜,同世界各国人民深化友谊、加强交流,弘扬全人类共同价值,推动建设新型国际关系,推动构建人类命运共同体,推动共建"一带一路"高质量发展,以中国的新发展为世界提供新机遇。

(三)积极推进全球治理体系变革

习近平总书记指出:"过去数十年,国际经济力量对比深刻演变,而全球治理体系未能反映新格局,代表性和包容性很不够。"②全球治理体系只有适应国际经济格局新要求,才能为全球经济提供有力保障。

1. 教学主题

积极推进全球治理体系变革。

2. 教学目标

推进全球治理体系变革的原因及其路径。

3. 教学内容

当今世界正在经历百年未有之大变局。世界百年未有之大变局是全方位的变化,其中最直接的变化就是国际力量对比发生深刻变化,国际发展态势发生深刻变化。21世纪以来,新兴市场国家和一大批发展中国家快速发展,国际影响力不断增强,使得数百年来列强通过战争、殖民、划分势力范围等方式争夺利益和霸权逐步向各国以制度规则协调关系和利益的方式演进,这是近代以来国际力量对比发生的最具革命性的变化。中国和其他新兴经

---

① 中共中央党史和文献研究院编《习近平关于中国特色大国外交论述摘编》,中央文献出版社,2020,第158页。
② 习近平:《共担时代责任,共促全球发展》,《求是》2020年第24期。

济体的快速崛起,美国在推卸全球治理和全球化负责任大国的主要领导责任,英国脱欧引发的欧盟内部的分歧和分裂也在慢性发作,全球经济企稳向好的势头随时会面对"黑天鹅""灰犀牛"等不确定事件而发生逆转,以及非传统安全威胁在性质和重要性上发生的变化,都预示着世界经济和政治格局正在发生根本性变化。可以说,在百年未有之大变局下,伴随着新兴国家的兴起,"东升西降"昭示着新兴国家在全球治理上地位有所抬升。

正是基于这样深刻的变化,"要合作还是要对立,要开放还是要封闭,要互利共赢还是要以邻为壑,国际社会再次来到何去何从的十字路口。全球治理体系的走向,关乎各国特别是新兴市场国家和发展中国家发展空间,关乎全世界繁荣稳定"①。然而,旧有国际秩序与治理体系尚未终结,全球治理体系仍然由西方发达国家把持与主导,而广大发展中国家仍然面临着失声、失语的窘境,现有的全球治理体系不能体现广大发展中国家的诉求与全球经济格局的变化。可见,"东升西降"的趋势并未根本破除"西强东弱"的格局,西方发达国家依旧位居全球治理的中心,并将广大新兴国家和发展中国家排挤至全球治理的边缘。习近平总书记曾就全球治理所面临的挑战做出系统性总结,指出当今世界各国面临着治理赤字、信任赤字、和平赤字和发展赤字。"四大赤字"揭示了人类社会发展进程中各国所经历的安全威胁、信任危机和发展困境,表明了全球治理领域存在着一定的困难和问题。

如果说上述"修昔底德陷阱"指的是新兴大国与守成大国是否会发生战争的问题,那么"金德尔伯格陷阱"指的则是新兴大国能否提供公共产品治理全球的问题。美国经济学家金德尔伯格认为,美国取代了英国世界霸主的地位,却未能跟进发挥英国提供全球公共产品的作用,因而导致20世纪30年代"灾难的十年"。由此约瑟夫·奈提出了"金德尔伯格陷阱"这一理论:曾经具有世界领袖地位的大国衰落之际,由于新兴大国无力提供必要的全球公共产品,从而造成世界治理的领导力真空这样一种局面。约瑟夫·奈针对中国崛起与美国衰落以及由此可能引发的"修昔底德陷阱",用这一概念来说明:同样需要担忧的,是一个无力或不愿意提供充分全球公共产品的新兴大国——中国。但是,正如习近平主席所讲:"大国更应该有大的样子,要提

---

① 习近平:《习近平谈治国理政》第3卷,外文出版社,2020,第445页。

供更多全球公共产品,承担大国责任,展现大国担当。"①

处在当今大发展大变革大调整时期,"我们要具备战略眼光,树立全球视野,既要有风险忧患意识,又要有历史机遇意识,努力在这场百年未有之大变局中把握航向"②。中国正团结世界一切可以团结的力量,调动一切可以调动的积极因素,共同推动全球治理体系改革。2019年习近平主席访问欧洲时在题为《为建设更加美好的地球家园贡献智慧和力量》的讲话中提出了如何破解"四大赤字"的问题:坚持公正合理,破解治理赤字;坚持互商互谅,破解信任赤字;坚持同舟共济,破解和平赤字;坚持互利共赢,破解发展赤字。在积极推动全球治理体系变革的过程中,我们始终支持扩大发展中国家在国际事务中的代表性和发言权。从提出共商共建共享的全球治理观到全球发展倡议和全球安全倡议落地落实,从发起成立亚洲基础设施投资银行、金砖国家新开发银行等新型多边金融机构到促成国际货币基金组织份额和治理机制改革,从推动G20发挥国际经济合作功能,建设性参与亚太经合组织、金砖国家等经济治理合作机制到积极参与制定气候、反恐、极地、网络、海洋等领域治理规则,从坚持举办国际进口博览会,支持经济全球化发展到倡导真正的多边主义、反对单边主义和保护主义、推动建设开放型世界经济,中国的全球影响力和国际议程塑造力得到历史性增强。

总而言之,在"坚持胸怀天下"理念的指引下,中国把越来越多的公共产品贡献给国际社会,展现出作为世界和平建设者、全球发展贡献者、国际秩序维护者的应有担当,提升了新兴市场国家和发展中国家在国际治理体系中的议程设置权、国际话语权和规则制定权,推动全球治理朝着更加公正合理的方向发展。与此同时,中国外交坚持以公平正义为理念,实现了从全球治理的参与者到全球治理体系变革的推动者、引领者转变,彰显了中国推动国际秩序朝着更加公正合理方向发展的决心和信心,也展现了新时代中国特色大国外交的担当。

---

① 习近平:《习近平在联合国成立75周年系列高级别会议上的讲话》,人民出版社,2020,第11页。
② 习近平:《习近平谈治国理政》第3卷,外文出版社,2020,第487页。

二、平台情景式教学

本部分的平台情景式教学主要通过"国强是否必霸"主题辩论赛以及舞台情景剧《万隆会议与中国外交》来进行。

（一）主题辩论赛："国强是否必霸"

改革开放以来尤其是党的十八大以来，我们实现了全方位的、开创性的历史性变革，创造了深层次的、根本性的成就。进入新时代，中国人民比历史上任何时期都更接近、更有信心和能力实现中华民族伟大复兴，我们日益走近世界舞台中央。但是，"中华民族是爱好和平的民族，中国人民是爱好和平的人民。近代以后，中国人民饱受列强侵略之害、饱经战火蹂躏之苦，更是深深懂得战争的残酷、和平的宝贵"[1]。而且从文化传统上来讲，我们的血脉中没有称王称霸、穷兵黩武的基因。我们不认同"国强必霸"的逻辑，中国的崛起必然是和平的崛起。

1. 教学主题

"国强是否必霸"辩论赛。

2. 教学目标

通过该辩论赛，帮助同学们真正认识到"国强"与"必霸"之间不存在必然性，中国的崛起必然是和平的崛起。

3. 教学方案

（1）实践时间：课外时间。

（2）实践地点：教学实践平台或多媒体教室。

4. 教师总结

近些年来，国际理论界流行所谓的"修昔底德陷阱"，其理论实质则是暗指中国的崛起不可能是和平崛起，即"国强必霸"的逻辑。"修昔底德陷阱"和古希腊历史学家修昔底德没有直接的关联，其提出者是美国学者格雷厄姆·艾利森。艾利森根据修昔底德对当年"雅典实力的增长引起斯巴达的恐惧"这一历史事件的描述，人为杜撰出了一个"一山不容二虎"的"修昔底德

---

[1] 习近平：《论中国共产党历史》，中央文献出版社，2021，第293－294页。

陷阱"。在艾利森看来,守成国与新兴国之间的战争具有不可避免性。在这种理论的影响下,出现了所谓的"中国威胁论"。以美国为首的一些西方国家肆意炮制和散播"中国威胁论",企图从经济、政治、文化、生态以及新兴领域等方面对中国的和平发展进行全方位的舆论压制和抹黑,以此维护西方国家在国际社会中的霸权地位。

面对中国日益走近世界舞台中央,有一些人总是戴着有色眼镜看中国,认为中国发展起来了必然是一种"威胁",甚至把中国描绘成一个可怕的"墨菲斯托",似乎哪一天中国就要摄取世界的灵魂。尽管这种论调像《天方夜谭》一样,但遗憾的是,一些人对此却乐此不疲。这只能再次证明一条真理:偏见往往最难消除。习近平主席指出:"我们要坚持以事实为依据,防止三人成虎,也不疑邻盗斧,不能戴着有色眼镜观察对方。世界上本无'修昔底德陷阱',但大国之间一再发生战略误判,就可能自己给自己造成'修昔底德陷阱'。"①新的征程上,中国始终是世界和平的建设者、全球发展的贡献者、国际秩序的维护者。

毋庸置疑,各国交往频繁,磕磕碰碰在所难免,关键是要坚持通过对话协商与和平谈判,妥善解决矛盾分歧,维护相互关系发展大局。中国是世界上唯一将"坚持和平发展道路"写入宪法的国家。我们倡导通过谈判和平解决争议,坚持走对话而不对抗、结伴而不结盟的国与国交往的新路。走和平发展道路,是中华民族优秀文化传统的传承和发展,也是中国人民从近代以后苦难遭遇中得出的必然结论。中国人民对战争带来的苦难有着刻骨铭心的记忆,对和平有着孜孜不倦的追求。中国的发展绝不以牺牲别国利益为代价,我们绝不做损人利己、以邻为壑的事情,将坚定不移做和平发展的实践者、共同发展的推动者、多边贸易体制的维护者、全球经济治理的参与者。当然,我们在批判所谓"国强必霸"的"铁律"的同时还要强调,我们坚持走和平发展道路,"任何外国不要指望我们会拿自己的核心利益做交易,不要指望我们会吞下损害我国主权、安全、发展利益的苦果"②。中国不觊觎他国权益、不嫉妒他国发展,但绝不放弃我们的正当权益,任何外国不要指望我们会拿自己的核心利益做交易。

---

① 习近平:《习近平在对美国进行国事访问时的讲话》,人民出版社,2015,第 20 页。
② 习近平:《在纪念毛泽东同志诞辰 120 周年座谈会上的讲话》,人民出版社,2013,第 23 页。

(二) 舞台情景剧:《万隆会议与中国外交》

1955年4月18日至24日,亚非领导人会议在万隆举行,这就是著名的万隆会议。周恩来总理兼外长率领中国代表团出席了万隆会议,提出并坚持"求同存异"的方针,为会议的成功举行作出了重要贡献。这是历史上首次由亚非国家发起召开的国际会议,会议倡导的"团结、友谊、合作"的万隆精神深入人心,会议达成的万隆会议十项原则成为处理国际关系的重要准则。2015年4月22日,习近平主席出席在印尼召开的亚非领导人会议,并发表题为《弘扬万隆精神 推进合作共赢》的重要讲话。

1. 教学主题
舞台情景剧《万隆会议与中国外交》。

2. 教学目标
重温万隆精神,进一步帮助同学们理解构建人类命运共同体、建设新型国际关系、推动全球治理体系变革的重要性和必要性。

3. 教学方案
(1) 教学时间:周末。
(2) 教学地点:多媒体教室或实践教学平台。

4. 师生交流
同学甲:正如2015年习近平主席在纪念万隆会议60周年大会上所讲的,万隆精神不仅适用于亚非合作、南南合作,对促进南北合作也具有重要启示和借鉴意义。当前,经济全球化遭遇挫折,一定程度反映出现行全球治理体系的缺陷。金砖国家应该发挥负责任大国作用,积极倡导共商共建共享的全球治理观,推动全球经济治理体系变革。

同学乙:60余年来,亚非两大洲从过去贫穷落后的地区成为具有巨大发展活力的地区,在世界战略全局中的地位不断上升。人口总量占世界的四分之三,国家数量超过联合国会员国的一半,亚非合作具有越来越重要的全球意义。我们今天重温万隆精神,就是要推动建设新型国际关系,推动全球治理体系变革,提升新兴国家和经济体的话语权和影响力。

同学丙:1955年召开的万隆会议是世界历史上第一次由亚非国家自行发起,在没有殖民国家参加的情况下,讨论亚非各国有关问题的大型国际会议。万隆会议对打开中国外交新局面、提升中国的国际威望具有关键作用,也是亚非国家团结合作的里程碑。在万隆会议上,处境艰难的新中国成功打破了外交僵局,所倡导的"团结、友谊、合作"的万隆精神成为普遍共识,在当今构建人类命运共同体、推动全球治理体系变革进程中仍具有重要的时代价值。

三、基地体验式教学

习近平总书记说"办好思政课,是我非常关心的一件事",并且强调要"坚持显性教育和隐性教育相统一","要挖掘其他课程和教学方式中蕴含的思想政治教育资源,实现全员全程全方位育人"。① 基地体验式教学可以充分挖掘红色文化资源,从而有效引导青年大学生真正感受红色政权来之不易、新中国来之不易、中国特色社会主义来之不易,真正理解我们坚定不移走和平发展道路、构建人类命运共同体的必然性及其时代价值。

(一)考察河南太行八路军抗战纪念馆

"革命博物馆、纪念馆、党史馆、烈士陵园等是党和国家红色基因库。"② 历史是最好的教科书,也是最好的清醒剂。中国人民对战争带来的苦难有着刻骨铭心的记忆,对和平有着孜孜不倦的追求。只有铭记历史,才会珍爱和平。通过考察抗日战争纪念馆和遗址,可以更好唤起同学们对和平的向往和坚守,更加坚定同学们对中国特色大国外交政策的认同。

1. 教学主题

参观河南太行八路军抗战纪念馆。

2. 教学目标

通过对抗日战争纪念馆的考察,同学们可以在学习党史的过程中激发自己的爱国主义情怀,从中更好地感受当今世界和平与发展的主题,并最终认识到:和平是需要争取的,和平是需要维护的;没有和平就没有发展,没有和平就没有繁荣。

---

① 习近平:《思政课是落实立德树人根本任务的关键课程》,《求是》2020年第17期。
② 习近平:《论中国共产党历史》,中央文献出版社,2021,第111页。

3. 教学方案

（1）教学时间：周末或节假日。

（2）教学地点：河南太行八路军抗战纪念馆。

（3）实践环节/具体举措：

第一，事先帮助同学们做好准备工作，充分了解河南太行八路军抗战纪念馆的历史。

第二，利用周末时间前往纪念馆，与纪念馆讲解员和八路军后代进行深入交流。

第三，引导同学们整理、保存调研资料，撰写调研报告。

4. 师生交流

同学甲：利用假期时间，我参观了位于我们新乡境内的河南太行八路军抗战纪念馆。展馆里展示了革命先辈在战场上用过的大刀、穿过的草鞋……从这些珍贵的实物当中，我切实感受到了革命先烈的巨大勇气和坚定信念，看到了他们的乐观主义革命精神以及习近平总书记所提倡的敢于斗争、善于斗争的精神。身处新时代的我们，更应该无比珍惜这来之不易的和平环境，保持定力，增强信心，集中精力办好自己的事情。这是我们应对各种风险挑战的关键。

同学乙：历史是最好的教科书。走进河南太行八路军抗战纪念馆，那些珍贵的革命时期文物和影像资料都在向人们讲述着那段烽火峥嵘岁月，也一次次提醒我们要不忘初心、牢记使命，在践行新时代中国特色大国外交理念的过程中为世界的和平发展贡献中国智慧和中国方案。正如习近平总书记所讲，世界进入新的动荡变革期，国际社会期待听到中国声音、看到中国方案，在推动全球治理体系变革的过程中中国不能缺席。我们新时代的青年大学生要坚信，新的征途上中国特色大国外交必定能够为当今世界面临的和平赤字、发展赤字、信任赤字、治理赤字带来曙光和希望。

同学丙：地处我们新乡的河南太行八路军抗战纪念馆为我们当代大学生呈现了丰富的红色文化。现场一幅幅真实的历史照片、一份份感人的历史资料、一件件珍贵的抗战文物，生动再现了八路军主力挺进河南太行山区开创敌后根据地，领导各界群众抗击日寇的光辉史实。这次利用假期来参观学习，与抗战英烈进行了一场跨越时空的对话，我更加深切地感受到了什么叫作"革命理想高于天"，更加深切地感受到了我们的红色政权来之不易、新中国来之不易、我们的幸福生活来之不易。进入新时代,我们不仅要用发展来解决前进道路上的一切风险挑战,还要始终坚持胸怀天下,为世界人民谋幸福。这是我们中国特色大国外交的光荣使命。

同学丁:战争给中国人民带来的是生灵涂炭、苦难深重,给中国大地造成的是赤地千里、饿殍遍野。弱肉强食不是人类共存之道,穷兵黩武不是人类和平之计。和平而不是战争,合作而不是对抗,才是人类社会进步的永恒主题。我们青年学生来到革命纪念馆参观学习不是为了延续仇恨,而是要再次唤起我们自己对和平的向往和坚守。今天的中国,是世界和平发展的坚决倡导者和有力捍卫者。通过这次亲身实地学习,我对习近平总书记所讲的"大国要有大国的样子"有了更深入的理解。这个样子,不是指大国的胳膊比别人粗、地位比别人高、权力比别人大,而是大国要展现更大的格局和情怀,肩负更重的责任与担当,作出更多的努力与贡献。而这些就是我们中国特色大国外交的初心和使命。

(二) 参观郑州部分爱国主义教育基地

1840年以后,由于列强的侵略和封建统治的腐朽,中国饱经沧桑磨难,中国人民遭受深重苦难。日本对华持续侵略是近代以来中国历史上最黑暗的一页。日本军国主义的野蛮侵略给中国人民造成空前巨大的灾难,激起了中国人民的顽强反抗。这种顽强反抗过程中所展现的爱国主义精神正如习近平总书记所讲:"中国人民在抗日战争的壮阔进程中孕育出伟大抗战精神,向世界展示了天下兴亡、匹夫有责的爱国情怀,视死如归、宁死不屈的民族气节,不畏强暴、血战到底的英雄气概,百折不挠、坚忍不拔的必胜信念。"①时至今日,这些宝贵的精神财富是我们当代青年珍爱和平、踔厉奋发的不竭动力。

1. 教学主题

走访调研郑州市惠济区古荥镇上河王村、新郑市辛店镇人和寨村相关遗迹。

---

① 习近平:《在纪念中国人民抗日战争暨世界反法西斯战争胜利75周年座谈会上的讲话》,人民出版社,2020,第8页。

2. 教学目标

通过走访郑州部分爱国主义教育基地,帮助同学们再一次认识到:和平发展才是世界的大势所趋和光明前景,中国始终是世界和平的建设者和维护者,坚守和平、发展、公平、正义、民主、自由的全人类共同价值。

3. 教学方案

(1) 教学时间:周末。

(2) 教学地点:郑州市。

(3) 教学环节/具体举措:

第一,提前查阅相关资料,确定郑州市目前存在的爱国主义教育基地的数量和地址。

第二,和同学们进行交流商讨,确定此行的目的地和走访顺序。

第三,周末前往目的地,并与周边相关人员进行交流,深入了解史实。

4. 师生交流

同学甲:我们参观的这两处都设立了纪念碑,是为了表达哀思,也是为了铭记历史。在走访的过程中,我想到了我们国家 2014 年设立的国家公祭日,这是每一个中华儿女都应该铭记的日子。我们国家以立法形式将 12 月 13 日设立为南京大屠杀死难者国家公祭日,表明了中华民族反对侵略战争、捍卫人类尊严、维护世界和平的坚定立场。举行南京大屠杀死难者国家公祭仪式,表达了中国人民坚定不移走和平发展道路的崇高愿望,宣示了中国人民牢记历史、不忘过去,珍爱和平、开创未来的坚定立场。这一重要的日子我们每个青年学生都应该铭记于心!

同学乙:看到这些历史遗迹以及后来竖起的纪念碑,我觉得当代青年大学生必须对历史虚无主义有清醒的认识和足够的警觉。面对历史虚无主义伪造、篡改、歪曲甚至"恶搞"历史事实的行为,我们要敢于亮剑,敢于说"不"。正如习近平总书记指出的,历史就是历史,事实就是事实,任何人都不可能改变历史和事实。任何人想要否认、歪曲甚至美化侵略历史,中国人民和各国人民绝不答应!一切罔顾侵略战争历史的态度,一切美化侵略战争性质的言论,不论说了多少遍,不论说得多么冠冕堂皇,都是对人类和平和正义的危害。我们要旗帜鲜明反对历史虚无主义!

同学丙:在奋力实现第二个百年奋斗目标的征程上,我国不走一些国家通过战争、殖民、掠夺等方式实现现代化的老路,我们坚定站在历史正确的一边、站在人类文明进步的一边,高举和平、发展、合作、共赢旗帜,在坚定维护世界和平与发展中谋求自身发展,又以自身发展更好维护世界和平与发展。我们当代青年学生坚信,以中国式现代化推进中华民族伟大复兴一定能够早日实现!

四、网络延展式教学

习近平总书记在2013年的全国宣传思想工作会议上强调:"要解决好'本领恐慌'问题,真正成为运用现代传媒新手段新方法的行家里手。"①在2018年的全国宣传思想工作会议上他还指出:"我们必须科学认识网络传播规律……提高用网治网水平,使互联网这个最大变量变成事业发展的最大增量。"②这就告诉我们,新时代的思政课堂要主动适应信息化要求,强化互联网思维,善于学习和运用互联网。

(一) 观看政论专题片《大国外交》

政论专题片《大国外交》系统梳理了新中国外交史,重点展现了党的十八大以来我们党的外交理念发展和外交成就。这一专题片一经播出就在全社会引起了广泛的关注,尤其是在当代大学生群体中引发了热议。同学们通过在网络上观看《大国外交》,能够以一种全新的形式来感受中国特色大国外交。

1. 教学主题

观看六集大型政论专题片《大国外交》。

2. 教学目标

通过观看《大国外交》,了解正在发生的国际格局和世界秩序演变;通过中国外交发展历程来深刻感受习近平总书记所讲的"我们前所未有地靠近世界舞台中心"这一重要论断;更好理解党的十八大以来我们是如何立足中国实际,如何有效应对风云变幻的国际形势,如何打赢不少大仗硬仗、办成不少

---

① 中共中央党史和文献研究院编《习近平关于网络强国论述摘编》,中央文献出版社,2021,第51-52页。

② 中共中央党史和文献研究院编《习近平关于网络强国论述摘编》,中央文献出版社,2021,第13页。

大事难事,从而走出一条中国特色大国外交新路的。

3. 教学方案

(1) 教学时间:课外时间。

(2) 教学环节/具体举措:

第一,提前向同学们介绍《大国外交》拍摄的背景以及主要内容。

第二,组织同学们课下观看专题片。

4. 师生交流

教师:专题片紧紧围绕习近平总书记提出的一系列外交新理念新思想新战略,深刻反映以习近平同志为核心的党中央以大格局、大气魄、大手笔精心谋划、开拓进取、攻坚克难,引领中国走近世界舞台中心的恢宏历程。中国共产党是一个使命型政党,立志于中华民族千秋伟业,致力于人类和平与发展崇高事业,深知责任无比重大、使命无上光荣。我们党的初心和使命既包括为中国人民谋幸福、为中华民族谋复兴,也包括为人类谋进步、为世界谋大同。因而,党的本质属性决定了中国外交必须始终坚持以中国特色社会主义为根本,增强战略自信,坚定捍卫党领导人民选择的社会主义道路。党的使命宗旨决定了中国外交必须始终坚持维护世界和平、促进共同发展,推动构建人类命运共同体。党的价值追求决定了中国外交必须始终坚持独立自主,弘扬公平正义,坚守人间正道。

5. 专题片《大国外交》剧情介绍

第一集　大道之行

世事纷繁多元应,纵横当有凌云笔。党的十八大以来,以习近平同志为核心的党中央深刻思考并洞察人类前途命运、中国和世界发展大势,紧紧围绕实现"两个一百年"奋斗目标和实现中华民族伟大复兴中国梦,统筹国内国际两个大局,统筹发展与安全两件大事,在外交领域提出一系列新理念、新思想、新战略,引领中国外交锐意进取、攻坚克难,不断开创中国特色大国外交新局面。

第二集　众行致远

独行快,众行远。党的十八大以来,以习近平同志为核心的党中央积极推动构建以合作共赢为核心的新型国际关系,对"21世纪国际关系向何处去"这一时代命题给出了中国答案。中国全方位外交布局实现新拓展,中国的全球伙伴关系网更加紧密。面向未来,放眼寰球,中国特色大国外交高举和平、发展、合作、共赢的旗帜,必将不断书写新的篇章,铸就新的辉煌。

第三集　中流击水

一个有担当的负责任大国,必须做有益于人类的事业。共赢共享,中国智慧点亮世界;遇到难题,中国方案从不缺席;面对挑战,中国行动自信从容。本集聚焦党的十八大以来,以习近平同志为核心的党中央积极参与和引领全球治理体系变革,提出构建人类命运共同体的宏伟蓝图。近年来,习近平总书记全面阐述中国的新安全观、新发展观、全球治理观等理念主张,引领中国以实际行动不断推动国际秩序向着更加公正合理的方向发展,赢得国际社会广泛赞誉。我国同国际社会的互联互动空前紧密,国际地位和影响力得到显著提升。

第四集　穿云破雾

本集聚焦党的十八大以来,在以习近平同志为核心的党中央坚强领导下,中国坚定捍卫国家主权和领土完整,维护国家核心重大利益,在尊重历史事实和国际法的基础上进行了一系列必要和有力的斗争,同国际社会开展反腐败追赃追逃合作,取得巨大成就,极大振奋了党心军心民心,也赢得国际社会广泛尊重。中国外交不辱使命,书写了无愧担当的动人篇章。

第五集　东方风来

本集聚焦党的十八大以来,习近平总书记着眼构建全方位对外开放格局、促进各国共同繁荣进步,提出"一带一路"重大倡议。四年来,习近平总书记亲力亲为,推动"一带一路"实现从理论设想到创新实践的重大跨越。"一带一路"已经进入全面展开的新阶段,成为我国提供的重要全球公共产品,为中国与世界共同发展注入强大动力,在国际社会获得广泛认同和热烈回响。

第六集　美美与共

本集聚焦习近平主席在国际舞台上的领袖风采和气质魅力,围绕友情外交、体育外交、文化外交等主题,讲述习近平在对外交往中的众多佳话,展现党的十八大以来,在元首外交的有力引领下,中国特色大国外交呈现出的新风格和新气派,中国的软实力与国际话语权不断提升,中国开放、包容、自信的负责任大国形象日益鲜明。

（二）观看大型政论专题片《必由之路》第八集《共同命运》

为庆祝改革开放 40 周年，全方位展示改革开放波澜壮阔的伟大历程，由中共中央宣传部、中共中央改革办、中共中央党史和文献研究院、国家发展改革委等部门联合拍摄了 8 集大型政论专题片《必由之路》。其中，第八集《共同命运》充分反映改革开放 40 年特别是党的十八大以来，中国与世界共同发展的辉煌历程。

1. 教学主题

观看大型政论专题片《必由之路》第八集《共同命运》。

2. 教学目标

通过观看《共同命运》，引导同学们进一步认识到：构建人类命运共同体理念是中国共产党为解决世界性问题贡献的中国智慧和中国方案，是我们党始终"坚持胸怀天下"的有力证明。

3. 教学方案

（1）教学时间：课堂时间。

（2）教学环节/具体举措：

第一，以习近平总书记在庆祝改革开放 40 周年大会上的讲话为依据，讲述改革开放以来我们党在外交领域取得的历史性成就。

第二，以党的十九大报告、党的十九届六中全会通过的历史决议为依据，重点讲述进入新时代以来中国特色大国外交的全方位成就。

第三，引导同学们积极讨论《共同命运》的主要内容和现实意义。

4. 师生交流

教师：中国共产党百年奋斗的一条重要历史经验就是"坚持胸怀天下"，始终关注人类前途命运。中国共产党是为中国人民谋幸福的政党，也是为人类进步事业而奋斗的政党。人类已经成为你中有我、我中有你的命运共同体，利益高度融合，彼此相互依存。我们将继续高举和平、发展、合作、共赢旗帜，同世界各国人民深化友谊、加强交流，推动建设新型国际关系，推动构建人类命运共同体。

专题八 坚持和加强党的全面领导

习近平总书记指出:"中国特色社会主义最本质的特征是中国共产党领导,中国特色社会主义制度的最大优势是中国共产党领导。"①中国共产党是中国特色社会主义事业的坚强领导核心。党的十九大把"党政军民学,东西南北中,党是领导一切的"写进党章,以党的根本大法对党的领导作出明确规定。党的十九届六中全会指出:"一百年来,党领导人民进行伟大奋斗,在进取中突破,于挫折中奋起,从总结中提高,积累了宝贵的历史经验。"其中摆在首位的历史经验就是我们做到了"坚持党的领导"。与此同时,中国共产党的百年征程,既是一部波澜壮阔的社会革命史,也是一部激浊扬清的自我革命史。先进的马克思主义政党是在不断自我革命中淬炼而成的。百年大党站在全新的历史起点,继续坚定不移勇于自我革命、全面从严治党,提高党把方向、谋大局、定政策、促改革的能力和定力。

一、课堂叙事式教学

坚持和完善党的全面领导,需要我们在课堂上讲清楚历史和人民如何选择了中国共产党,需要引导同学们深刻把握"两个维护""两个确立"的政治内涵,尤其需要讲清楚党的十八大以来我们勇于自我革命、全面从严治党的历程和表现。

---

① 习近平:《中国共产党领导是中国特色社会主义最本质的特征》,《求是》2020 年第 14 期。

（一）中国共产党的领导是历史和人民的选择

一百年来,党领导人民浴血奋战、百折不挠,创造了新民主主义革命的伟大成就;自力更生、发愤图强,创造了社会主义革命和建设的伟大成就;解放思想、锐意进取,创造了改革开放和社会主义现代化建设的伟大成就;自信自强、守正创新,创造了新时代中国特色社会主义的伟大成就。回顾百年党史可以发现,"历史和人民选择了中国共产党。中国共产党领导是中国特色社会主义最本质的特征,是中国特色社会主义制度的最大优势,是党和国家的根本所在、命脉所在,是全国各族人民的利益所系、命运所系"①。

1. 教学主题

中国共产党的领导是历史和人民的选择。

2. 教学目标

帮助同学们深刻认识为什么说中国共产党的领导是历史和人民的选择。

3. 教学内容

党领导人民夺取了新民主主义革命伟大胜利。近代以来,国家蒙辱、人民蒙难、文明蒙尘,中华民族遭受了前所未有的劫难。为了拯救民族危亡,中国人民奋起反抗,仁人志士奔走呐喊,进行了可歌可泣的斗争。太平天国运动、洋务运动、戊戌变法、义和团运动接连而起,各种救国方案轮番出台,但都以失败告终。辛亥革命虽然推翻了君主专制制度,但未能改变中国半殖民地半封建的社会性质和中国人民的悲惨命运。自从中国产生了共产党,这是开天辟地的大事变,中国革命的面貌从此焕然一新。经过二十八年浴血奋斗,党领导人民建立新中国,实现民族独立、人民解放,中国人民从此站起来了,中华民族任人宰割、饱受欺凌的时代一去不复返了。实践充分说明,历史和人民选择了中国共产党,没有中国共产党领导,民族独立、人民解放是不可能实现的。

党领导人民完成社会主义革命和推进社会主义建设。从新中国成立到改革开放前夕,党领导人民完成社会主义革命,消灭一切剥削制度,实现了中华民族有史以来最为广泛而深刻的社会变革,实现了一穷二白、人口众多的

---

① 习近平:《在庆祝中国共产党成立100周年大会上的讲话》,人民出版社,2021,第11页。

东方大国大步迈进社会主义社会的伟大飞跃。在探索过程中,虽然经历了严重曲折,但党在这一时期取得的独创性理论成果和巨大成就,为在新的历史时期开创中国特色社会主义提供了宝贵经验、理论准备、物质基础。这一历史实践告诉我们,中国人民不但善于破坏一个旧世界,也善于建设一个新世界,只有社会主义才能救中国,只有社会主义才能发展中国。

党领导人民进行改革开放和社会主义现代化建设。"文化大革命"结束以后,在党和国家面临何去何从的重大历史关头,党深刻认识到,只有实行改革开放才是唯一出路,否则我们的现代化事业和社会主义事业就会被葬送。党的十一届三中全会以后,我们党深刻总结新中国成立以来正反两方面经验,围绕什么是社会主义、怎样建设社会主义这一根本问题,借鉴世界社会主义历史经验,创立了邓小平理论,作出把党和国家工作中心转移到经济建设上来、实行改革开放的历史性决策。党的十三届四中全会以后,我们党团结带领全国各族人民,加深了对什么是社会主义、怎样建设社会主义和建设什么样的党、怎样建设党的认识,形成了"三个代表"重要思想,在国内外形势异常复杂、世界社会主义出现严重曲折的严峻考验面前捍卫了中国特色社会主义,开创全面改革开放新局面,成功把中国特色社会主义推向21世纪。党的十六大以后,我们党团结带领全国各族人民,在全面建设小康社会进程中继续推进实践创新、理论创新、制度创新,深刻认识和回答了新形势下实现什么样的发展、怎样发展等重大问题,形成了科学发展观,成功在新形势下坚持和发展了中国特色社会主义。这一时期的奋斗实践为实现中华民族伟大复兴提供了充满新的活力的体制保证和快速发展的物质条件,同时还以英勇顽强的奋斗向世人表明,改革开放是决定当代中国前途命运的关键一招,中国特色社会主义道路是指引中国发展繁荣的正确道路,中国大踏步赶上了时代。

党领导人民开创中国特色社会主义新时代。党的十八大以来,中国特色社会主义进入新时代。以习近平同志为主要代表的中国共产党人,对关系新时代党和国家事业发展的一系列重大理论和实践问题进行了深邃思考和科学判断,就新时代坚持和发展什么样的中国特色社会主义、怎样坚持和发展中国特色社会主义,建设什么样的社会主义现代化强国、怎样建设社会主义现代化强国,建设什么样的长期执政的马克思主义政党、怎样建设长期执政的马克思主义政党等重大时代课题,提出一系列原创性的治国理政新理念新思想新战略。以习近平同志为核心的党中央,以伟大的历史主动精神、巨大的政治勇气、强烈的责任担当,统筹国内国际两个大局,出台一系列重大方针政策,推出一系列重大举措,推进一系列重大工作,战胜一系列重大风险挑战,解决了许多长期想解决而没有解决的难题,办成了许多过去想办而没有办成的大事,推动党和国家事业取得历史性成就、发生历史性变革。这些成就和变革为实现中华民族伟大复兴提供了更为完善的制度保证、更为坚实的物质基础、更为主动的精神力量。

由上可知,中国人民和中华民族之所以能够扭转近代以后的历史命运,取得今天的伟大成就,最根本的是有中国共产党的坚强领导。坚持和完善党的领导,是党和国家的根本所在、命脉所在,是全国各族人民的利益所在、幸福所在。党的领导地位不是自封的,而是历史的选择、人民的选择。回顾历史,没有中国共产党,就没有新中国;展望未来,没有中国共产党,就没有中华民族伟大复兴。走好新时代的长征路,不断跨越"娄山关"、征服"腊子口",从根本上要靠党的全面领导。

(二) 坚持党的全面领导,坚决做到"两个维护"

"两个维护"为坚持党的全面领导树立了明确的坐标。有习近平总书记掌舵领航,党中央就能形成强大的集体领导力;党中央有权威,全国才能形成一盘棋,全党才能拧成一股绳,全国各族人民才能形成一条心。"'两个维护'的提出之所以说是新时代党中央理论创新的重大成果,就是因为这个新论断抓住了坚持党的领导最为本质性的问题。"①

1. **教学主题**

"两个维护"的内涵及其现实意义。

2. **教学目标**

深刻领悟践行"两个维护"对于坚持党的全面领导的重要性。

3. **教学内容**

在领导无产阶级斗争的实践中,马克思曾比喻:"一个单独的提琴手是自

---

① 齐卫平、章再彬:《论坚持党的全面领导与践行"两个维护"的行动逻辑》,《红色文化学刊》2022年第3期。

己指挥自己,一个乐队就需要一个乐队指挥。"①恩格斯在《论权威》中也说"不论在哪一种场合,都要碰到一个显而易见的权威"②,而"巴黎公社遭到灭亡,就是由于缺乏集中和权威"③。这就告诉我们,社会主义建设必须有一定的核心和权威,确保党始终总揽全局、协调各方,必须做到"两个维护",即"坚决维护习近平总书记党中央的核心、全党的核心地位,坚决维护党中央权威和集中统一领导"。旗帜鲜明讲政治、保证党的团结和集中统一是党的生命,也是我们党能成为百年大党、创造世纪伟业的关键所在。实践证明,只要全党团结成"一块坚硬的钢铁",就能够把全国各族人民团结起来,形成万众一心、无坚不摧的磅礴力量,战胜一切强大敌人、一切艰难险阻。保证全党服从中央,维护党中央权威和集中统一领导,是党的政治建设的首要任务。全体党员要坚定不移向党中央看齐,不断提高政治判断力、政治领悟力、政治执行力,自觉在思想上政治上行动上同党中央保持高度一致,确保全党上下拧成一股绳,心往一处想、劲往一处使。正如著名学者侯惠勤所讲:"做到'两个维护',不仅可以最大限度地减少内耗,理顺关系,调动积极性,集全党全民之力共克时艰,而且可以辨识潮流,把准方向,增强自信,集全党全民之智高瞻远瞩,开创未来。"④

与此同时,2021年党的十九届六中全会通过的《中共中央关于党的百年奋斗重大成就和历史经验的决议》指出,"党确立习近平同志党中央的核心、全党的核心地位,确立习近平新时代中国特色社会主义思想的指导地位"。"两个确立"作为重大政治论断、政治实践成果,关涉新时代党的领导核心问题、党的指导思想问题,是新时代高校思政课必须讲清楚的一个重大政治问题。对于这一问题,正如一位学者所说:"应该放在中华民族伟大复兴战略全局中,放在'建设什么样的长期执政的马克思主义政党、怎样建设长期执政的

---

① 中共中央马克思恩格斯列宁斯大林著作编译局编译《马克思恩格斯文集》第5卷,2009,第384页。
② 中共中央马克思恩格斯列宁斯大林著作编译局编译《马克思恩格斯选集》第3卷,2012,第276页。
③ 中共中央马克思恩格斯列宁斯大林著作编译局编译《马克思恩格斯文集》第10卷,2009,第375页。
④ 侯惠勤:《必须从理论上说清楚做到"两个维护"》,《马克思主义与现实》2019年第3期。

马克思主义政党'这个重大时代课题中来把握,深刻理解其决定性意义。"①因此,我们在讲"坚持和加强党的领导"这一重要问题时,必然要谈到"两个确立"。"两个确立"无疑是将党的全面领导落到实处的必然要求。显而易见,这一问题的提出是有鲜明问题导向的,它针对的是党的领导和党的建设方面还存在的诸多现实问题。关于这一点,《中共中央关于党的百年奋斗重大成就和历史经验的决议》里面讲得很清楚:"党内也存在不少对坚持党的领导认识模糊、行动乏力问题,存在不少落实党的领导弱化、虚化、淡化、边缘化问题,特别是对党中央重大决策部署执行不力,有的搞上有政策、下有对策,甚至口是心非、擅自行事。"只有理解了"两个确立"所针对的现实问题以及它所要实现的管党治党目标,才能真正理解新时期我们为什么要强调坚持和加强党的全面领导。

最后,我们要将"两个确立"转化为"两个维护"的思想自觉与行动自觉。实现中华民族复兴,要进行许多具有新的历史特点的伟大斗争,必然需要强有力的领导核心,需要能够洞察时代、引领时代的指导思想。就此而言,"两个确立"反映了全党全军全国各族人民共同心愿,对新时代党和国家事业发展、对推进中华民族伟大复兴历史进程具有决定性意义。新时代推动党和国家事业发展,推进中华民族伟大复兴历史进程,需要我们深刻领会"两个确立"的科学依据、问题指向、重大价值,并转化为"两个维护"的思想自觉与行动自觉,在新时代新征程上展现新气象新作为。

(三)勇于自我革命,是我们党最鲜明的品格,也是我们党最大的优势

作为总揽全局、协调各方的马克思主义百年大党,我们党之所以能够历经千锤百炼而朝气蓬勃,一个很重要的原因就是能够始终坚持党要管党、全面从严治党,不断应对好自身在各个历史时期面临的风险考验。《中共中央关于党的百年奋斗重大成就和历史经验的决议》指出:"勇于自我革命是中国共产党区别于其他政党的显著标志。自我革命精神是党永葆青春活力的强大支撑。先进的马克思主义政党不是天生的,而是在不断自我革命中淬炼

---

① 陈培永:《"两个确立"与建设长期执政的马克思主义政党的时代课题》,《思想理论教育导刊》2021年第12期。

而成的。"可以说,勇于自我革命,是我们党最鲜明的品格,也是我们党最大的优势。

1. 教学主题

勇于自我革命的内涵及其意义。

2. 教学目标

深刻理解为什么说"勇于自我革命,是我们党最鲜明的品格,也是我们党最大的优势"。

3. 教学内容

我们党依靠自我革命引领社会革命。马克思指出:"任何一次真正的革命都是社会革命,因为它使新阶级占据统治地位并且让这个阶级有可能按照自己的面貌来改造社会。"①这就意味着,革命不仅指政权的更替,政治、社会和经济秩序的大规模变革甚至根本性重建也属于革命的范畴。从这个意义上来说,社会革命一般是指通过解决生产力与生产关系、经济基础和上层建筑之间的矛盾,使生产力稳步发展、公平正义得到有效维护、人的自由全面发展逐步实现的过程。也正是在这个意义上,习近平总书记指出:"新时代中国特色社会主义是我们党领导人民进行伟大社会革命的成果,也是我们党领导人民进行伟大社会革命的继续,必须一以贯之进行下去。"②《中共中央关于党的百年奋斗重大成就和历史经验的决议》用"十个明确"精辟概括习近平新时代中国特色社会主义思想丰富内涵,将"以伟大自我革命引领伟大社会革命"作为重要内容,深刻揭示自我革命和社会革命相伴相随、互促共进的辩证关系:伟大社会革命锻造和成就伟大的党,伟大自我革命保障和推动伟大的事业,这是党百年来不断从胜利走向新的胜利的宝贵经验,也是党把握历史发展规律、奋斗新征程的重要遵循。新时代10年,我们党坚持以伟大自我革命引领伟大社会革命、以伟大社会革命促进伟大自我革命,团结带领亿万人民风雨无阻、砥砺前行,创造了新时代中国特色社会主义的伟大成就。

我们党依靠自我革命跳出历史周期率。马克思主义政党夺取政权不容易,巩固政权更不容易;只要马克思主义执政党不出问题,社会主义国家就出不了大问题,我们就能够跳出"其兴也勃焉,其亡也忽焉"的历史周期率。马

---

① 中共中央马克思恩格斯列宁斯大林著作编译局编译《马克思恩格斯文集》第3卷,人民出版社,2009,第393页。

② 习近平:《习近平谈治国理政》第3卷,外文出版社,2020,第69-70页。

克思主义政党的先进性不是一劳永逸的,而是在不断自我革命中淬炼而成的。在党长期执政条件下,各种弱化党的先进性、损害党的纯洁性的因素无时不有,各种违背初心和使命、动摇党的根基的危险无处不在,党内存在的思想不纯、政治不纯、组织不纯、作风不纯等突出问题尚未得到根本解决。在新的历史条件下,要永葆党的马克思主义政党本色,关键还得靠我们党自己。习近平总书记在党的十九届六中全会第二次全体会议上讲:"我们党历史这么长、规模这么大、执政这么久,如何跳出治乱兴衰的历史周期率?毛泽东同志在延安的窑洞里给出了第一个答案,这就是'只有让人民来监督政府,政府才不敢松懈'。经过百年奋斗特别是党的十八大以来新的实践,我们党又给出了第二个答案,这就是自我革命。"

我们党依靠自我革命赢得历史主动。只有勇于自我革命才能赢得历史主动;在勇于自我革命中赢得历史主动,就是追求人类社会历史发展过程中的"主动权"。而这个"主动权"体现在自我净化、自我完善、自我革新、自我提高等的实践过程中。一方面,"历史发展有其规律,但人在其中不是完全消极被动的"①,"只有按历史规律办事,我们才能无往而不胜"②。正所谓"虽有智慧,不如乘势",只有顺应历史潮流,积极应变、主动求变,才能与时代同行。一个国家能不能富强,一个民族能不能振兴,最重要的就是看这个国家、这个民族能不能顺应时代潮流,掌握历史前进的主动权。另一方面,只有勇于自我革命,我们党才能真正消除精神懈怠、能力不足等危险;只有勇于自我革命,才能够克服缺点、解决问题、纠正错误,不断练就"金刚不坏之身";只有勇于自我革命,才能下好先手棋、打好主动仗,赢得化危为机、于变局中开新局的主动权。

由上可见,中国共产党的伟大不在于不犯错误,而在于从不讳疾忌医、敢于直面问题、勇于自我革命,从而具有极强的自我修复能力。那么,更进一步,我们党为什么能够进行自我革命、刀刃向内呢?答案就在于"能胜强敌者,先自胜者也",无私故能无畏,全心全意为人民服务是共产党的根本宗旨。马克思、恩格斯在《共产党宣言》中明确指出,"过去的一切运动都是少数人的,或者为少数人谋利益的运动。无产阶级的运动是绝大多数人的,为

---

① 习近平:《在党史学习教育动员大会上的讲话》,人民出版社,2021,第13页。
② 习近平:《在纪念毛泽东同志诞辰120周年座谈会上的讲话》,人民出版社,2013,第18页。

绝大多数人谋利益的独立的运动","共产党人不是同其他工人政党相对立的特殊政党。他们没有任何同整个无产阶级的利益不同的利益"①。毛泽东指出:"共产党是为民族、为人民谋利益的政党,它本身决无私利可图。"② 1945年中共七大把"为人民服务"的宗旨写进党章,明确规定"中国共产党人必须具有全心全意为中国人民服务的精神"。我们党没有任何自己特殊的利益,这是我们党敢于自我革命的勇气之源、底气所在,是我们党立于不败之地的根本所在。正因为无私,才能本着彻底的唯物主义精神经常检视自身、直面问题、常思已过,才能摆脱一切利益集团、权势团体、特权阶层的利益牵绊和围猎腐蚀,并向党内被这些集团、团体、阶层所裹挟的人开刀。正如习近平总书记指出的:"中国共产党始终代表最广大人民根本利益,与人民休戚与共、生死相依,没有任何自己特殊的利益,从来不代表任何利益集团、任何权势团体、任何特权阶层的利益。"③正是由于能够始终做到坚持人民至上、坚守初心和使命,我们党才能够在百年历史中坚持真理、修正错误、勇于自我革命、坚持刀刃向内。"中国共产党既能够为人民坚持真理,又能够为人民修正错误,是一个具有强大自我革命精神的政党。"④

(四)全面从严治党开辟了百年大党自我革命的新境界

全面从严治党是新时代党的自我革命的伟大实践,开辟了百年大党自我革命的新境界。党的十八大以来,习近平总书记围绕全面从严治党提出一系列新理念新思想新战略,科学回答了新时代党的建设重大时代课题,极大丰富和发展了马克思主义建党学说,推动党的自我革命开辟新境界,为党和国家事业取得历史性成就、发生历史性变革提供了坚强保证。

1. 教学主题

全面从严治党的内涵及其意义。

2. 教学目标

充分把握"全面从严治党开辟了百年大党自我革命的新境界"的时代

---

① 中共中央马克思恩格斯列宁斯大林著作编译局编译《马克思恩格斯选集》第1卷,2012,第411、413页。
② 毛泽东:《毛泽东选集》第3卷,人民出版社,2006,第809页。
③ 习近平:《在庆祝中国共产党成立100周年大会上的讲话》,人民出版社,2021,第11-12页。
④ 秦宣:《论中国共产党的特质和优势》,《马克思主义研究》2021年第2期。

内涵。

3. 教学内容

习近平总书记在党的十九大报告中指出:"勇于自我革命,从严管党治党,是我们党最鲜明的品格,全面从严治党永远在路上。"①在庆祝改革开放40周年大会上他强调:"打铁必须自身硬。办好中国的事情,关键在党,关键在坚持党要管党、全面从严治党。"②在庆祝中国共产党成立100周年大会上他又一次强调:"勇于自我革命是中国共产党区别于其他政党的显著标志。我们党历经千锤百炼而朝气蓬勃,一个很重要的原因就是我们始终坚持党要管党、全面从严治党。"③

全面从严治党,必须坚持和加强党的全面领导。坚持党的领导,最根本的是坚持党中央权威和集中统一领导。我们要乘势而上,牢牢把握加强党的长期执政能力建设、先进性和纯洁性建设这条主线,发挥标本兼治综合效应,确保党成为始终走在时代前列、人民衷心拥护、勇于自我革命、经得起各种风浪考验、朝气蓬勃的马克思主义执政党。

标本兼治是我们党管党治党的一贯要求。深入推进全面从严治党,必须坚持标本兼治。管党治党从宽松软走向严紧硬,需要经历一个砥砺淬炼的过程,要严字当头、实字托底,步步深入、善作善成。要坚持治标不松劲,不断以治标促进治本,既猛药去疴、重典治乱,也正心修身、涵养文化,守住为政之本。

全面从严治党,关键是要抓住领导干部这个"关键少数"。领导干部是党和国家事业发展的"关键少数",对全党全社会都具有风向标作用。正所谓"君子之德风,小人之德草,草上之风必偃"。习近平总书记讲道:"在上面要求人、在后面推动人,都不如在前面带动人管用。"④要把我们党建设好,必须抓住"关键少数"。党的高级干部要自觉经常同党中央对表,校准自己的思想和行动;各级领导干部要自觉站在党和国家大局上想问题、办事情,把党中央大政方针不折不扣落实到位。

---

① 习近平:《习近平谈治国理政》第3卷,外文出版社,2020,第71页。
② 习近平:《习近平谈治国理政》第3卷,外文出版社,2020,第188页。
③ 习近平:《在庆祝中国共产党成立100周年大会上的讲话》,人民出版社,2021,第19页。
④ 习近平:《习近平谈治国理政》第3卷,外文出版社,2020,第544页。

总而言之,党的十八大以来全面从严治党的实践充分证明:坚持和完善党的全面领导,是党和国家的根本所在、命脉所在,是全国各族人民的利益所在、幸福所在;全面从严治党是党永葆生机活力、走好新的赶考之路的必由之路。新的征程上,我们要牢记打铁必须自身硬的道理,增强全面从严治党永远在路上的政治自觉,以党的政治建设为统领,继续推进新时代党的建设新的伟大工程,确保党不变质、不变色、不变味。

二、平台情景式教学

通过平台情景式教学,同学们可以深切感受党的十八大以来我们取得的历史性、全方位成就,从而进一步认识"办好中国的事情,关键在党",同时更好地辨清"党大还是法大"这一问题的理论实质和现实危害。

(一) 舞台情景剧:《团结奋斗奔小康》

党的十八大以来,我们经历了具有深远历史意义的三件大事:一是迎来中国共产党成立100周年;二是中国特色社会主义进入新时代;三是完成脱贫攻坚、全面建成小康社会的历史任务,实现了第一个百年奋斗目标。全面建成小康社会,强调的不仅是"小康",而且更重要的也是更难做到的是"全面"。同学们在参与表演情景剧《团结奋斗奔小康》的过程中,能够更好感受我们党带领人民消除绝对贫困、全面建成小康社会的光辉历程。

1. 教学主题

舞台情景剧《团结奋斗奔小康》。

2. 教学目标

通过情景剧《团结奋斗奔小康》的呈现,同学们能够在内心深处对党领导人民取得的成就产生强烈的政治认同和情感认同,进一步认识到"办好中国的事情,关键在党",进一步体会到在新的赶考路上必须继续发挥党总揽全局、协调各方的作用。

3. 教学方案

第一,引导同学们了解自己家乡最近几年方方面面的巨变;组织同学们学习习近平总书记在庆祝改革开放40周年大会上的讲话、党的十九大报告、党的十九届六中全会通过的历史决议等重要文献资料。

第二,在多媒体教室或者实践教学平台表演情景剧。

4. 师生交流

同学甲:污染防治攻坚战是决胜全面建成小康社会三大攻坚战之一,生态文明建设是全面建成小康社会的重要组成部分。我从课堂学习以及媒体上了解到,党的十八大以来,我国经济发展平衡性、协调性、可持续性明显增强,国内生产总值突破百万亿元大关,人均国内生产总值超过一万美元,国家经济实力、科技实力、综合国力跃上新台阶。我愿意结合我的亲身见闻来讲一讲我们党在经济建设方面所取得的成就。几年前,我的家乡迫于促进就业、增加当地财政收入的现实需要,上马了不少消耗较高、污染较严重的项目,给家乡环境造成了很大的影响和破坏。但是在生态文明持续推进、新发展理念深入人心的大背景下,前不久我们当地政府进行了一场史上最严的环保整治,一些高污染、高耗能的企业纷纷关闭。随着新发展理念的有效践行,我们家乡的水更清了,山更绿了,天更蓝了。我相信未来我们一定能够走上生产发展、生活富裕、生态良好的发展之路。

同学乙:全面小康社会要求经济更加发展、民主更加健全、科教更加进步、文化更加繁荣、社会更加和谐、人民生活更加殷实。全面小康社会的重要内涵之一就是要体现人民意志、保障人民权益、激发人民创造。党的十八大以来,我们的民主政治建设取得了一系列实质性的进步。我是一名来自农村的学生,我所在的行政村村干部都是我们一人一票直接选举产生的。我们党在基层所实行的直接选举充分保障了每一位公民的政治权利,它符合中国国情和农村实际情况。改革开放以来,党领导人民坚持中国特色社会主义政治发展道路,发展社会主义民主,取得重大进展,为个人提供了多样、畅通、有序的参政、议政渠道。同时,我们党在政治建设上取得的成果实际上也就表明:不能将民主狭隘地定义为西方的"宪政"、多党轮流执政、"三权鼎立"。实现民主有多种方式,不可能千篇一律;用单一的标尺衡量世界丰富多彩的政治制度,本身就是不民主的。正是由于深深扎根于具体的文化传统、现实国情,党的十八大以来我们的民主政治建设取得了巨大的进步。

同学丙:全面建成小康社会在中华民族伟大复兴征程上具有伟大意义。首先,充分彰显了以人民为中心的发展思想。从奋力争取温饱到稳定解决温饱,从实现总体小康到迈向全面小康,再到全面建成小康,一路走来,砥砺前行,谱写了一曲我们党发展为了人民、发展依靠人民、发展成果由人民共享的赞歌,擘画了一幅中华民族伟大复兴征程上的壮美画卷。其次,为实现共同富裕夯实了基础。共同富裕是社会主义的本质要求,是人民群众的共同期盼。经过艰苦努力,我国脱贫攻坚战取得了全面胜利,区域性整体贫困得到解决,完成了消除绝对贫困的艰巨任务,困扰中华民族几千年的绝对贫困历史性地得到解决,为全面建成小康社会目标任务作出了关键性贡献,为实现共同富裕迈出坚实一步。

(二)主题讨论会:"党大还是法大"的实质和危害

一方面,我们党总揽全局、协调各方,是坐镇中军帐的"帅";另一方面,法治固根本、稳预期、利长远。那么,坚持党的领导和坚持全面依法治国是不是存在一定的矛盾,是不是存在"党大"还是"法大"的矛盾?这是思政课堂必须讲清楚的一个理论问题,也是必须澄清的极其重要的政治问题。

1. 教学主题

讨论"党大还是法大"的实质和危害。

2. 教学目标

正确把握坚持党的领导和全面依法治国的辩证统一关系,认清"党大还是法大"这一伪命题的理论实质和现实危害。

3. 教学方案

(1)教学地点:教室

(2)教学环节:

第一,帮助同学们了解"党大还是法大"这一问题产生的背景。

第二,开展课堂讨论,让同学们讲清自己的观点和理由。

4. 师生交流

同学甲:为了准备这次的讨论会,我在网上查找了相关材料,特别仔细地阅读了2014年10月党的十八届四中全会通过的《中共中央关于全面推进依法治国若干重大问题的决定》。在结合以往知识的基础上,我深刻认识到:坚持党的领导和践行社会主义法治从根本上是一致的、相辅相成的。这是因为,社会主义法治必须坚持党的领导,党的领导必须依靠社会主义法治。只有在党的领导下依法治国、厉行法治,人民当家作主才能充分实现,国家和社会生活法治化才能有序推进。依法执政,既要求党依据宪法法律治国理政,也要求党依据党内法规管党治党。因而,"党大还是法大"这一问题在理论上和实践中都是不成立的,是一个彻头彻尾的伪问题。

同学乙:党的领导是中国特色社会主义最本质的特征,是社会主义法治最根本的保证。把党的领导贯彻到依法治国全过程和各方面,是我国社会主义法治建设的一条基本经验。当前人为制造"党大还是法大"这一问题就是使党的领导和依法治国对立起来,从而达到蛊惑群众、搞乱人心的政治目的,进而否定党的领导和社会主义制度。对于这一点,我们当代青年大学生要透过现象看本质,对于错误的政治言论要敢于斗争、善于斗争。

同学丙:历史反复证明,办好中国的事情,关键在党。全面推进依法治国,建设社会主义法治国家,离开了党的领导,就无从谈起。首先,中国共产党是社会主义法治的倡导者和引领者,依法治国是由党提出并在实践中不断向前推进的。其次,党的领导是社会主义法治最根本的保证,把依法治国落到实处须臾离不开党的领导。最后,把党与法治刻意割裂和对立起来,背离了我国社会主义法治建设的基本经验和内在要求。

同学丁:这一问题的潜在观点就是:只要坚持党的核心领导地位我们就会与依法治国绝缘,而只要推进依法治国就一定会无法容纳党的集中统一领导。这种似是而非的观点将二者视为彼此对立、水火不容的关系。这种观点是完全站不住脚的,它不符合新中国尤其是党的十八大以来社会主义法治建设的基本经验、内在规律。这种看法、观点不仅在理论上站不住脚,而且在实践中也行不通。

教师:习近平总书记曾明确指出:"'党大还是法大'是一个政治陷阱,是一个伪命题。"在这个问题上,我们的思政课绝不能含糊其词、语焉不详,必须讲清楚、讲透彻,必须做到正本清源、明辨是非。一方面,党和法、党的领导和依法治国是高度统一的。法是党的主张和人民意愿的统一体现,党既领导人民制定宪法法律,也领导人民实施宪法法律,党自身必须在宪法法律范围内活动。依法治国是我们党提出来的,把依法治国上升为党领导人民治理国家的基本方略也是我们党提出来的,党一直带领人民深入推进依法治国。另一方面,党和法的关系是政治和法治关系的集中反映。法治当中有政治,没有脱离政治的法治。不同性质的政治制度决定了不同形态的法治体系。我们推进全面依法治国,绝不是要虚化、弱化甚至动摇、否定党的领导,而是为了进一步巩固党的执政地位,改善党的执政方式,提高党的执政能力,保证党和国家长治久安。

要从根本上杜绝类似"党大还是法大"这种伪问题的存在,需要我们把权力关进制度的笼子里,把厉行法治作为根本之策,解决好"权大还是法大"这个真命题。正如习近平总书记所讲,在贯彻党总揽全局、协调各方的原则的同时,"每个党政组织、每个领导干部必须服从和遵守宪法法律,不能把党的领导作为个人以言代法、以权压法、徇私枉法的挡箭牌"①。这其实也就告诉我们,在坚持和加强党的全面领导的过程中,如果我们不能有效地避免和杜绝在一些部门、领导干部中存在的用权力压制法律、用个人话语废弃法律、有法而不去依循、执法而徇私舞弊等,那么所谓"党大还是法大"的问题和疑惑就有其存在的空间、生长的土壤,就会在现实社会中造成一定的负面影响。由此可见,我们要真正澄清、认识"党大还是法大"这一问题产生的现实逻辑和话语本质,一方面需要从理论层面上有效回应这一问题的理论缺陷,另一方面还需要将权力关进制度的笼子,让权力在制度和规则的范围内阳光运行。

三、基地体验式教学

思政课堂"要注重启发式教育,引导学生发现问题、分析问题、思考问题,在不断启发中让学生水到渠成得出结论。这里面,会讲故事、讲好故事十分重要"②。基地体验式教学在这方面就能够发挥很好的作用。因此,我们利用周末、节假日组织学生去河南省信阳市和湖北省红安县的爱国主义教育基地,去感受我们党的光辉历史,在这一学习过程中让学生们更加深切感受中国共产党为什么能以及新时代加强和坚持党的全面领导的必要性。

(一)参观信阳市鄂豫皖革命纪念馆和大别山干部学院

大别山是中国革命的重要发源地和主要活动区域之一,是中国革命走向胜利的战略转折地。从1921年中国共产党诞生到1949年新中国成立,党领导大别山区人民创造了"28年红旗不倒"的革命奇迹。鄂豫皖革命纪念馆是信阳市委、市政府为缅怀先烈的丰功伟绩,弘扬大别山精神兴建的,纪念馆已

---

① 习近平:《习近平谈治国理政》第2卷,外文出版社,2017,第128页。
② 习近平:《思政课是落实立德树人根本任务的关键课程》,《求是》2020年第17期。

成为全国首批国防教育示范基地、河南省爱国主义教育示范基地、河南省廉政教育基地。大别山干部学院位于大别山腹地、鄂豫皖革命根据地的首府所在地——河南省信阳市新县,是开展革命传统教育、理想信念教育和党的群众路线教育的特色党性教育培训基地。

1. 教学主题

参观信阳市鄂豫皖革命纪念馆和大别山干部学院。

2. 教学目标

帮助同学们进一步认识到中国共产党的领导是历史和人民的选择;中国人民和中华民族之所以能够扭转近代以后的历史命运、取得今天的伟大成就,最根本的是有中国共产党的坚强领导。

3. 教学方案

(1)教学时间:周末或节假日。

(2)实践地点:信阳市区和新县。

(3)教学环节:

第一,准备:让同学们提前了解鄂豫皖苏区的历史,了解许世友、李德生、万海峰、尤太忠等我党重要将领的生平事迹,了解刘邓大军千里跃进大别山的来龙去脉。

第二,出发:组织同学们统一乘坐交通工具前往目的地。

第三,参观:向讲解员详细了解大别山地区尤其是河南信阳、湖北红安地区在1921年到1949年期间我们党的重要活动,在生动的史实中感受我们党的初心和使命担当。

第四,撰写报告:结合参观鄂豫皖革命纪念馆、大别山干部学院的学习心得,撰写一份学习报告。

4. 教师总结

大别山精神是中国共产党精神谱系的重要组成部分,是伟大建党精神的鲜明体现和时代延续。通过这次基地体验式教学,当代青年大学生可以更好了解从1921年中国共产党诞生到1949年新中国成立这一特定历史时期,我们党是如何在大别山地区带领广大人民群众推翻封建主义、帝国主义和官僚资本主义的,以及在这一过程中我们党所铸就的革命品质、革命精神和革命信仰。在实地学习的过程中,同学们切切实实感受到了"中国红色政权是怎么来的""新中国是怎么来的""今天的幸福生活是怎么来的"。通过这种沉浸式学习,我们也真切感受到了马克思主义为什么行、中国特色社会主义为什么好,尤其是中国共产党为什么能这些重要道理。我们相信经过这次基地体验式教学,同学们一方面认识到了无论是革命、建设还是改革时期,正是由于有了我们党的掌舵领航,中华民族这艘巨轮才能行稳致远;另一方面也认识到,党的百年历史也是自我革命史,强大的中国共产党不是与生俱来的,而是在自我革命中不断淬炼而成的。我相信在学习了解党史的过程中,当代大学生能够不断提升自己的责任意识和使命意识,做一个坚定者、奋进者和搏击者,在实现中华民族伟大复兴的道路上走好自己的长征路。

(二) 参观黄麻起义和鄂豫皖苏区纪念园

黄麻起义是土地革命战争时期,中国共产党领导湖北黄安(今红安)、麻城两地农民举行的武装起义,打响了鄂豫皖地区武装反抗国民党反动派的第一枪。正如著名党史专家金冲及先生所说:"1927年11月的湖北黄麻起义,在中国共产党历史上写下重要的一页。中国工农红军三大主力之一的红四方面军,鄂豫皖革命根据地,都以这里为起点。"①为了纪念在黄麻起义和鄂豫皖苏区革命根据地斗争中牺牲的烈士,1956年,在红安县城东北兴建了黄麻起义和鄂豫皖苏区纪念园,纪念园已成为重要的党性教育和爱国主义教育基地。

1. 教学主题

参观黄麻起义和鄂豫皖苏区纪念园。

2. 教学目标

我们走得再远,都不能忘记来时的路。通过参观黄麻起义和鄂豫皖苏区纪念园,同学们会对"中国共产党的领导是历史和人民的选择"这一重要问题有更加深入的认识,会对"红色政权来之不易"有更加深刻的理解。在这一基础上,同学们还会对"坚持真理,修正错误"这一党的优良作风的时代价值、新时代全面从严治党的必要性有全新的认识。

3. 教学方案

(1) 教学时间:周末或节假日。

(2) 教学地点:湖北省红安县。

---

① 金冲及:《全局视野下的黄麻起义》,《苏区研究》2018年第5期。

（3）教学环节：

第一，准备：引导学生提前了解黄麻起义的时间、背景以及历史意义。

第二，出发：组织学生统一乘坐交通工具前往。

第三，参观：实地参观红安将军纪念馆、李先念纪念馆以及董必武纪念馆等，并与当地的红军家属以及讲解员进行深入交流，了解更为翔实丰富的史料。

第四，撰写心得体会并进行学习成果展示。

4. 教师总结

黄麻起义是中国共产党继南昌起义和秋收起义之后，在长江以北地区首次举行的规模最大的农民武装起义；是在八七会议精神指引下，党领导的武装起义总体布局的重要组成部分。

通过这次实地的参观学习，广大师生对中国共产党的初心和使命有了更加深刻的认识。黄麻起义中主要领导人全部为国捐躯，这有力证明了我们的党是一个为中国人民谋幸福、为中华民族谋复兴的政党。黄麻起义再次证明，具有无比坚强的领导力的中国共产党，是风雨来袭时中国人民最可靠的主心骨。革命战争年代，正是由于有了中国共产党的领导，才能够成立黄安农民政府，组建工农革命军鄂东军。同样，正是因为有中国共产党领导，我们才能创造出世所罕见的经济快速发展和社会长期稳定奇迹。我们党作为百年大党，如何永葆先进性和纯洁性，如何永远得到人民拥护和支持，如何实现长期执政，是我们必须回答好、解决好的一个根本性问题。黄麻起义之所以是大别山地区在我党领导下发动的第一次、也是规模最大的一次农民武装起义，重要原因之一就是起义的领导人能够做到坚持真理、修正错误。这也就告诉我们，越是长期执政，越不能忘记党的初心使命，越不能丧失自我革命精神。

四、网络延展式教学

习近平总书记指出："当今世界正在经历百年未有之大变局，实现中华民族伟大复兴正处于关键时期。"①"百年未有之大变局"的重要内涵之一，就是

---

① 习近平：《习近平谈治国理政》第3卷，外文出版社，2020，第294页。

当今世界第四次科技革命方兴未艾、蓬勃发展。新兴媒体技术的发展为思政课教学带来了发展创新的巨大机遇。VR 技术弥补了传统红色文化教育吸引力不强的缺点,丰富了红色文化教育的手段和形式。

(一) 虚拟仿真体验:红军长征湘江战役纪念馆

2021 年 4 月习近平总书记在广西桂林考察时指出,湘江战役是红军长征的壮烈一战,是决定中国革命生死存亡的重要历史事件。"三年不饮湘江水,十年不食湘江鱼",讲的就是红军长征最惨烈的一战——湘江战役,它是关系中央红军生死存亡的一战。正如著名学者石仲泉所说:"它不仅是红军长征途中规模最浩大、鏖战最激烈、伤亡最严重、场面最惨烈的战斗,而且在人民军队近 90 年的战争史上,乃至现代世界战争史上,其残酷性、惨烈性能够与之相比的,也屈指可数。"①正是由于有了湘江战役的"惨胜",才有了后来的遵义会议,才有了后来的四渡赤水。湘江战役既见证了我们党"革命理想高于天"的坚定理想信念,也从另一个角度彰显了"办好中国的事,关键在党"的正确性以及"坚持真理,修正错误"这一优良传统的重要性。

1. 教学主题

通过虚拟仿真技术参观湘江战役纪念馆。

2. 教学目标

让同学们在历史"现场"感受党的初心和使命,感受"办好中国的事,关键在党"这一真理。

3. 教学方案

(1) 教学时间:课后。

(2) 教学环节/具体举措:

第一,组织学生运用 VR 技术参观纪念馆,并查阅相关历史资料。

第二,组织学生结合自己亲身体验,在课堂上进行交流互动。

第三,教师对学生的观点进行评述。

4. 教师总结

由于党内"左"倾教条主义的错误领导,1934 年 10 月,中央红军被迫实施战略转移,开始长征。中央红军接连突破敌人三道封锁线后,于 1934 年

---

① 石仲泉:《湘江战役之我见》,《苏区研究》2016 年第 6 期。

11月下旬进入广西湘江地域,国民党当局在此布置了30万大军构筑第四道封锁线,企图消灭红军于湘江以东。经过这次战役,红军人数由长征出发时的8万多人锐减至3万余人。

今天我们应全面、科学地评价湘江战役。第一,就博古、李德选择西进湘江路线的战略决策而言,红军蒙受伤亡过半的惨重损失,但这不是说红军广大指战员打了败仗,而是证明了错误路线的破产。第二,就蒋介石而言,他奢望在湘江两岸将中央红军围歼,但这个计划没能实现。从蒋介石的奢望落空这一方面说,是其消灭红军的战略计划失败。第三,就红军广大指战员方面而言,尽管付出了巨大牺牲,但湘江战役的领导指挥却是出色的,因而突破了蒋介石处心积虑设置的第四道封锁线,粉碎了他欲将红军置于死地的罪恶企图。就此而言,红军"是胜利了",湘江血战没有失败。

今天我们学习、了解、纪念湘江战役具有多方面的重要意义。一是缅怀牺牲在这片土地上的革命先烈;二是纪念中央红军血战湘江、为保卫党中央而英勇战斗,突破敌人铁壁合围的伟大革命精神;三是纪念它为遵义会议的召开实现党的历史第一次伟大转折提供了契机,为确立毛泽东在党中央和红军的领导地位奠定了最重要的干部思想基础。

(二) 观看政论专题片《辉煌中国》《法治中国》《永远在路上》《零容忍》

党的十八大以来,我们解决了党内许多突出问题,但党面临的执政考验、改革开放考验、市场经济考验、外部环境考验将长期存在,精神懈怠危险、能力不足危险、脱离群众危险、消极腐败危险将长期存在。这就要求我们居安思危、防腐拒变,勇于刀刃向内、坚持自我革命。这是我们党百年奋斗取得巨大历史成就的重要原因之一,也是我们未来能够实现中华民族伟大复兴的重要政治保障。通过观看《辉煌中国》《法治中国》《永远在路上》《零容忍》等政论片,同学们可以从生动的事实中感受到"没有党的领导,民族复兴必然是空想"[①],可以从鲜活的案例中感受到我们党"以新时代党的自我革命引领新的伟大社会革命"的力度和决心。

---

① 习近平:《习近平谈治国理政》第3卷,外文出版社,2020,第94页。

1. 教学主题

观看政论片《辉煌中国》《法治中国》《永远在路上》《零容忍》。

2. 教学目标

通过《辉煌中国》里面的丰富案例和具体事实，同学们可以更深入地感受百年大党如何带领中华民族实现"站起来"、"富起来"到"强起来"的伟大历程，进一步加深"办好中国的事，关键在党"这一共识；通过《法治中国》里面翔实的案例和鞭辟入里的学理分析，同学们能够对坚持党的领导、人民当家作主和依法治国三者的有机统一有更为深刻的理解；通过《永远在路上》《零容忍》里面的真实案例，我们能够更好理解党的十八大以来，我们党是如何抓住"关键少数"的，是如何以伟大自我革命引领伟大社会革命的。

3. 教学视频资料简介

政论片《辉煌中国》是由中国共产党中央委员会宣传部、中央电视台联合制作的六集电视纪录片，于2017年9月在中央电视台综合频道首播。该片讲述了在以习近平同志为核心的党中央带领下，全国各族人民砥砺奋进、真抓实干，使得经济社会发展取得历史性成就的历程。这一政论片选择展现了65个典型的成就故事、250个成就点位，并将中国共产党第十八次全国代表大会后的5年里近200组国家成就数据呈现于荧屏之上。同学们通过观看这部政论片，能够更加深切地感受我们党领导中国人民迎风破浪、攻坚克难的伟大历程，从中更好感受习近平总书记多次讲到的"解决了许多长期想解决而没有解决的难题，办成了许多过去想办而没有办成的大事"的丰富内涵，从而增强当代大学生对中国共产党、中华民族以及中国特色社会主义制度的认同感和自豪感。

政论片《法治中国》主要包括《奉法者强》《大智立法》《依法行政》《公正司法（上）》《公正司法（下）》《全民守法》这六集内容。党的十八大以来，以习近平同志为核心的党中央高瞻远瞩、审时度势、统筹谋划，把全面依法治国纳入"四个全面"战略布局，带领14亿中国人民凝心聚力、团结奋斗，在新的历史起点上全面推进了法治中国的建设。该片以建设法治中国为主题，以党的十八大以来中央关于全面依法治国重大决策部署和成就为主线，介绍了法治建设方面的一些案例。同学们通过观看此片，能够更好体会我们党依法治国的决心和力度，从而深刻理解坚持党的领导与依法治国之间的并行不悖和辩证统一。

政论片《永远在路上》包括《人心向背》《以上率下》《踏石留印》《利剑出鞘》《把纪律挺在前面》《拍蝇惩贪》《天网追逃》《标本兼治》八集视频。该片反映了党的十八大以来,以习近平同志为核心的党中央把全面从严治党提升到"四个全面"战略布局高度,正风肃纪,锲而不舍纠"四风",赢得党心民心;反腐惩恶,整治群众身边的腐败问题,厚植党执政的政治基础,着力构建不敢腐、不能腐、不想腐的体制机制,使不敢腐的震慑作用得到发挥,不能腐、不想腐的效应初步显现,反腐败斗争压倒性态势正在形成。专题片既列举了多个领导干部违纪违法典型案例,又针对这些案例进行深入点评和分析,警示教育党员领导干部严守政治纪律和政治规矩,筑牢理想信念的根基,引导广大人民群众坚定对党的信任,为全面从严治党营造良好的舆论氛围。同学们通过观看这一政论片,能够更加深入理解党面临的"四大考验""四大风险"的具体表现是什么,能够更好体会我们党是如何刀刃向内、自我革命从而永葆生机活力的。

《零容忍》是中央纪委国家监委宣传部与中央广播电视总台联合摄制的电视专题片,包括《不负十四亿》《打虎拍蝇》《惩前毖后》《系统施治》《永远在路上》五集,选取16个案例,采访纪检监察干部、涉案人员、干部群众140多人,讲述进入新时代我们党是如何自我净化、自我完善、自我革新、自我提高的。该片集中展现了以习近平同志为核心的党中央把握和运用党的百年奋斗历史经验,坚持自我革命、全面从严治党战略方针,一刻不停推进党风廉政建设和反腐败斗争,系统施治、标本兼治,不断实现一体推进不敢腐、不能腐、不想腐战略目标。同学们通过观看此片,能够更好感受我们党的初心和使命,能够进一步体会我们党的伟大之处:中国共产党之所以"能"、之所以伟大,并不是由于它不犯错误,而在于它能够始终坚持刀刃向内、勇于自我革命、做到全面从严治党。

4. 教学方案

(1)教学时间:周末。

(2)教学环节:

第一,引导同学们回顾党的十八大以来,全面从严治党所采取的措施。

第二,利用周末时间组织同学们在实践教学平台集体观看政论片。

第三,观看结束后鼓励同学们进行交流互动,分享心得。

5. 教师总结

通过以往课堂知识的讲解和这次政论宣传片的观看学习,我们更加确认了以下几方面的结论。

首先,沧海横流显砥柱,万山磅礴看主峰。实现中华民族伟大复兴关键在党。党政军民学,东西南北中,党是领导一切的。党的领导是中国特色社会主义制度体系的"根"和"源",是国家治理体系和治理能力现代化的"心脏"和"引擎"。我国社会主义政治制度优越性的一个突出特点是党总揽全局、协调各方的领导核心作用,形象地说是"众星捧月","这个"月"就是中国共产党。在国家治理体系的大棋局中,党中央是坐镇中军帐的"帅",车马炮各展其长,一盘棋大局分明。正所谓"火车跑得快,全靠车头带"。只有充分发挥我们党统筹全局的能力,提升协调各方的水平,我们才能实现第二个百年奋斗目标和中华民族的伟大复兴。可以说,"在党的自我革命与社会革命的关系链条中,党的地位作用是不可撼动的核心"①。

其次,先进的马克思主义政党不是天生的,而是在不断自我革命中淬炼而成的。实现中华民族伟大复兴是中国共产党的崇高历史使命。为实现这一伟大梦想,必须进行伟大斗争,必须建设伟大工程,必须推进伟大事业。其中起决定性作用的是党的建设新的伟大工程。正如习近平总书记所说:"党要团结带领人民进行伟大斗争、推进伟大事业、实现伟大梦想,必须毫不动摇坚持和完善党的领导,毫不动摇把党建设得更加坚强有力。"②这就要求我们必须始终具有强烈的问题意识,凸显问题导向,必须清醒地看到我们党在执政环境的复杂性等方面面临的新的挑战和压力,在新时期需要进行具有许多新的特点的伟大斗争。

最后,广大党员要把增强"四个意识"、坚定"四个自信"、做到"两个维护"落到行动上。一个民族、一个国家要想走在时代前列,就一刻不能没有伟大人物的引领,就一刻不能没有先进思想的指导。船重千钧,掌舵一人。一个政党、一个国家,领导核心至关重要。面临新的历史发展任务和时代使命,广大党员尤其是党员领导干部,一定要牢固树立并且践行政治意识、大局意识、核心意识和看齐意识,做到全党服从中央,积极维护党中央权威和集中统

---

① 李捷:《伟大工程保障伟大事业　自我革命推动社会革命——中国共产党自身建设的历史与经验》,《马克思主义研究》2020年第8期。
② 习近平:《习近平谈治国理政》第3卷,外文出版社,2020,第47-48页。

一领导。在这一点上,我们青年学生不能将民主和权威对立、割裂开来。正如一位学者所讲,没有民主的权威是不合时宜的,必须被抛弃;没有权威的民主则是不可治理的,因而也是不可欲求的。回顾党的十八大以来我们取得的历史性、全方位成就,党确立习近平同志党中央的核心、全党的核心地位,确立习近平新时代中国特色社会主义思想的指导地位,反映了全党全军全国各族人民共同心愿,对新时代党和国家事业发展、对推进中华民族伟大复兴历史进程具有决定性意义。

后 记

为切实提升"毛泽东思想和中国特色社会主义理论体系概论"(以下简称"概论")课教学的针对性和实效性,切实增强思政课教育教学的吸引力和感染力,河南师范大学马克思主义学院"概论"教研室根据学院在长期探索中形成的"四位一体"立体化实践教学模式,分八个专题编写了这本"概论"课实践教学校本辅助教材。每个专题均按照课堂叙事式教学、平台情景式教学、基地体验式教学、网络延展式教学四个模式展开,通过对相关知识点多平台、多场域、多情景的立体化实践体验,努力实现课堂教学与实践教学的互融互促,引导学生做到知信行统一、学思用贯通。

本书系教研室团队协作的成果,具体分工如下:专题一由许红霞撰写,专题二由周义顺撰写,专题三由韩艳、王素萍、胜令霞撰写,专题四由田歧瑞撰写,专题五由邢淑莲、王江波撰写,专题六由王会民撰写,专题七由李东明撰写,专题八由叶先进撰写。尹蕾、洪玉娟负责资料整理工作。全书由马福运统稿。

衷心感谢老师们在繁重的教学科研活动之余,齐心协力、保质保量完成书稿撰写和修改工作;感谢河南大学出版社各位编辑的辛勤付出。本书在实践模式和写作方式上具有初步探索的意味,虽然我们非常努力,但囿于各方面的因素难免挂一漏万,还请各位同仁多提宝贵意见,以便于我们不断完善,使其更好地适应"概论"课实践教学的需要!

编者
2022 年 1 月 10 日